商业银行绿色信贷法律规制研究

胡荣荣／著

图书在版编目(CIP)数据

商业银行绿色信贷法律规制研究 / 胡荣荣著. —上海：立信会计出版社，2023.8
（序伦财经文库）
ISBN 978-7-5429-7338-2

Ⅰ．①商… Ⅱ．①胡… Ⅲ．①商业银行－信贷管理－法规－研究－中国 Ⅳ．①D922.282.4

中国国家版本馆 CIP 数据核字（2023）第 126669 号

责任编辑　窦瀚修
助理编辑　张忠秀

商业银行绿色信贷法律规制研究
Shangye Yinhang Lüse Xindai Falü Guizhi Yanjiu

出版发行	立信会计出版社
地　　址	上海市中山西路 2230 号　邮政编码　200235
电　　话	（021）64411389　传　　真　（021）64411325
网　　址	www.lixinaph.com　电子邮箱　lixinaph2019@126.com
网上书店	http://lixin.jd.com　http://lxkjcbs.tmall.com
经　　销	各地新华书店
印　　刷	江苏凤凰数码印务有限公司
开　　本	710 毫米×1000 毫米　1/16
印　　张	18.25
字　　数	245 千字
版　　次	2023 年 8 月第 1 版
印　　次	2023 年 8 月第 1 次
书　　号	ISBN 978-7-5429-7338-2/D
定　　价	78.00 元

如有印订差错，请与本社联系调换

前　　言

在现代社会中,随着工业化和城市化的大规模发展,环境损害日益突出,已成为一个社会问题。如何对环境损害进行有效防治,成为法学理论研究和实践中的重要问题。

商业银行是环境责任制度中的特殊主体。作为金融机构,商业银行履行环境责任的方式不同于一般公民,是基于其金融属性承担特殊的环境责任,凭借其在社会生活中所具有的战略地位,在配置金融资源过程中开展绿色信贷等金融实践。由此可见,商业银行的环境责任具有特殊性。这一特殊性体现为商业银行的公共性和环境问题的负外部性的交叉。从社会整体视角检视,商业银行有别于一般的营利性私人企业,金融产品的公共性和金融服务的特许权价值决定了商业银行具有一定的公共性。在传统的绿色信贷实践中,商业银行的公共性与环境损害的负外部性相叠加,导致由商业银行获得金融利润而由社会承担环境风险,这既有违公平,也不利于环境风险的预防和损害的填补。因此,在环境问题日益频发且呈规模化发展的背景下,有必要将商业银行引入环境法律责任体系,对商业银行的绿色信贷实践进行法律规制。

商业银行绿色信贷的法律规制问题是横跨金融法、民法和环境法的综合性法律问题。要对这一问题进行法律规制,首先必须要厘清商业银行的绿色信贷实践与环境损害之间的法律逻辑,明确商业银行环境责任的正当性与特殊性。传统的民商法律制度建立在意思自治、契约自由和自己责任的基础上,形成了环境公益保护诉求与民商事私法原则的张力,金融法益的私法属性与环境利益的社会属性需要平衡和协调。在严峻的环境危机面前,法律制度需要对金融机构的环境功能与社会责任进行重构。对商业银行的绿色信贷实践进行法律规制,既是应对环境危机的现实需求,也是商业银行环境功能与社会责任重构的法律表达。本书主要研究对商业银行绿色信贷进行法律规制的法理依据、制度逻辑和路径选择,在比较分析国内外商业银行绿色信贷实践的基础上厘清商业银行环境责任的内容和限度,尝试把行政法上的环境、金融监管要求融入民法的侵权责任制度,通过民事侵权责任的路径建立有限度的商业银行环境责任体系,为民法典"绿色原则"在金融法领域的运用提供具体的规则体系。本书主要基于法解释论的视角,立足于现有的侵权法、环境法和金融法展开研究。由于我国现有法律缺乏直接明确的法律依据,因此本书主要运用文义解释、目的解释、体系解释等方法分析商业银行环境责任的请求权基础。在完成理论阐释后,下一步应该将理论运用于具体的案例进行分析、验证和评价。但是,由于我国目前涉及商业银行环境责任的案例极少,本书的案例研究尚不充分。在后续研究中,随着我国生态环境损害责任制度以及配套的诉讼制度的不断完善,由商业银行作为被告的生态环境损害赔偿案例将会越来越多,这一研究也将随着案例的丰富而不断深化。

目 录

前言

1 绪论 …………………………………………………………… 1
  1.1 选题背景与研究意义 ……………………………………… 1
    1.1.1 选题的背景与问题的提出 ………………………… 1
    1.1.2 选题的理论和现实意义 …………………………… 6
  1.2 国内外研究现状 …………………………………………… 8
    1.2.1 环境权利、环境义务和环境责任的基础理论
         研究 ………………………………………………… 8
    1.2.2 商业银行环境责任的基础理论研究 ……………… 13
    1.2.3 国内相关法律规范的梳理与评价 ………………… 16
    1.2.4 商业银行环境责任的比较法研究 ………………… 22
    1.2.5 商业银行绿色信贷的法律机制研究 ……………… 24
    1.2.6 对现有研究成果的评价 …………………………… 27
  1.3 研究方法、思路与创新性 ………………………………… 28
    1.3.1 研究方法 …………………………………………… 28
    1.3.2 研究思路 …………………………………………… 29
    1.3.3 创新性 ……………………………………………… 32

2 绿色信贷与法律规制 ……………………………………………… 36
  2.1 基于金融功能的法律规制 ………………………………… 36

2.1.1　功能金融视角下的商业银行……………………… 36
　　2.1.2　功能金融视角下的金融体系………………………… 38
　　2.1.3　金融法律规制的提出………………………………… 40
　2.2　金融法律规制中的环境问题……………………………… 43
　　2.2.1　绿色金融与绿色信贷………………………………… 43
　　2.2.2　绿色信贷法律规制的价值目标……………………… 47
　　2.2.3　绿色信贷法律规制的意义…………………………… 50
　2.3　商业银行绿色信贷实践与规则困境……………………… 59
　　2.3.1　我国商业银行绿色信贷发展现状…………………… 59
　　2.3.2　我国商业银行绿色信贷的规则困境………………… 66

3　商业银行绿色信贷中的环境责任…………………………… 84
　3.1　商业银行环境责任的发展………………………………… 84
　　3.1.1　商业银行环境责任在国际法中的演进……………… 84
　　3.1.2　商业银行环境法律责任在国内法中的生成………… 91
　　3.1.3　我国商业银行环境责任法律化的历程……………… 97
　3.2　商业银行环境责任法律化的内涵………………………… 98
　　3.2.1　商业银行环境责任法律化的界定…………………… 98
　　3.2.2　商业银行环境损害赔偿责任的性质…………………105
　　3.2.3　商业银行环境损害赔偿责任的功能…………………107
　3.3　商业银行责任法律化的法理基础…………………………112
　　3.3.1　环境责任主体的扩张…………………………………112
　　3.3.2　社会责任的私法化……………………………………113
　　3.3.3　环境法的义务本位……………………………………115
　　3.3.4　商业银行的特殊环境义务……………………………116

4　商业银行绿色信贷的规制路径………………………………119
　4.1　我国商业银行绿色信贷法律规制的现状与反思…………119

        4.1.1 我国商业银行绿色信贷法律规制的现状 ········ 120
        4.1.2 我国绿色信贷法律规制现状的反思 ············ 124
    4.2 商业银行绿色信贷法律规制的两种路径·············· 130
        4.2.1 赤道原则：商业银行绿色信贷软法责任············ 130
        4.2.2 美国超级基金法：商业银行绿色信贷的硬法规制
              路径 ··· 135
    4.3 比较分析与路径选择······································ 140
        4.3.1 两种路径的比较分析 ···························· 140
        4.3.2 我国商业银行绿色信贷法律规制的路径选择 ··· 142

5 商业银行绿色信贷法律规制的国际经验及启示 ············ 145
    5.1 商业银行绿色信贷的域外实践与启示·············· 145
        5.1.1 域外绿色信贷的发展历程 ························ 145
        5.1.2 域外实践的主要特点 ···························· 147
        5.1.3 域外绿色信贷实践的经验与启示 ················ 150
    5.2 绿色金融法律规制的域外经验及启示·············· 150
        5.2.1 金融法律规制的国际经验及启示 ················ 150
        5.2.2 公众参与法律规制的国际经验及启示 ············ 152
    5.3 商业银行绿色信贷法律规制的域外经验及启示
        ——以美国超级基金法为例························ 155
        5.3.1 美国超级基金法的立法背景与发展历程 ········ 155
        5.3.2 美国超级基金法商业银行环境责任的内容 ······ 157
        5.3.3 美国超级基金法商业银行环境责任制度的借鉴
              意义 ··· 176

6 商业银行绿色信贷法律规制的责任构成 ···················· 181
    6.1 商业银行绿色信贷法律规制的特殊性·············· 181
        6.1.1 商业银行作为环境义务主体的特殊性 ··········· 181

6.1.2 商业银行环境损害的复合型结构 …………… 186
  6.1.3 商业银行作为环境损害赔偿义务人的特殊性 … 192
 6.2 商业银行环境损害赔偿责任的类型 ………………… 195
  6.2.1 类型化研究的理论和实践意义 ………………… 195
  6.2.2 商业银行环境损害赔偿责任的分类 …………… 196
 6.3 商业银行环境损害赔偿责任的认定 ………………… 200
  6.3.1 商业银行环境损害赔偿责任的法理基础 ……… 200
  6.3.2 商业银行环境损害赔偿责任的构成要件 ……… 213
 6.4 商业银行环境损害赔偿责任中的抗辩 ……………… 234
  6.4.1 环境侵权中的一般抗辩事由分析 ……………… 234
  6.4.2 商业银行环境损害赔偿责任的抗辩事由 ……… 236

7 商业银行绿色信贷法律规制的体系构建 …………………… 239
 7.1 商业银行绿色信贷的侵权法规制路径 ……………… 239
  7.1.1 绿色信贷与环境损害 …………………………… 240
  7.1.2 商业银行环境责任的赔偿规则 ………………… 247
 7.2 侵权法规制与环境监管、金融监管的关系 ………… 256
  7.2.1 金融监管对商业银行环境责任的回应 ………… 257
  7.2.2 环境监管对商业银行环境责任的回应 ………… 261
  7.2.3 侵权法规制与环境监管、金融监管的协动 …… 263

后记 …………………………………………………………………… 267

参考文献 ……………………………………………………………… 271

1 绪　　论

1.1　选题背景与研究意义

1.1.1　选题的背景与问题的提出

自从18世纪工业革命以来,随着科技的进步,人类在大规模开发利用自然的过程中也催生了更多的不确定性,进入贝克所说的"风险社会"。在风险社会中,气候变化、环境污染、生态损害、资源枯竭等风险日益加剧,可持续发展成为国际社会的共识。[1]作为现代化的副产品,环境危机伴随着工业化进程产生,工业首当其冲被认定为环境问题的"罪魁祸首"。但随着环境污染和生态破坏事件的频发,工业背后的力量——金融业,开始进入公众的视野。

20世纪后半叶,通过国际社会的努力,尤其是国际性金融机构的合作,环境议题成为全球金融治理的重要内容。银行业对自身应承担环境责任这一问题已经形成一定程度的共识。[2]1972年,斯德哥尔摩世界环境大会确立了可持续发展的共识,使环境议题突破环境法律框架,向国际贸易、金融等新的法律领域延伸。在1992年联合国环境与发展大会上,各国代表将环境、经济和社会事务纳入单一政策框架之内,提出各国在经济发展过程中必须提高金融领域可持续发展的能力,制定并通过了《里约宣言》和《21世纪议程》。1992年2月,联合国环境规划署金融行动机构成立,召集金融机构在环境保护和可持续发展议题上进行对话和交流。该组织提出将可持续理念引入银行的日常经营中,鼓励银行向环境友好型的商品、技术和服务贸易投资,达到经济、环境和社会的可持续发展。[3]银行界于1992年发布关于环境可持续发展的声明,提出环境保护与可持续发展是政府、商业组织以及个人共同的责任,强调银行应连同政府部门及其他组织,在市场机制的框架下,朝着共同的环境目标合作。在联合国的积极倡导和推动下,1997年《金融机构关于环境和可持续发展的联合国环境规划署声明》正式发布,金融机构承诺在环境议题上与政府、企业和个人加强合作,在市场机制下遵守可持续发展原则。

在形成原则性共识的基础上,关于承担环境责任的具体方式,银行界也进行了有益的探索。20世纪80年代以来,生态环境恶化、自然资源破坏等环境社会问题引发了非政府组织对银行项目融资的关注与批评,社会的抗议浪潮甚至使银行业务面临"合法化危机"。[4]在这一背景下,世界银行制定了《环境污染的预防与消除》工作守则,在世界银行融资项目中要求借款人进行环境评估,并制定了环境评估的标准和执行程序。国际金融公司制定了《社会与环境可持续政策与绩效标准》,将其作为项目融资中评估社会与环境责任的内部规则。2002年,在国际金融公司组织的金融机构环境影响评估会上,花旗银行倡议以《社会与环境可持续政策与绩效标准》为蓝本创建银行业开展项目融资的社会与环境政策行业准则。在银行业致力于探索制定社会与环境政策的同时,非政府组织、社会团体也向金融机构公开发出承担环境与社会义务的呼吁。2003年1月,200多个公民团体在意大利小城科勒维科什俄(Collevecchio)联合发布了《关于金融机构和可持续发展的科勒维科什俄宣言》,提出金融机构在经营和管理中应遵守的六项环境与社会政策原则,即可持续性、不伤害、负责任、问责度、透明度以及可持续市场和管理原则。世界银行《环境污染的预防与消除》工作守则、国际金融公司《社会与环境可持续政策与绩效标准》和非政府组织发布的《关于金融机构和可持续发展的科勒维科什俄宣言》共同成为衡量金融机构环境与社会责任的参考标准。[5]2003年6月,荷兰银行、巴克莱银行、花旗银行等10家业界领先的大型跨国商业银行在华盛顿的国际金融公司总部正式宣布实行赤道原则(The Equator Principles),为项目融资中的环境与社会问题确立了行业标准。赤道原则由世界主要银行业金融机构制定,主要内容是要求商业银行在进行项目融资过程中就环境和社会影响开展项目融资的综合评估,督促银行业利用金融工具在环境保护和社会发展方面发挥更大的作用。在这些国际商业银行作为行业领导者的引导和示范下,越来越多的商业银行宣布成为"赤道银行",遵守"赤道原则"。赤道原则历经三次修订,现已成为银行业普遍认可的环境金融软法规范,[6]用于在项目融资中识别、评估和管理环境社会风险。2016年9月举行的G20杭州峰会上,绿色金融成为重要议题。《G20绿色金融综合报告》提出将环境因素纳入银行经营管理框架和为绿色投资提供信贷这两条发展主线,进一步推广赤道原则,就绿色金融议题进行了广泛的讨论。

我国金融行业也积极致力于发展绿色金融业务。在商业银行授信业务中,绿色信贷逐渐成为行业政策。[7]中国人民银行、国家金融监管总局(原银保监会)以及银行业协会先后出台了一系列规范性文件和政策,倡导商业银行开展绿色信贷金融服务,并制定了《绿色信贷指引》《绿色信贷考核评价体系》等行业规范,对商业银行开展绿色信贷进行指导和监管。2015年,中共中央、国务院下发《关于加快推进生态文明建设的意见》,为我国生态文明建设提供了明确的目标,要求2020年我国基本形成保护生态文明的制度体系。2015年9月,《生态文明体制改革总体方案》出台,明确规定要建立绿色金融体系,推广绿色信贷,建立贷款人的尽职免责要求和环境保护法律责任体系。2016年,中国人民银行、财政部等七部委联合印发了《关于构建绿色金融体系的指导意见》,提出了支持绿色金融发展的政策框架,通过发展绿色信贷、绿色债券、绿色保险、碳金融、绿色股票指数和相关产品建立绿色金融体系。这一文件第一次明确提出了要建立贷款人环境法律责任,关于商业银行环境责任的法律化的速度进一步加快。

党的二十大报告指出,人与自然和谐共生是中国式现代化的重要特色,促进人与自然和谐共生是中国式现代化的本质要求。发展绿色金融,是贯彻新发展理念、构建新发展格局、推动高质量发展的重要内容。2020年9月,习近平主席在第75届联合国大会上提出:"中国将提高国家自主贡献力度,采取更加有力的政策和措施,二氧化碳排放力争于2030年前达到峰值,努力争取2060年前实现碳中和。""双碳"目标的提出,为我国绿色金融的发展设定了时间表。我国双碳"1+N"政策体系中的统领性文件《关于完整准确全面贯彻新发展理念做好碳达峰碳中和工作的意见》明确提出,积极发展绿色金融,将绿色信贷纳入宏观审慎评估框架,引导银行等金融机构为绿色低碳项目提供长期限、低成本资金。不断完善绿色信贷治理体系,是加快绿色金融发展、实现"双碳"目标的重要举措,有助于充分发挥绿色金融在支持中国式现代化建设中的作用,走出一条金融支持经济增长和生态文明建设的高质量发展之路。近年来,绿色信贷成为银行业开展绿色金融、承担环境责任的主要实践方式,体现了可持续金融服务的发展趋势。各主要商业银行致力于制定与实施绿色信贷政策,进行绿色金融产品与服务创新。根据公开数据,2013—2020年,我国主要商业银行绿色贷款余额从5.20万亿元增加为11.01万亿元人民币,2021年我国本外币绿色贷款余额达15.9万亿元人民币,2022年这一数值进一步攀升到22.03万亿元。在2023年6月举办的第十四届陆家嘴论坛上,时任中国人民银行行长易纲表示,绿色金融将在平稳实现"双碳"目标过程中发挥重要作用。目前,我国已经形成了绿色贷款和绿色债券为主、多种绿色金融工具蓬勃发展的多层次绿色金融市场体系。截至2023年一季度末,我国本外币绿色贷款余额超过25万亿元,绿色债券余额超过1.5万亿元,均居世界前列。综上可知,积极承担环境责任,大力发展绿色金融,为实现碳达峰和碳中和这一"双碳"目标提供金融支持,已经成为银行业的共识。绿色信贷是我国绿色金融体系的主要组成部分,已成为推动我国经济社会高质量发展的强大内生动力,为提升我国金融业的适应性、竞争力和普惠性,构建中国特色现代金融体系作出了重要贡献。

但是,在商业银行就环境责任形成共识、广泛开展绿色信贷实践的同时,法学界对商业银行环境责任的性质、绿色信贷的业务模式以及法律效果却缺乏深入的研究,从而导致在立法层面上缺乏对商业银行绿色信贷的有效法律规制。商业银行绿色信贷的法律规制问题是一个横跨金融法、民法和环境法的综合性法律问题。目前,商业银行主要以自愿履行为基础在实践中推广绿色信贷,从自觉履行企业社会责任的动机出发,在环境领域承担没有法律约束力的环境责任。通过环境责任的法律化甚至私法化使商业银行在绿色信贷中承担具有约束力、可救济的法律责任,将商业银行绿色信贷置于法律体系中进行法律规制,才能真正发挥绿色金融的作用。在当前的研究中前者已形成共识,而对于后者的探索才刚刚起步,需要开展进一步的理论研究。本书将围绕商业银行绿色信贷法律规制的法理依据、制度逻辑和路径选择等展开研究。

这一研究首先要明确商业银行为何要承担环境责任,以及承担何种性质的环境责任,尤其是厘清商业银行环境责任的正当性问题。要对商业银行的绿色信贷进行法律规制,逻辑起点在于明确商业银行因其金融实践承担环境责任的正当性。传统的民商法律制度建立在意思自治、契约自由和自己责任的基础上,[8]当这一原则投射到金融领域,就形成了环境保护诉求与民商事法律原则的张力,金融法益的私法属性与环境利益的社会属性需要平衡和协调。在严峻的环境危机面前,法律体系需要对金融机构的社会功能与责任进行重构。商业银行对生态环境损害承担法律责任,既是应对环境危机的现实要求,也是重构商业银行环境功能与社会责任的法律表达。在环境保护法视野下,这一责任的建立符合污染者付费和受益者负担原则,其对责任主体范围的扩大,本质上是将环境风险在社会多元主体间进行分配,这也是环境法的社会法属性的应有之义。[9]从民法的视角出发,将商业银行纳入环境损害的赔偿责任主体范围内,有助于发挥民事法律制度保护环境利益、预防和填补环境损害的功能,体现了《中华人民共和国民法典》(以下简称《民法典》)的绿色原则。从法律经济学的视角考察,环境利益的公共物品属性要求环境规制必须建立在社会共治的基础上,由传统的"命令—控制"模式转向"政府、市场和非政府机构"组织的三方架构,以通过环境治理主体的多元化变革实现环境利益的保护与平衡。在环境多元治理中,一方面通过对商业银行课以环境责任,实现环境负外部性的内部化;另一方面,环境责任的建立督促银行在绿色信贷管理中发挥环境监管的作用,监督授信对象合法合规使用信贷资金、预防环境损害,通过监督"监督者"的方式实现环境风险的源头控制,使环境监管的成本效益最优化。从金融法的视角看,商业银行环境责任的确立还有助于形成法律化的绿色信贷激励与规范机制。[10]可见,在风险社会环境问题日益频发且呈规模化的背景下,对商业银行的绿色信贷进行法律规制,要求其对环境损害承担赔偿责任,具有不应置疑的正当性和不可替代的价值功能。

1.1.2 选题的理论和现实意义

1.1.2.1 理论意义

商业银行绿色信贷的法律规制研究具有深刻的理论意义,体现了科学理性和法律理性的统一。一方面,商业银行环境责任以环境科学的基本原理为出发点,体现与科学理性的高度关联性。[11]另一方面,与此相关的环境金融法律制度设计回应商业银行金融服务中不同主体的利益诉求,凸显法律理性特有的社会功能。

商业银行绿色信贷的法律规制研究的理论意义可以归纳为:第一,深化了环境金融法律体系的研究,为进一步研究商业银行绿色金融提供了新的思路,在金融法律制度的弹性范围内,对社会环境公益的适度兼顾与对金融自由的适度限制,以达到个体利益与公共利益的平衡,实现了金融法与环境法研究的融合。第二,阐释商业银行承担环境责任的责任性质、内涵和范围,拓宽了我国环境责任领域的研究范围,对"绿色原则"在民法典侵权责任编的制度构建提供具体化的规则体系。第三,对商业银行环境责任的研究,扩大了责任主体的范围,将环境风险在社会多元主体间进行分配,也是环境法的社会法属性的应有之义。"将社会发展完全委托于个人利益计算,势必对公益照顾不周,因此对自由的意思又不能不有所限制。"[12]构建商业银行环境责任体系,对商业银行绿色信贷进行法律规制,不仅深化了银行作为商业机构在经济发展中的工具价值,更体现了银行作为社会主体的社会责任和人文精神,从而在金融法益与环境法益之间建立起价值关联。

1.1.2.2 现实意义

正如联合国环境规划署金融自律组织指出,不良的环境表现会危及银行的债务安全,导致不良资产增多,使商业银行暴露在信贷风险和市场风险中。[13]同时,随着各国环境保护立法的不断加强,以及来自非政府组织等外部社会压力的增长,商业银行在环境问题上面临日益严峻的法律和声誉风险。从这一意义上讲,环境责任的法律规制有助于商业银行管理上述风险。

此外,环境议题不仅使商业银行暴露于新的环境风险,也为其发展和创新带来机遇。环境责任的提出推动了商业银行制定可持续发展的绿色金融战略,这也是功能主义金融视域下商业银行为拓展其自身功能应对环境危机的必然选择。功能主义金融理论(functional perspective)认为,金融研究应基于金融体系的经济和社会功能,根据金融的功能建立金融行为模式。金融体系的经济和社会功能就体现在通过各类金融工具和金融服务集合社会资源,并按照效益最大化的原则进行资源配置,有效进行风险分散和管理,促进国民经济和社会福利的增长。环境责任压力下催生的绿色金融可以为银行业的发展注入新的活力,拓宽了金融功能的广度和深度。

商业银行绿色信贷的法律规制研究也对金融法治实践具有现实意义。第一,在绿色金融实践层面,商业银行责任的法治化研究为银行的环境风险控制和绿色信贷提供了具体明确的指引,为相关金融监管提供了法律依据。第二,推动商业银行不断创新绿色金融产品,最大程度实现金融资金的经济效益和环境效益。第三,探索商业银行环境责任法律化的路径,为商业银行环境责任立法提供研究基础。

1.2 国内外研究现状

1.2.1 环境权利、环境义务和环境责任的基础理论研究

法律是由权利、义务、责任等概念共同构建的社会制度。一般认为,法律义务通常是指主体在实际生活中按法律规则的指引作出或者不作出某种行为的应当性[14],或者是指主体应当采取的某种行为模式,是引起偏离该行为模式的行为者承担法律责任的理由[15]。而法律责任则是由违反法定义务而引起的、由专门国家机关认定,并归结为法律关系主体的、带有直接强制性的义务,[16]即由第一性义务而引起的第二性义务。法律责任是法律义务的后果要素,因此,研究环境责任离不开对环境义务和环境权利的考察。

1.2.1.1 环境权利、环境义务和环境责任的概念

环境权利是人类在 20 世纪环境危机背景下对环境问题反思的产物。20 世纪 60 年代,因欧共体部分国家向北海领域倾倒放射性废物,在欧共体范围内引发了一场环境权利和人权的关系的讨论。其后,美国《国家环境政策法》和日本《东京都防止公害条例》都规定了环境权利的内容。1970 年"公害问题国际座谈会"发表《东京宣言》,提出把每个人享有其健康和福利等要素不受侵害的环境权利和当代人传给后代的遗产应是一种富有自然美的自然资源的权利,环境权作为一种基本

人权,应在法律体系中确定下来。1972年联合国人类环境会议上通过宣言,提出:"人人有在尊严和幸福的优良环境里享受自由、平等和适当生活条件的基本权利。"1992年《里约宣言》再次重申这一原则,强调"人类有权享有与自然和谐、健康和富足的生活"。[17-19]在理论界,关于环境权的研究非常丰富。对于环境权的性质,代表性的观点主要有:第一,人权说,将环境权作为公民的一项人权或人权的组成部分。第二,人格权说,认为环境权是人格权的一种,环境权主要体现为人身权益,侵犯环境权的后果多数表现为公民身体健康的损害。除此之外,还有人类权说和财产权利说,前者认为环境权是人类作为整体共同享有的权利;后者将环境权视作一种财产性权利,认为环境权主要体现为财产利益。目前,环境法学界主流观点将环境权认为是公民的一项基本人权,[20-23]"既是一项法律权利,也是一项自然权利,是不能剥夺的"。在环境法研究中,还存在公权与私权的讨论。吕忠梅教授持环境权私权论[24],而吴卫星等学者认为环境权是宪法性权利[25];现在大部分环境法学者认为环境权具有公权和私权相结合的特性,在实体意义上兼具公权和私权的双重属性。[26-28]在此基础上,进一步将环境权归结为一种社会权利。现在普遍接受的观点是,环境权是一种新型的复合型权利,是由公权与私权、程序权利与实体权利共同组成的复合型权利体系。环境权的复合属性决定了环境权利关系主体的多元化,环境权行使和环境责任救济的多样性。作为公权的环境权,应当主要通过公权力保障,即政府行使环境保护管理职能维护社会公众的环境公共利益,法律也应当建立公众参与环境决策的机制,实现公众参与和监督。作为私权的环境权,则主要通过环境责任的私法化,在环境民事法律制度中予以保障。

在主体方面,学者普遍持环境责任主体多元论,讨论主要集中在不同主体的责任原则、范围等方面。有学者提出,环境责任主体的确定应该依据不同的环境问题类型,按照污染者付费和集体负担、共同负担的原则进行分配。[29]关于特征方面,学者普遍认为环境义务具有主体的普遍性和客体的隐蔽性等特征。普遍性强调环境义务主体的广泛性,即自然人、法人、其他组织和国家都负有环境义务。隐蔽性强调环境法律关系保护的客体隐藏在复杂的环境现象背后,环境义务本质上保护的是人类整体的环境利益。[30]此外,还有学者认为环境义务和责任体现"必为性",即由于环境问题往往具有不可逆性,且事后补救恢复的成本高昂,开始追究环境责任就意味着环境事故已经发生,环境损害已经出现,环境法的预防目的未能实现。因此与一般法律义务相比,环境义务应具有更高的刚性[31],以保障义务的切实履行。环境责任的预防、威慑价值理应高于其追究、惩戒价值。因此,环境责任的违法成本必须高于法律义务,以确保主体主动履行环境义务,否则容易出现"守法成本高、违法代价低"的问题,诱发反向激励和竞次风险(race to the bottom)。[32]

在内容方面,有学者将环境义务分为基本环境义务和具体环境义务。前者是指为了保护基本环境权利而设定的基础性、普遍性的义务,作为对主体的基本要求和约束,基本环境义务应具有履行的现实可能性,在主体的履行能力范围之内。这种义务"应当成为环境法的核心所在,甚至可以说是环境法的帝王条款"。还有学者进一步将基本环境义务细化为预防义务、填补义务、改善义务和合作义务。具体环境法律义务是指不同主体按照不同的原因和规则作出的符合一般环境法律义务要求的行为,具体环境法律义务形态各异,但必须保证各主体承担环境责任的公平性、有效性和灵活性。基本环境法律义务彰显了环境法的"刚性",具体环境法律义务则体现了环境法的"柔性"。

在法律表达方面,《中华人民共和国宪法》(以下简称《宪法》)第26条规定:"国家保护和改善生活环境和生态环境,防治污染和其他公害。国家组织和鼓励植树造林,保护林木。"这是我国宪法中关于环境的基本国策条款,确立了保护环境的国家义务,是部门法层面环境义务和责任的形成依据。有学者认为,《宪法》第26条赋予了国家保护环境的义务,但不具有可请求性。[33]还有学者提出,在设定环境义务时应根据主体的不同分配义务和责任,分别设定消极和积极的环境义务。环境义务在法律规范中更为直接的体现是《中华人民共和国环境保护法》(以下简称《环境保护法》)第 6 条"一切单位和个人都有保护环境的义务"。有学者认为该条款在明示环境义务的基础上,还进一步暗示了环境权利和环境责任。但也有学者持不同观点,认为这一条款属于政策性、宣示性条款,[34]强调消极的环境义务,缺少具体的义务内容和责任的规则架构。[35]

在环境法律责任与环境义务的相互关系上,学者认为环境法律义务是第一性义务,违反此义务会导致第二性义务——环境法律责任。[36]要实现环境法律义务,首先需要从具体行为中抽象出一定的行为模式,再按照一定原则将这些环境法律义务分配至不同主体,并设立相应的环境法律责任,以此来保障环境利益的实现。由于环境问题具有公益性,环境主体履行环境义务和承担环境责任的方式不同于传统私法和公法框架下的义务与责任,而是在意思自治和行政管制的前提下,根据具体环境法律关系特点对传统法律义务和责任进行的整合、运用、变革和创新。除了对环境法律责任与环境义务进行严格区分,也有部分研究不加区分地将两者统称为环境责任,认为环境义务包含于环境责任之中,对主体而言,履行义务就是承担责任。[37]

1.2.1.2 环境法权利本位和义务本位之争

研究环境法律责任的逻辑起点是环境权利和环境义务。传统法学研究往往按照"权利—义务—责任"这一研究范式对责任体系进行理论建构,但将这一范式移植到环境研究时,却产生了"水土不服"的现象。究其原因,主要在于环境权利和义务在范围、强度、时间向度以及整体与要素对比等方面具有特殊的"不对等性"。这种"不对等性"体现在,从纵向的历史维度和横向的社会整体维度来看,环境权利和义务总体上结构相关、总量相等,但在考察局部、具体、特定的环境问题时,两者往往并不具备结构上的相关性和数量上的等值性。即前者以整体的、综合的视角观察环境,而后者研究的是局部的、特定的环境问题。这两个因素引发了环境法领域的本位之争,即环境法应遵循义务本位还是权利本位的问题。徐祥民教授发表了一系列质疑环境权本位的文章,首先提出环境立法应遵循环境义务本位的指导思想,[38-39]人类需求无限与环境资源有限构成一对天然的矛盾,要处理这一矛盾,必须要合理分配责任,传统的权利本位导致环境法对现实的环境问题应对乏力,义务本位是环境法的正确选择。有学者将环境义务本位定义为"通过限制主体对环境资源的过度开发和利用,为主体普遍设定环境义务的方式来实现对环境利益的保护","个体对整体的义务被视作普遍性义务",[40]即环境利益不是行使权利而是履行环境义务的结果。某一行为即使从表面上看是个体行使权利的行为,但从实现整体利益的视角看,其实质也是在对共同体履行义务和分担责任。根据义务本位,环境法应将个体对整体的环境义务作为两者关系的主导,强调个体的付出或限制,根据整体利益的需要和个体承担责任的能力构建环境法律制度。个体在环境法视野下行为方式主要是"付出或限制",而这种"付出或限制"在权利—义务—责任关系框架中被视为一种义务或责任。义务具有不可放弃、不可违背的特点,更有利于环境利益的实现,可以在更广泛的领域保护环境利益。义务本位立法更有助于实现环境法律目标,现代环境法应以义务本位为价值取向。[41]也有学者质疑义务本位论,提出义务是权利本位的当然内容,权利本位并不否认义务的存在,而是解决权利义务的关系问题,当前的环境问题不是权利本位导致的,而是由于缺乏权利保障机制等外在因素造成的。还有学者认为,义务本位论在强调自我限制原则的同时忽视了相互限制原则,容易走向极端的整体主义——公民只有服从的义务而无主张的权利。另有学者认为义务本位存在正当性缺陷,义务本位体现人治,中国传统法律文化就是以义务为本位的法律文化体系,义务本位不符合历史发展趋势,是逆立法潮流而动,权利本位才是法治精神的体现。[42]此外,还有一种观点对上述两种本位论都进行了反驳,认为环境法权利本位论缺乏现实基础,义务本位论缺乏正当性。[43]

经过学者广泛的讨论,目前达成的共识是环境利益是公共利益和个体利益的统一,环境法律制度应在平衡利己和合作两种倾向的前提下主要通过合作倾向来维护、增进整体环境利益。[44]环境法原则上应遵循义务本位而非权利本位,在此基础上构建责任体系,实现环境法的价值目标。[45]

1.2.2 商业银行环境责任的基础理论研究

1.2.2.1 企业社会责任说

企业社会责任说即企业社会责任视角下的环境责任。根据美国学者 Achie B. Carroll 的观点,企业社会责任就是企业对其利益相关者所承担的各种义务。[46]这些利益相关者涵盖了企业的股东、员工、消费者、当地社区和环境等,"企业责任包含经济责任、社会责任和环境责任"。[47]而相较于一般社会组织,商业银行在承担环境责任方面更有其特殊性,这种特殊性体现在"金融机构最大的环境影响不在于其作为一般社会公民的环保实践,而是源自他们在调配金融资源的过程中的战略角色",[48]即商业银行基于其金融服务功能承担的特殊环境责任。在这一研究视角下,环境责任被作为银行社会责任的一部分,进而根据后者定义前者。商业银行环境责任的全部外延与其社会责任的部分外延重合,环境责任是社会责任的子集,两者是种属关系。也有学者对这一观点进行了反驳,认为商业银行环境责任与一般的企业社会责任不同,社会责任是面向现实的,注重保护当下利益相关者的权利,从而建立社会秩序和实现社会正义;而环境责任不仅关注当下,更要面向未来,要兼顾当代人和子孙后代的环境利益,实现代际公平。

1.2.2.2 环境侵权责任说

环境侵权责任说从环境侵权责任的角度定义环境责任,认为商业银行环境责任是环境责任私法化的结果。有学者从商业银行的侵权人身份定义其环境法律责任,即商业银行作为贷款人"因排污导致或可能导致他人人身或财产损害,或因不履行环境法律义务,侵害他人人身、财产权益或生态环境权益所承担的法律责任"。[49]在环境侵权责任说下,有学者按照侵权责任的框架研究商业银行环境责任,认为商业银行负有特殊的环境义务,"在追求自身利益最大化的同时应在经营过程中贯彻以人为本的科学发展观,切实履行引导企业和个人保护环境、节约资源的义务,并对违反贷款合同的企业或个人采取相应措施",如果商业银行"不当行使环境权利,或者违反了法定或约定的环境义务,造成了环境污染或生态环境损害,且损害的产生与商业银行的贷款有关系,除非有免责事由,否则就应当由银行和其责任人承担不利后果"。[50]即商业银行承担侵权法上的责任,这一责任具有侵权法属性。

1.2.2.3 双重责任说

双重责任说认为商业银行环境责任具有民事侵权和行政违法的双重属性。双重责任说首先将商业银行环境责任限缩为商业银行环境法律责任,进而从公法和私法的角度界定商业银行环境责任具有民事侵权和行政违法的双重属性,应受到民事与行政的双重追责。商业银行作为贷款人"对于自身发放的贷款所引发的环境损害与环境问题,在法律规定的范围内,应当与直接环境损害行为人(借款人)一同承担民事侵权与行政违法责任","从公法责任的角度分析,商业银行环境责任属于一种自上而下的惩罚性责任","从私法责任的角度分析,商业银行环境责任属于平等主体间,带有补偿性质的侵权责任"。[51]

1.2.2.4 贷款人责任说

贷款人责任说以贷款人为主体界定商业银行环境责任。"贷款人责任"这一概念源于美国《综合环境反应、赔偿与责任法》。法案设立了专门的信托基金以支付清理受污染场地的费用,由于该信托基金俗称超级基金,因此该法案也被称为超级基金法。贷款人责任是英语Lender Liability 的直译。有学者解释界定为"贷款人责任"的理由是"应将实施同等行为的商业银行外的主体纳入贷款人范围。在贷款人行为相同的情形下,只从法律上肯定商业银行的责任,而对自然人和其他法人的同等行为不予追责,则有失法律的公平价值","行为引起的责任并不因主体有别而不同。"2016 年出台的《关于构建绿色金融体系的指导意见》也提出了"研究明确贷款人环境法律责任"。

综上,目前的研究存在概念混乱的问题,概念混乱表明研究对象的认识不明,将导致研究过程中讨论的问题不能形成焦点。"商业银行环境责任""商业银行环境法律责任""商业银行环境侵权责任""贷款人环境责任"这些概念定性不同,研究的侧重点也因此而各不相同。研究中还有"绿色金融""绿色信贷"等概念用来表达商业银行在可持续发展领域的功能和实践。通过在 CNKI 网络出版总库检视相关论文发现,这些概念的外延具有一定的重合。在这些概念中,一般"绿色金融""绿色信贷"强调商业银行遵循可持续发展理念、践行社会责任的商业模式,"商业银行环境责任"的概念在研究中常用来表征商业银行环境社会责任,其外延似包含商业银行致力于环境保护的各类实践;"商业银行环境法律责任"的概念则侧重于从法律责任的视角定义商业银行环境责任,限缩了商业银行环境责任的外延,双重责任说下的概念认为包含民事责任和行政责任;"商业银行环境侵权责任"则进一步限缩了外延,将商业银行所负责任定性为侵权责任;"贷款人责任"则直接翻译美国超级基金法的概念。上述概念对商业银行责任的特殊性认识不足,并未回答商业银行的金融实践和环境损害有何特殊因果关系,应该以何种方式承担责任,商业银行和直接侵权人的责任如何分担等问题。

1.2.3 国内相关法律规范的梳理与评价

1.2.3.1 金融法中关于商业银行环境责任的规定

目前我国金融法中涉及商业银行环境责任的法律法规,可以分为以我国《商业银行法》《银行业监督管理法》为主的金融法律与各类金融领域的行政法规和部门规章。除此之外,为了指导、督促银行承担环境责任,银行业协会还制定了金融行业业务指引类的软法。这些法律法规政策对确立商业银行企业社会责任、明确绿色信贷义务的内容以及法律责任等问题作出了概括性的规定。如我国《公司法》《商业银行法》中都有关于商业银行企业社会责任的规定。但是,这些规定都属于原则性规定,缺少法律责任的规则效力、内容架构与救济手段,也没有突出这种企业社会责任的"环境"属性,更未针对商业银行的特殊性构建责任制度。另外,中国人民银行、国家金融监管总局(原银保监会)等金融监管部门出台了大量关于商业银行绿色信贷的规范性文件,指导商业银行开展绿色信贷实践。但是,这些规范性法律文件以部门规章为主,规范层级较低,在司法实践中缺乏权威性和约束力。

虽然涉及商业银行环境责任的规范性法律文件囊括法律法规和部门规章,看似内容繁多,但法院在司法实践中还是以适用效力等级较高的法律和行政法规为主,对于《贷款通则》等效力等级较低的部门规章,一般不作为裁判依据单独加以适用。同时,立法的内容与效力存在一定程度的错位。对于绿色信贷义务和银行环境责任问题,效力等级较高的《商业银行法》仅作出了原则性规定,这些原则性规定并未直接提及信贷审查过程中的环境因素;商业银行开展绿色信贷的具体规则散见于各类效力等级较低的规范性法律文件中,如《绿色信贷指引》《关于落实环保政策法规防范信贷风险的意见》等。但是,如前所述,这些规范性法律文件效力等级较低,强制性与约束力不足,因此就导致了法律效力与规则体系的错位。此外,在法律后果方面也存在民事责任与行政责任的错位。当前,商业银行违反绿色信贷义务的法律后果主要体现为银保监会的行政处罚,也就是说,商业银行环境责任主要表现为金融监管中的行政责任。由于相关规范性法律文件并未规定商业银行违反绿色信贷义务所需承担的民事责任,仅对行政责任作出了概括性规定,如《关于落实环保政策法规防范信贷风险的意见》规定"对商业银行违规向环境违法项目贷款的行为,依法予以严肃查处,对造成严重损失的,追究相关机构和责任人责任",无法充分实现对环境损害的填补和对受害人的救济。

1.2.3.2 环境法中关于商业银行环境责任的缺位

法律责任制度具有特殊的救济功能,是法律关系的实体法基础。在现行环境法中,作为基本法的《环境保护法》没有针对任何特定主体进行专门的环境责任立法,而是通过设定一般主体的环境义务将商业银行涵盖在义务主体范围内,再以引致条款的形式通过环境法与侵权法的嫁接建立环境侵权责任,进而推导出商业银行应承担的环境责任。《环境保护法》第6条规定,一切单位和个人都有保护环境的义务。一般认为,这一条款为一般主体设定了基础性、概括性的环境义务,表明环境义务主体的广泛性和普遍性。有学者研究认为,该条款在明示环境义务的基础上,还进一步暗示了环境权利和环境责任。《环境保护法》第64条规定"因污染环境和破坏生态造成损害的,应当根据《中华人民共和国侵权责任法》的有关规定承担侵权责任"。这一规定以引致条款的形式将环境法和侵权法嫁接起来,并对环境侵权的原因行为进行了拓展,在环境污染外增加了破坏生态环境的内容。总的来说,作为基本法的《环境保护法》没有针对商业银行进行专门的环境责任立法,而是通过设定一般主体的环境义务和责任,将商业银行涵盖在责任主体范围内。《环境保护法》可作为商业银行承担环境责任的间接性法理依据。在环境监管中,环境责任规制的方式主要为行政罚款,缺乏民事责任制度的损害赔偿规则,无法实现对受害人的救济。行政责任与民事责任能否共存、怎样划分,行政执法与司法审判如何衔接,这些还有待进一步研究。

除了《环境保护法》,各类环境单行法对商业银行的义务和责任作出了更为直接的规定。如《节约能源法》和《循环经济促进法》都以倡议性条款的形式提出银行应对环保节能项目提供信贷支持。但是,上述环境单行法属于促进型立法,其规定具有指导性,但是缺乏相应的责任承担机制,对责任主体没有约束力和威慑力。

1.2.3.3 民法中关于商业银行环境责任的规定

如前所述,我国法律体系中环境责任的构建是通过将环境法和侵权法进行嫁接的方式完成的。即侵权法设立环境侵权责任的基本框架,环境保护法再以引致条款的形式进行连接和拓展。如果说环境法对于环境责任的规定重在确定保护的对象、领域和范围,强调"环境"属性,那么侵权法对于环境责任的规定则强调侵权属性,突出责任的性质和规制的手段。

2009年制定的原《侵权责任法》第八章专章规定了"环境污染责任",这是我国民事法律中首次设定环境责任的具体内容,该法第65条规定,"因污染环境造成损害的,污染者应当承担侵权责任"。这一规定的突破性在于直接将环境视为侵权行为的客体,在法律未明确规定环境权的情况下将环境利益纳入了侵权法的保护范围,并根据环境侵权的特殊性制定了特殊的归责原则和举证规则。根据这一规定,污染者承担无过错责任,应对法律规定的免除或者减轻责任的情形以及行为与损害之间不存在因果关系承担举证责任,否则将承担不利的法律后果。但是,该法仅将环境污染作为环境侵权的原因行为,将破坏生态排除在环境侵权责任的原因行为之外,并将侵权人限定为实施污染行为的主体,限缩了环境侵权责任的主体范围和内容,在司法实践中难以充分实现对环境侵权的救济。

2014年修订的《环境保护法》规定,"因污染环境和破坏生态造成损害的,应当根据《侵权责任法》的有关规定承担侵权责任",以引致条款的形式增加了环境侵权的原因行为,将单一的环境污染责任拓展为更为全面的规制环境污染和生态破坏的环境侵权责任。后续在《民法典》的制定中立法者也延续了这一思路。2017 年《中华人民共和国民法总则》(以下简称《民法总则》)颁布。《民法总则》第 9 条规定"民事主体从事民事活动,应当有利于节约资源、保护生态环境"。这一原则也被称为"生态文明原则"或"绿色原则",学者认为"生态文明原则的确立是我国民事法律制度对当下中国环境问题的回应,也是民事法律制度在立法理念、逻辑和规则体系上的制度创新"[52],"生态文明原则的出现是对传统民事法律原则的矫正,有助于在民事权利保护和环境利益保护之间取得协调和平衡",是侵权责任社会化的进一步体现。[53] 在将保护生态环境明确列为民法基本原则的基础上,《民法典》侵权责任编对环境侵权的法律规制进行了具体的制度设计,第七章将原《侵权责任法》第八章的"环境污染责任"调整为"环境污染和生态破坏责任",使环境侵权责任制度所保护的法益涵盖了个体的人身、财产利益以及人类共同的环境利益,将传统侵权法上的个人利益与环境公共利益相组合,形成了新的利益保护机制。从立法技术层面考察,这一调整还在环境侵权原因这一问题上实现了民法和环境法规则的统一。

但是,民法中关于环境侵权责任的规定能否适用于商业银行的金融实践却有待商榷。如前所述,《侵权责任法》和《民法典》都先后将环境侵权作为特殊的侵权类型单独列出,但是其主要规制对象却限于直接实施环境侵权的行为人。如《民法典》第 1229 条规定,因污染环境和破坏生态造成他人损害的,侵权人应当承担侵权责任。在绿色信贷实践中,商业银行一般不会成为环境侵权行为中的直接侵权人,其造成环境损害的行为具有复合型的结构,即由商业银行的借贷行为和直接侵权人的环境侵权行为叠加而成。由于商业银行不是以直接、显性的方式单独对环境造成损害,无法直接套用民法中关于环境侵权责任的内容。

《民法典》第 1231 条是直接针对环境共同侵权的条款,规定两个以上侵权人污染环境、破坏生态的,承担责任的大小,根据污染物的种类、浓度、排放量,破坏生态的方式、范围、程度,以及行为对损害后果所起的作用等因素确定。但是,这一条款的内容只涉及共同侵权的责任分担,环境共同侵权是否成立的问题则需要结合共同侵权的一般规定加以认定。在《民法典》第一章"一般规定"中,多数人共同侵权的认定体现在第1168条中。其中规定,二人以上共同实施侵权行为,造成他人损害的,应当承担连带责任。从体系解释的角度看,环境共同侵权的成立需要结合共同侵权的一般性规定进行认定,考察是否符合多数人共同侵权的成立条件。第1168条将多数人共同侵权限定为多个主体均有实行行为的侵权,且要求各侵权行为人所实施的行为对发生的损害均具有原因力,因此并不适用于商业银行绿色信贷中的环境侵权行为。

《民法典》第1233条规定了因第三人的过错污染环境、破坏生态的侵权责任。在该条文中,环境侵权责任的主体并不仅限于环境侵权人,还包括第三人,规定因第三人的过错污染环境、破坏生态的,被侵权人可以向侵权人请求赔偿,也可以向第三人请求赔偿。在与绿色信贷有关的环境侵权中,商业银行的角色往往不是污染环境、破坏生态的侵权人,更接近该条文所称的第三人。如果根据这一条款对商业银行追责,需要对其中涉及的过错问题和因果关系进行认定。根据侵权法原理,过错表征行为人的主观状态,即行为人主观上是否认知、预见到该行为可能导致损害,以及对可能导致的损害后果采取何种态度。我国民法典针对一般主体设定的环境侵权责任是一种典型的无过错责任,不以过错为构成要件。对于商业银行作为第三人在环境责任中的过错如何认定的问题,则需要进一步研究。如果参照《最高人民法院关于审理环境侵权责任纠纷案件适用法律若干问题的解释》第16条对环境服务第三方机构过错的认定,以"故意""明知"作为标准,将第三人与侵权行为人存在主观上的意思联络作为承担责任的必要条件,将限缩《民法典》第1233条的适用范围,不适用于现实中商业银行违反注意义务、存在过失的情形。此外,该条要求第三人过错与环境损害结果之间存在强因果关系关联,这一标准也不适用于商业银行只对损害的发生起间接性作用的情形。

基于商业银行环境侵权的间接性和隐蔽性特点,还可以从间接侵权行为的角度进行责任认定。在侵权法理论中,根据行为人参与方式的不同,侵权行为分为直接侵权行为与间接侵权行为。间接侵权突破债的相对性,将帮助侵权的主体纳入侵权责任的范围内。帮助侵权行为人并不直接实施侵权行为,而是以教唆、协助等间接的方式参与侵权法律关系。《民法典》"侵权责任编"明确规定了帮助侵权行为。第1169条规定,教唆、帮助他人实施侵权行为的,应当与行为人承担连带责任。这是关于帮助侵权的一般性规定。对于环境侵权中的帮助侵权问题,民法典并未作出明确规定,司法实践则予以了承认,一般认定为在明知的条件下为他人的环境侵权行为提供帮助,形式包括推销、运输、提供场所等。商业银行环境责任能否成立的关键在于提供贷款的行为能否被认定为帮助行为,商业银行能否被认定为帮助侵权人。对于这一问题,目前的司法判例持否定态度,认为根据现行的法律制度对商业银行课以环境损害赔偿责任缺乏请求权基础,理由并不充分。

1.2.3.4 刑法中关于商业银行环境责任的规定

目前,我国刑法中并无涉及商业银行环境刑事责任的直接规则,只能从涉及环境犯罪和金融犯罪的相关规则中寻找依据。《刑法》第六章第六节"破坏环境资源保护罪"明确将单位列为犯罪主体,银行作为单位的一种,理论上可以成为破坏环境资源保护罪规制的对象。在金融犯罪的规定中,第186条"违法发放贷款罪"规定,银行或者其他金融机构的工作人员违反国家规定发放贷款,数额巨大或者造成重大损失的,处五年以下有期徒刑或者拘役,并处1万元以上10万元以下罚金;数额特别巨大或者造成特别重大损失的,处5年以上有期徒刑,并处2万元以上20万元以下罚金。这一规定明确将"银行"列为犯罪主体。其中涉及的"国家规定",可以从金融法的各类规范性法律文件中寻找依据。以上是通过法解释学的路径在法律规范中查找的依据和相关推理。由于缺乏刑法的明文规定，以及刑法自身的谦抑性，在司法实践中还没有法院援引上述法条追究银行环境刑事责任的先例。

1.2.4　商业银行环境责任的比较法研究

关于商业银行环境责任的立法规制问题，目前的研究主要集中在国外立法的比较方面。美国、欧盟、英国等国家和地区先后立法对商业银行环境责任进行法律规制，其中美国的《综合环境反应、赔偿与责任法》最具代表性。[54] 该法案又被称为超级基金法，是美国国会针对危险物质处置过程中的场地污染和自然资源损害问题所进行的环境立法，通过建立一系列反应机制和责任体系推动污染场地的清理和自然资源的恢复。超级基金法以污染者付费原则为基础建立了潜在责任人制度，将危险物质、污染场地、污染设施的当前所有者和经营者，处置时的所有者和经营者，以及安排处置、运输的主体均列为潜在责任人，要求其对危险物质处置过程中的环境损害承担严格、回溯既往、连带的环境责任。根据这一制度，商业银行在一定条件下符合超级基金法关于"所有者"或"经营者"的定义，如为产生污染的设施或场地的所有人提供贷款、作为贷款人参与管理，或者在被污染的抵押财产丧失抵押品赎回权后取得了该财产，且被证实会对借款人处理废弃物造成影响等在上述情形下，商业银行将被作为潜在责任人纳入环境责任的主体范围。检视各国环境立法，超级基金法首开商业银行环境责任法律规制。但是，该法对于商业银行环境法律责任的规定具有一定的不确定性，因此屡遭诟病。后来超级基金法经历了数次修订与补充，这些法案共同构成美国商业银行环境责任的法律基础。

美国超级基金法是商业银行环境法律责任领域的研究热点。有学者认为该法案是对污染者负责原则的突破，即从"污染者负责"（polluter pays）向"受益者分担"（beneficiary shares）转变。[55] 根据超级基金法确立的环境法律责任，商业银行对贷款项目和资金的审查更为严格,这体现了超级基金法的积极意义。还有的研究认为,从商业银行的视角来看,确认银行是否"参与管理"是决定其是否承担环境法律责任的关键,而法案中商业银行"参与管理"的标准缺乏明确具体的界定,宽泛的"安全港条款"使免责规定模糊不清,豁免条款存在不确定性。[56]

国内较早开展美国超级基金法研究的学者是陆文华(2000)、蒋莉(2004)和王曦、胡苑(2007)等人,[57-59]他们的研究主要涉及美国超级基金法的立法背景、超级基金的来源和用途、超级基金项目的实施以及责任机制和费用承担等问题。在此基础上,一部分学者对美国超级基金法的研究围绕土壤污染防治、污染场地修复问题展开(周玥,2007;段春霞、孟春阳,2009;卢明、王志彬,2013;龚宇阳、王静,2014等),还有一些研究聚焦于美国超级基金法确立的环境责任承担机制。段春霞、孟春阳(2009)分析了超级基金法相关责任条款的适用性问题,认为对责任条款的模糊性规定的适用不能背离超级基金法的立法目的。[60]赵小波、林尤刚(2007)、王欢欢(2007)、姚慧娥(2008)重点分析了其中的归责原则和免责条款。[61-63]关于归责原则,美国超级基金制度按照严格责任(strict liability)、连带责任(joint and several liability)、回溯责任(retroactive liability)的标准追究潜在责任人的责任。根据严格责任标准,责任的成立不考虑行为人的主观状态,即使行为人已经尽了最大注意义务防止损害的发生也应承担责任,"大体上对应于大陆法系的无过错责任"(桑东莉,2013)。[64]根据回溯责任的标准,即使发生在超级基金法以前的行为按当时的法律来看并不违法,在一定条件下也要承担超级基金法中的责任。而针对超级基金法确立的严格责任,翁孙哲(2014)则提出了"适度性"原则,认为过度的环境责任无法起到激励的作用,在构建我国商业银行环境责任的问题上应在不违反企业长期利润最大化和满足金融、社会发展要求之间取得平衡。[65]

综合上述研究可以发现,在美国超级基金法环境责任制度的演进中,作为潜在责任人的商业银行在何种标准下承担责任是核心问题。商业银行作为贷款人,通常在两种情况下会产生超级基金法中的环境责任:一是债务人未能按期还款而导致银行行使抵押权(foreclosure),此时商业银行事实上成为污染场地或设施的所有人,其环境法律责任名为"贷款人责任",实为"所有人责任";二是商业银行在拥有污染场地或设施的所有权迹象(indicia of ownership)并"参与管理"的情形下产生超级基金法中的"经营人"责任。商业银行对贷款项目事实上存在一定程度的管理控制权,那么这种权力就可能明确或隐含地延伸到债务人的侵权行为中,从而构成商业银行承担责任的基础。在1996年超级基金法修订前,商业银行如果有能力影响其拥有所有权标记的财产的经营,即使没有使用该能力,也需承担环境法律责任。根据潜在责任人制度,商业银行基于所有者和经营者的法律身份成为环境损害的责任人,这一法律身份建立在商业银行与直接的环境侵权人具有信贷合同关系的基础上。超级基金法虽然创设了潜在责任人制度,但是其最初的文本并没有对其中的关键概念进行界定,后续涉及商业银行环境责任的司法判例对于如何认定潜在责任人和判定贷款人责任还出现了不同的标准,在实践中给环境责任的规制造成了一定的混乱。

1.2.5 商业银行绿色信贷的法律机制研究

1.2.5.1 商业银行绿色信贷的软法机制研究

在商业银行绿色信贷的软法约束方面,目前的研究集中于赤道原则。根据这一原则,商业银行在开展项目融资时,应该对该项目可能造成的环境与社会影响进行评估,并根据评估结果提供信贷融资,发挥金融杠杆在环境保护中的作用。2003年,为应对项目融资中的环境与社会风险,花旗银行等十家银行根据国际金融公司的环境与社会政策设立了项目融资中银行承担环境与社会责任的指南,即赤道原则。在这些银行界"旗手"的带领下,越来越多的商业银行采用赤道原则作为项目融资标准,赤道原则逐渐成为银行业承担环境责任的指南,以及开展项目融资的行业标准和国际惯例。赤道原则协会在发布的文件中正式将该原则定义为 Voluntary Code,学者将赤道原则定性为软法规范。赤道原则使商业银行在环境和社会问题上进行合作,避免"竞次"型竞争。申言之,赤道原则是银行业履行企业社会责任的产物,逐渐发展成为商业银行承担环境软法责任的标准。

在这一领域,目前的研究大致可以分为环境法视域下的赤道原则研究和银行法意义上的赤道原则研究。前者着重分析赤道原则的社会、环境效果,认为这一原则是用市场力量实现社会和环境目标的新路径,[66]是银行业文化和价值观演变的证据和催化剂。[67]在全球环境治理日益成为共识的大背景下,这一原则被赋予了更丰富的意义和价值,如被视为"非国家组织联合体进行自律监管的全球治理新现象"[68],以及全球环境治理和可持续发展的监管标准。银行业监察组织长期跟踪跨国银行履行赤道原则的情况并定期发布报告,成为非正式的监管力量。[69]银行法意义上的赤道原则研究主要从两个进路展开:第一是从微观视角出发聚焦于商业银行本身,分析环境政策与财务绩效的关系等。这些研究用实证方法对比同一银行在采用赤道原则前后的财务绩效表现,或者对比赤道银行和非赤道银行的财务数据,其主要研究结论是赤道原则对银行业务有一定正面影响或无影响。[70]还有一类研究则聚焦于赤道原则的形成过程和作用机理,将该原则作为研究案例用以分析国际金融软法的生成路径,这一研究路径进一步丰富了商业银行绿色信贷软法机制的研究。[71-72]

1.2.5.2 商业银行绿色信贷的规制内容研究

在商业银行环境责任的范围和内容方面,范少虹(2013)提出完善绿色信贷法律制度的内容包括完善商业银行的审慎调查义务、银行的环境评价制度、企业的环境信息披露制度,以及完善公众参与机制等。[73]邓翔(2012)将我国商业银行环境责任的重点归结为贷款前的审查义务,如对借款人提供的信息进行书面的环境合法合规审查,必要时进行现场实地审查。[74]方智勇(2016)着眼于绿色信贷的监管,建议修改《商业银行法》,建立银行的环境社会责任、环境影响分类标准和评估制度,形成绿色信贷的监管框架体系。[75]

关于商业银行环境责任的立法模式研究可以分为两类。

第一类立法模式强调商业银行环境责任的法律化,认为应该建立关于商业银行环境法律责任的硬法规范。关于商业银行环境责任立法的必要性,徐以祥、刘海波(2014)从我国经济"绿色转型"的角度论证设立商业银行环境法律责任的必要性,认为"只要求直接污染人担责的单一法律责任结构不能满足绿色经济的现实需求"。[76]王言峰(2011)从环境问题的严峻现实出发,提出"构建环境污染的直接责任人制度和潜在责任人制度是现阶段的最佳选择"。[77]还有学者从经济学角度分析了商业银行和企业在绿色信贷中的博弈,认为从长期看,环境责任法律化有助于提高商业银行对企业环境风险的审查力度,间接激励企业有效预防环境风险以获得银行贷款。[78]在认定商业银行环境法律责任方面,在缺乏直接立法的背景下,冯汝(2019)运用法解释学的方法在实定法中寻找认定商业银行环境法律责任的请求权基础,[79]王曦、胡苑(2007),翁孙哲(2014),周杰普(2017)等从立法论出发,通过比较法研究商业银行环境法律责任的域外经验,尤其是美国超级基金法,从而提出我国的立法建议。[80]在商业银行环境责任法律化的路径方面,这些研究注重以硬法为基础的法律化路径,提出"非强制义务纳入法律调整范围,或将原本属于倡导型、促进型立法所规定的法律义务,以法律责任的形式确认并依靠国家强制力保障实施"。[81]还有研究以侵权责任制度为基础,研究商业银行环境责任的私法化,或者说侵权责任化。[82]

第二类立法模式主张弱化商业银行环境责任的硬法属性,注重从企业社会责任的维度建立软法的规范体系。有学者分析比较了硬法与软法层面的环境责任,"通过与企业内生自律和外源性助动实施路径形成相应的制度合力,从而使公用企业更好地承担其社会责任"[83],促进型立法是商业银行环境责任法律化的最佳形式,其所规定的综合责任,在效力上强于一般政策的软法作用,认为"商业银行的环境责任兼具道德性和法律性,促进型立法因具有指导性规范、自愿性规范、强制性规范三种方式而成为较为理想的法律调控方式","制定绿色金融促进法既能克服软法缺少约束力的不足,也能符合我国现实国情。"[84]

1.2.6　对现有研究成果的评价

国内外学术界大致有三条进路：一是从环境法的角度切入,在研究污染防治、生态修复等环境问题过程中涉及、兼顾到商业银行环境责任研究,如在研究超级基金法中的土壤防治规则时涉及其中的法律责任问题；二是从银行风险管理的角度出发,探讨商业银行在项目融资、绿色信贷等方面的环境责任,如关于赤道原则的研究；三是从商业银行的社会责任研究入手,将环境责任作为社会责任的一部分展开研究。这些成果为本书的研究奠定了基础。

但是,在梳理这些研究成果中不难发现,目前的研究呈现碎片化,缺乏系统性。第一,研究角度凌乱。在商业银行环境责任的研究上,现有的研究可以大致分为法学研究与金融学研究两个维度。在法学研究的视域中,基于部门法的角度,还可以再细分为环境法领域的商业银行责任,侵权法视角下的商业银行环境侵权责任,以及金融法领域的商业银行环境社会责任。这些研究相互割裂,未能实现概念之间相互连接,形成一个系统的理论体系,进而构建法律制度体系。第二,对商业银行环境责任这一研究对象的概念界定还未有定论,这种概念的杂乱折射出理论界在环境责任基础理论方面的认识分歧,导致研究中讨论的问题往往不能形成焦点。第三,商业银行环境责任以及法律规制的特殊性认识不足。商业银行环境责任并非商业银行社会责任在环境领域的自然延伸,或者有关环境责任的原则性的概括,而是一种有着明确的性质、内涵、规则体系的法律责任。当前的研究并未对如下特殊性的问题进行回答:商业银行环境责任和环境法律责任的区别和联系何在,商业银行环境损害赔偿责任和普通的环境损害赔偿责任究竟有何区别,商业银行环境侵权行为和损害有何特殊因果关系,商业银行和直接侵权人的责任如何分担等。一言以蔽之,对商业银行环境责任的规则体系及其法律规制缺乏研究。第四,国内学者对于商业银行环境责任的研究内容主要集中论证责任的正当性和法律化的问题上,研究方法多采用比较法和历史研究法等规范法学研究方法,研究视野较为狭窄。在这一领域的国外研究中,从内容上看,研究的范围不再停留在商业银行环境责任的必要性、正当性问题,而是进一步延伸至具体的责任制度、规则方面;从方法上看,多采用法学与经济学、社会学等交叉学科研究方法,值得国内研究参考。

1.3 研究方法、思路与创新性

1.3.1 研究方法

1.3.1.1 文献分析方法

文献分析方法属于非接触性的研究方法,利用科学文献对其他学者的研究进行分析和借鉴,是开展研究的必经阶段。笔者大量查阅中外已有的商业银行环境责任法律规制的研究成果,进行文献研究,用于本研究的论证。

1.3.1.2 历史分析和比较研究方法

分析和考察环境责任理论的发展历程和制度的形成过程,从纵向的历史维度把握其演变规律;通过对不同国家和地区的法律制度进行考察,比较中外商业银行环境责任规律规制体系的差异及其形成原因,分析总结各自特点及值得借鉴之处,从横向维度分析把握环境责任的发展趋势,为建立和完善我国相关法律体系提供借鉴。

1.3.1.3 跨学科研究方法

作为金融机构的商业银行如何承担环境责任,如何构建法律规制的责任体系,这是一个横跨环境、金融、侵权法等领域的综合性问题,需要采取交叉学科的研究方法进行综合研究。本书立足于法学研究,一定程度上综合了经济学、金融学等相关学科理论进行论证,以求拓宽研究视野,准确把握研究对象。

1.3.2 研究思路

本书共分为七章:

第一章为绪论,主要介绍选题背景,研究的理论与现实意义。在回顾国内外相关研究的基础上,提出本书开展研究的思路与方法。

第二章为绿色信贷与法律规制概述。主要从金融功能的视角出发对商业银行和金融体系的功能进行思考,明确将环境要素纳入金融法律规制的必要性和正当性。商业银行绿色信贷法律规制的价值正当性源自环境正义,即实现环境利益与成本的分配正义。以生态环境整体论为认识论基础,实现商业银行由"理性经济人"向"生态人"的功能转变,将环境成本内化到金融产品价格中,通过发挥金融功能将环境风险在社会主体间合理分配,追求社会、环境和经济的平衡发展。

第三章正式提出商业银行绿色信贷中的环境责任这一命题。首先回顾商业银行环境责任的发展历程,讨论商业银行环境责任在国际金融软法中的演进、在以美国"超级基金法"为代表的国内立法中的设立,以及我国商业银行环境责任法律化的发展过程。其次讨论商业银行环境责任法律化和绿色信贷法律规制的内涵,明确本书的研究对象和范围。从界定概念出发,围绕商业银行环境责任法律化的法理基础、规范意义和价值功能,分析责任的法律化路径及必要性,进而探究绿色信贷法律规制的实施路径和治理规则。最后讨论我国绿色信贷的实践和立法现状,在详细分析我国法律体系中的规则困境后对照提出我国绿色信贷法律规制需求。商业银行绿色信贷法律规制,本质是驱动商业银行在绿色信贷过程中实现从社会责任到法律责任的转型。商业银行环境责任法律化,是按照污染者付费与受益者负担的原则,通过私法的责任体系将银行纳入环境风险的责任主体范围,实现责任主体的扩张,在法理上符合环境法、侵权法和金融法的基本原则。基于环保和金融治理诉求,需要突破传统侵权责任制度的限制,建立商业银行环境损害赔偿责任制度。

第四章探讨商业银行绿色信贷的规制路径。首先回顾我国商业银行绿色信贷法律规制的现状,在具体分析环境刑事、行政和民事责任后,对我国当前的商业银行绿色信贷法律制度进行反思,提出责任规制错位、救济机制不完善等问题,以环境行政责任为主的、政府主导式的环境治理体系亟须改变。其次探讨以"赤道原则"为代表的商业银行环境软法责任和以美国"超级基金法"为代表的商业银行环境硬法责任这两种较为典型的路径。在对我国现有法律框架、环境保护需求和金融实践现状进行分析的基础上,提出我国可借鉴美国超级基金法对商业银行绿色信贷进行硬法规制,通过构建民事侵权责任的路径建立有限度的商业银行环境损害赔偿责任。

第五章详细总结了商业银行绿色信贷法律规制的国际经验及启示。本章首先对域外绿色信贷实践、金融法律规制体系等进行了比较法分析,其次重点以美国超级基金法为例,对域外商业银行绿色信贷法律规制的相关制度进行了比较研究。美国超级基金法是关于商业银行绿色信贷法律规制中最有代表性和影响力的域外立法。本书的比较法研究主要以美国超级基金法为例,分析和考察商业银行环境责任的理论建构和制度形成过程,从而把握其演变发展规律。本章重点讨论了美国超级基金法确立的商业银行环境责任的具体内容,包括潜在责任人制度,严格、连带、可溯及既往的责任形态,抗辩条款,以及损害赔偿的范围。并在此基础上分析这一责任制度的功能和局限性,探讨借鉴美国超级基金法,在我国立法中构建商业银行环境损害赔偿责任制度的可行性。

第六章研究商业银行绿色信贷法律规制的责任构成问题。首先讨论商业银行绿色信贷法律规制的特殊性。分别从商业银行作为环境义务主体、环境侵权行为主体和环境损害赔偿义务人的特殊性三方面展开分析。绿色信贷中的环境侵权具有复合型结构,包含内外两重关系,由商业银行的金融信贷业务和直接侵权人的环境侵权行为叠加而成。关于商业银行与直接侵权人的内部关系问题,分别对股权关系和债权合同关系下的商业银行介入环境侵权的情形进行了分析,明确信贷是商业银行环境侵权的基础原因关系,在此基础上探讨我国绿色信贷法律规制的主体规范的范式。其次研究商业银行环境损害赔偿责任的具体类型,这是本书的研究重点与难点。本书采用类型化研究的方法,按照环境侵权原因行为的不同,将商业银行绿色信贷法律规制分为直接基于信贷合同的商业银行环境损害赔偿责任和特定情形下的商业银行环境损害赔偿责任两大类,后者再具体细分为基于高度危险物的环境损害赔偿责任的和基于担保的环境责任。从侵权责任的法理基础出发分析商业银行环境义务的具体内容、环境损害赔偿责任的性质和连带责任的依据。绿色信贷义务是责任成立的重要因素,主要表现为商业银行违规发放贷款或未能依法依规进行贷后管理。商业银行的借款行为与借款人运用资金直接侵害环境的行为相结合,对外构成一个完整的环境损害行为,共同引起了环境损害的后果。商业银行的贷款行为可以被视为帮助行为,对环境损害结果存在间接原因力,根据我国侵权责任法,帮助行为在责任方式上与实行行为构成连带责任。在法理分析的基础上,对商业银行环境损害赔偿责任的构成要件,即因果关系、违法性、归责原则等具体内容进行了详细的阐述。最后讨论了商业银行环境损害赔偿责任中的抗辩事由。在这部分讨论中主要运用了类型化的研究方法,不仅能加深对商业银行环境责任的理解,也有助于为不同类型的环境问题寻找不同的研究范式和解决方法。

第七章讨论商业银行绿色信贷法律规制的体系构建问题。首先讨论商业银行环境责任的侵权法规制路径。对环境损害这一概念进行了界定,对比分析了环境损害与人身、财产损害的关系,在此基础上讨论了侵权法律框架下对环境损害进行填补的责任方式,提出商业银行承担责任的方式应以损害赔偿为主。其次具体讨论了商业银行环境责任的赔偿规则,包括基本原则、赔偿范围、计算标准,以及商业银行和直接侵权人的内部责任分担机制。从连带责任的理论分析开始,对比美国超级基金法中潜在责任人的连带责任制度,讨论我国商业银行绿色信贷法律规制中的责任分担机制。在对商业银行绿色信贷侵权法规制充分讨论的基础上,最后讨论侵权法规制与金融监管、环境监管之间的关系,突破私法视野,实现公法与私法两种路径的协动。金融监管对商业银行绿色信贷的法律规制体现在金融法律法规对商业银行环境义务的设定,以及通过行政处罚的方式对商业银行科以行政责任。环境监管与商业银行环境损害责任的联系体现在通过环境影响评价和环境信息公开等环境监管制度,为商业银行履行绿色信贷注意义务提供必要的信息和技术支持。侵权法规制与环境监管、金融监管的协动,应实现自主治理和公共治理的统一,完成从金融风险防范到公共政策推行的转型,将法律规制的利益考量点从利益相关者扩大为到社会公众,理顺环境、金融等公法层面的监管与商业银行绿色信贷法律规制的关系,从而完善商业银行绿色信贷法律规章制度。

1.3.3　创新性

在充分吸收国内外学者相关研究成果的基础上,本书试图在以下几个方面实现一定的创新。

1.3.3.1 研究角度的转变

现有研究大多聚焦于环境社会责任、绿色金融等方面。本书的研究从金融学、经济学视角转变为法学视角,紧扣商业银行绿色信贷法律规制这一主题,将商业银行环境责任置于法律规制体系中进行规范化讨论,通过环境责任的法律化使商业银行承担具有约束力、可救济的法律责任,真正实现法律规制的制度功能。

在责任主体上,现有研究多以美国超级基金法为蓝本将责任主体定位为贷款人,本书从我国金融法律主体规范和绿色信贷实践出发,在综合考虑规范因素和经验因素的基础上,以商业银行为主体进行环境责任研究。通过分析商业银行的特殊性厘清其承担责任的法律逻辑,明确责任的范围和限度,防止陷入宽严皆误的法律困境,同时也避免因责任主体的泛化损害法律制度的公平与正义价值。

本书在研究过程中对商业银行环境责任法律化的内涵和外延进行了必要的限缩,主要研究其环境损害赔偿责任。对内容和范围进行适当的限缩使研究更有针对性,也有利于后续研究的深入。商业银行环境责任法律规制的关键是确立商业银行环境损害赔偿责任,通过环境责任的法律化促使商业银行履行环境责任,通过设立商业银行环境损害赔偿责任推进绿色信贷法律规制体系的完善。这一责任脱胎于传统的环境侵权责任制度,但本书研究研究的重点不是环境侵权的行为模式,而是环境损害的救济机制。在责任内容上,现有研究多定位于环境侵权责任,本书则以环境损害赔偿责任为研究内容。从价值功能看,从基于侵权行为的惩罚和救济,转变为环境损害的填补和环境风险的分配,商业银行被视为赔偿责任人;从规范逻辑上看,将研究的重心从商业银行的侵权形态转向责任的归因模型,使责任的成立要件不因商业银行金融创新而轻易改变;从责任体系看,从环境侵权责任到环境损害赔偿责任的转变,限缩了责任的范围使之对责任主体更具调适性。

1.3.3.2 商业银行绿色信贷法律规制的正当性研究

本书研究的逻辑起点在于建立商业银行与环境损害的正当性联系。传统的民商法律制度建立在意思自治、契约自由和自己责任的基础上,形成了环境公益保护诉求与民商事法律原则的张力,金融法益的私法属性与环境利益的社会属性需要平衡和协调。在严峻的环境危机面前,法律体系需要对金融机构的社会功能与责任进行重构。对商业银行绿色信贷进行法律规制,使其在一定条件下对环境损害承担赔偿责任,既是应对环境危机的现实要求,也是商业银行环境功能与社会责任重构的法律表达。本书对商业银行绿色信贷进行法律规制的正当性研究从价值、形式和事实正当性三个维度来展开。

1.3.3.3 商业银行绿色信贷法律规制的类型化研究

商业银行环境责任类型化研究的意义在于揭示各种不同类型的商业银行环境侵权行为特征,明确其责任构成和法律后果。商业银行的环境侵权由商业银行的金融业务和直接侵权人的环境侵权行为叠加而成,具有复合型的结构。商业银行与直接侵权人的内部关系是商业银行被纳入环境侵权法律关系、进行法律规制的前提;外部表现为环境侵权,这是后续讨论商业银行对环境损害承担赔偿责任的基础。本书采用类型化研究的方法,按照环境侵权原因行为的不同,将商业银行绿色信贷法律规制分为直接基于信贷合同的商业银行环境损害赔偿责任和特定情形下的商业银行环境损害赔偿责任两大类,后者可以再具体细分为基于高度危险物的环境损害赔偿责任的和基于担保的环境责任。在此基础上,进一步对其因果关系、归责原则、责任方式和赔偿范围等展开类型化研究,这种类型化研究方法不仅有助于加深对商业银行环境责任的理解,也有助于对不同类型的环境问题寻找不同的研究范式和解决方法。

1.3.3.4 研究框架的创新

本书使用侵权责任法的研究框架,在澄清商业银行特殊性的基础上,分析其环境损害赔偿责任的构成要件和法律效果,具有一定的系统性和逻辑性。

2 绿色信贷与法律规制

金融是现代经济的中心。金融行业从诞生的那天起就承担着为实体经济发展融通资金的"造血"和"输血"功能。要研究商业银行金融实践中的法律规制问题,其逻辑起点在于从金融本质功能出发思考商业银行在经济发展和社会治理中的作用。

2.1 基于金融功能的法律规制

2.1.1 功能金融视角下的商业银行

2007年肇始于美国的金融危机是近20年来影响全球经济发展的最重要的事件之一,世界经济遭遇了20世纪30年代"大萧条"以来最为严重的"大衰退"。在后金融危机时代,各国政、商、学界开始对金融危机爆发的原因进行深入的反思。其中,金融市场扭曲、金融投机行为盛行被普遍认为是引发危机的重要原因。从20世纪90年代开始,金融创新成为金融行业的主要发展趋势,金融机构竞相推出专业化、复杂化程度极高的"创新"性产品。这些金融衍生品通过资产证券化等方式重新组合或反复组合,甚至形成脱离特定公司资产或者抵押资产的具有赌博性质的高风险性信用债券。经过层层分解和包装,这些金融衍生品早已失去了基于资产价值的定价依据,很难准确评估和定价,形成了金融市场的泡沫。金融投资者过分追逐高杠杆、高风险、高收益却不反映实际经济活动和资产价值的金融衍生品,投资行为异化为投机行为,恶化了市场环境,放大了金融体系的风险。在危机之后,人们开始从金融脱离具体经济活动、自体繁殖与发展这一角度对危机进行反思,从金融本质功能出发反思金融在经济发展中应该发挥什么功能的问题,有学者指出,下一代金融法律的改革应该在相关的经济和社会发展政策目标框架之内进行。[85] 这一思考对于解决当前全球金融治理与环境治理中面临的问题,避免以后类似危机再度发生,都具有重要的意义。

事实上,对金融功能的思考在金融学术研究历史上并不罕见。一般而言,对金融的研究可分为传统机构金融发展理论和功能金融理论。传统金融发展理论主要从金融机构入手研究金融体系,提出"机构金融"视角,认为金融市场主体及金融组织是既定的,并有与之相配套的金融规章和法律来规范各种组织的运行,现有的金融机构和监管部门应维持原有组织机构的稳定性。有关金融体系的问题,如商业银行流动性风险和金融市场的系统风险等,都应在这种既定的框架下解决。这一理论的显著缺陷是忽视了法律的滞后性,如果按照这种传统的金融发展理论构建金融的运行框架无疑是没有效率的。针对这一缺陷,R. Merton 和 Z. Bodie 于 1993 年提出了功能主义金融理论(functional perspective),即金融的功能比金融的组织机构重要,金融功能的发展比金融机构的发展更加稳定,或者说金融功能的变化要小于金融机构的变化。[86] 从金融行业的历史发展来看,现代金融机构的组织机构和治理模式与早期的货币代管机构相比,已经发生了颠覆性的变化,但"融通资金"这一金融的基础功能却依然存在,甚至可以说金融机构通过不断创新和竞争更好地履行着这一功能。此外,金融机构因国家、地区的不同,其组织结构、治理形式等各有不同,但履行的核心功能却大致相同。基于功能主义金融理论,研究首先要确定金融体系应具备哪些经济功能,然后据此来建立行使这些功能的金融机构,确立或创新金融行为的模式。一个兼具稳定和效率的金融体系,能够积极创造和充分利用各种金融工具和手段来动员社会闲散资源,然后在社会各产业间按照效益最大化的原则进行资源配置,有效进行风险分散和管理,促进国民经济和社会福利的增长。由于金融机构会随着时间的变迁、空间的转移和基础技术的更新换代表现出不同的组织形式和运行方式,从金融机构本身出发研究其组织形式以及与此相关的金融制度本身具有一定的局限性。与此相反,由于金融体系的金融功能具有相对的稳定性,根据金融功能的发挥程度来研究金融体系的稳定性和效率性,得出的结论更加具有理论价值和实践意义。

2.1.2 功能金融视角下的金融体系

从本质上讲,金融承担着为实体经济发展融通资金的"造血"和"输血"功能。离开了实体产业,金融就会变成无源之水、无本之木。产业是指国民经济中以社会分工为基础,在产品和劳务的生产和经营上具有某些相同特征的企业或单位及其活动的集合,这一概念介于宏观经济与微观经济之间。基于功能金融理论,金融通过资金形成、资金导向、资金集中、风险管理和信息披露等方式促进产业经济的发展。一国实体产业经济的持续健康发展是金融业安全稳健运行的根基,服务于实体产业经济的发展是现代金融业的本质功能。金融的发展是综合性、总体性的发展,既包括金融行业本身的发展,也包括金融对经济体系所产生的外部效应,即金融对实体产业发展产生的积极或消极的作用。从这一点出发,可以开拓出金融研究的广阔空间。

一般而言,金融体系的运行内容包括:①作为支付和结算平台的功能。金融体系为市场经济组织提供资产清算、结算的工具。②聚集和分配产业发展所需要的资源的功能。金融体系能够为企业或家庭的生产和消费筹集资金,将储蓄转化为投资,把聚集起来的资源在整个社会的各产业中重新进行有效分配。同时,金融体系还具有信用创造的功能,扩大货币供给量,加速资本形成。③分散风险的功能。金融体系向经济系统中的各主体提供管理和配置风险的方法,使金融交易和风险负担得以有效分离,从而使经济主体能够选择其愿意承担的风险,回避或采取有效措施缓释其不愿承担的风险。同时,资金投向合理产业,在分散金融业风险的同时也有利于构建合理的产业结构。④信息传递与交换的功能。金融体系通过各种公开的金融工具和市场筹集资金,节约信息成本和交易成本。⑤有效解决产业组织内部基于委托—代理关系而缺乏有效激励的问题。

实体经济的发展对金融领域具有风险传导效应。受实体经济增速放缓与产业结构调整的影响,部分产业出现了产能过剩、价格持续下滑的行业风险,相关产业流动资金紧张,经营陷入困境,导致行业风险向金融领域传导。以上海司法系统审理金融商事纠纷案件过程中发现的问题为例,2013年,由于钢贸行业从银行融资风险凸显,上海法院共受理一审涉钢贸金融商事纠纷案件约 3 700 件,同比增长约 5.5 倍,收案标的金额达到 230 亿元,占当年金融商事纠纷案件标的总金额的 51.4%,同比增长约 3.4 倍,相关案件的数量与标的金额都出现了大幅增长。钢贸行业从银行融资的风险还衍生出了其他类型的金融商事纠纷案件,如小额借款纠纷、追偿权纠纷、典当纠纷、保证合同纠纷等,当钢贸企业无法从银行渠道获得融资成本较低的贷款后,转而向融资成本较高的非银行融资机构获取融资,也带动了行业风险向非银行融资领域的逐步渗透。

从金融支持实体经济发展的视角,金融的运行主要包括两个方面的内容:第一,金融组织在市场机制的作用下根据产业经济发展的需要自动形成各类金融工具和业务模式,即通过金融市场为产业发展配置资源。通过市场化竞争,金融机构根据安全、效益等原则对各产业具体的投资项目进行评估,在价格机制的作用下将金融资源进行最优化配置。以银行业为例,银行业作为金融业的主体,是货币政策传导的主渠道,其核心功能主要体现在通过市场机制,以科学合理的社会交易成本,发挥优化资源跨时空配置的杠杆撬动功能。第二,国家根据产业发展的总体目标,为优化产业结构和产业布局,通过制定金融法律、政策等调控方式,对金融业直接加以干预或间接加以引导,使其加大对某一特定产业的支持,提高产业竞争力,即以金融调控为主为特定产业提供金融资源。这种金融调控主要源于市场金融效率的不完全性,即"市场失灵"的存在。通过直接调控金融资源的配置向市场传递国家宏观产业政策,引导市场资金的流向,尤其是保障一部分资金流向投资周期长、回报率低的新兴产业和基础性产业,实现产业发展和结构调整的目标。

2.1.3 金融法律规制的提出

金融体系是在一个不特定的环境中、不同的时间内、不同产业的主体之间通过上述运行机制配置和使用经济资源。从金融业发展的历程来看,金融市场的健康有序发展离不开完善的金融法律制度安排。金融法作为规范和促进金融市场的制度,对于金融市场乃至整个社会的平稳健康发展和经济健康运行都具有重要作用。从金融危机的治乱循环历史中不难发现法律制度在金融发展中的巨大影响力。金融危机对全球经济和金融体系造成了严重破坏,同时也使我们得以对经济全球化、金融自由化的经济发展浪潮进行反思,并以此为契机重新认识和构建金融法,从而维护和推动本国及世界金融经济健康持久发展。

在我国,随着社会的发展,金融产业的发展和社会融资需求也发生了深刻的变化。虽然在2008年金融危机中我国的金融市场和金融秩序没有受到根本性的冲击,但是在我国金融发展中也必须警惕鼓励金融投机、异化金融功能的问题。随着金融全球化时代的到来,我国金融市场更加完善,市场化程度不断提高,金融对经济发展尤其是产业发展的推动作用越来越突出。另外,随着经济发展规模的扩大,技术进步的推广、市场需求的加大,社会融资需求也不断攀升,产业发展对金融的需求也不断增长。这些金融与产业发展的新形势,催生了金融与产业的融合,产生了对相应的法律规范的新需求,这些需求既包括金融产业自身发展的法律规范,也包括金融对产业支持的法律规范。法

2 绿色信贷与法律规制

律的发展应该回应社会经济发展的需求。

规制是英语 regulation 一词的直译,最初是规制经济学中的概念,后被引入法学研究。一般而言,规制是指那些社会公共机构或私人主体基于法律或其他规范对社会生活进行控制的活动,包括政治规制、法律规制、社会规制、道德规制等。本书主要讨论法律规制,即以法律规范为依据进行的规制活动。法律是人与人之间的纽带,人们所生活的社会是由法律制度和法律观念构建的社会。当社会运行出现了新的问题,法律调整也就进入了新的空间。为什么法律永远处于一种流动的状态,理由是人们不断提出新的问题,需要用法律来解决。[87]法律具有指引、评价、预测、教育和强制的规范作用。指引作用是指通过规定法律权利、义务以及违反义务所应承担的法律责任,指引着受到秩序约束的人们的行为。评价作用强调法作为一种社会规范,人们可以将其作为判断、衡量他人行为是否合法或有效的标准。预测作用强调法律应明确行为模式和法律后果,使人们能根据法律预先估计行为后果,从而对自己的行为作出合理的安排。教育作用指通过法的实施,法律规范对人们今后的行为发生直接或间接的诱导影响。强制作用强调运用国家强制力制裁、惩罚违法行为的效果。法律规制通过发挥法律的规范作用来实现。规范本质上是一种由外在强制力和内在说服力支撑的秩序。法律规范以法律规则为载体,以具体的权利、义务和责任为内容,通过国家立法机关的创制、行政机关的执行、司法机关的适用,以及全体社会成员的认同和遵守来实现国家和社会的有序运行。与道德等其他社会规范相比,法律规范有确定性、强制性、正式性和权威性的特点。法律规制旨在通过设定和实施强制性规范、义务性规范和授权性规范,形成基于法律规范的有序化的社会状态。

金融法是调整各种金融关系的法律规范共同组成的有机整体,其理论体系是按照各种金融法律制度的目标和逻辑,各分支体系内部调整内容的特殊性,以及同相关法学理论的联系所确立的内部结构体系。通常认为,一个完整的金融法理论体系主要由金融法基本理论、金融组织法、金融财产法、货币流通法、货币融通法、金融调控法和金融监管法七项具体法律规范组成。[88]这一分类主要是根据金融法各分支的调整内容和调整方式的不同所作的划分。金融法律规制这一概念的提出则一定程度上突破了传统的划分方式,它以金融法应实现的为实体产业发展提供金融支持这一目标为依据,由上述各具体法律中与实现该目标有关的法律规范有机整合而成。从源头上讲,金融法律规制内生于一国的经济与社会发展环境中,受社会经济发展阶段、发展目标等影响。金融法律规制的运行机理是通过法律规范调整金融的资金导向、信息披露和风险管理等,促进社会发展和经济结构的改善。

从内容上讲,金融法律规制的研究对象包括两部分:基于金融的金融法律规制和基于社会发展的金融法律规制。由于金融法本身就是经济金融环境体系的一部分,金融法律制度中关于调整金融的制度规范,如金融法的价值目标、普惠金融的法律设计、金融风险集中与分散的制度构建、政策性金融机构的管理调控以及其他金融监管等,本身即构成金融法律规制的研究对象。另外,作为一种影响金融市场发展的制度安排,金融法律规制还直接影响着金融市场上各主体间的行为选择,金融法与金融市场通过行为主体和制度机制而相互作用,基于金融的金融法律规制研究还必须关注金融市场的制度构建。基于社会发展的金融法律规制,是将金融法延伸至社会发展的其他领域,在交叉研究的基础上,把金融法和其他制度有机结合进行综合研究。通过对法、社会与金融的综合研究,为金融法的发展提供客观的社会运行规律的理论支撑和价值判断基础。绿色信贷中的法律规制问题就是典型的基于社会发展的金融法律规制。

对应地,对金融法律规制的研究内在地包含两大研究范式:第一,以金融学为中心,以经济学为研究工具,研究金融主体、金融市场和金融系统的发展规律,以解释金融法律规制背后的效率逻辑;第二,用经济学、金融学的最优化、效率、风险、收益等概念和工具解释、评析社会制度及其运行,将社会发展目标和法律原则转化为符合金融发展规律的制度。这一研究突破了传统金融法研究的范式。

从功能金融的视角来看,进行金融法律规制也具有重要意义。一方面,调控金融的法律制度本身即构成金融市场中的一种要素,是金融环境体系的一部分;另一方面,作为一种影响金融市场发展的制度安排,金融法律制度直接影响着金融市场上各主体间的行为选择,金融规范与金融市场通过行为主体和制度机制而相互作用。[89]金融法律制度担负平衡金融安全与金融效率、调节社会财富分配和优化金融资源配置的任务,可以为金融市场的健康发展提供制度保障和发展动力,促进和优化金融市场功能的发挥。金融法的变革与演进也应围绕金融对实体经济的作用来进行,以充分发挥金融体系的经济功能和社会功能,并实现两者的统一。

2.2 金融法律规制中的环境问题

2.2.1 绿色金融与绿色信贷

资金融通是金融的核心内容,信贷是银行业提供金融服务的主要方式。一般而言,绿色金融涵盖绿色信贷、绿色证券、绿色保险、绿色基金、绿色信托等金融产品与服务。绿色金融是伴随着20世纪金融业的发展和环境保护运动而产生的。1974年,前联邦德国就设立了世界上第一家环境银行。20世纪80年代初,美国出台了超级基金法,将金融机构的环境责任写进法律条款中,要求贷款人必须为其引起的环境污染负责,从而促使商业银行高度关注和防范由于潜在环境污染所造成的金融信贷风险。欧盟于2004年颁布并实施了《关于预防和补救环境损害的环境责任指令》,规定了绿色信贷及相关法律责任。英国为解决绿色基础设施项目建设中的市场失灵问题专门成立了政策性银行——英国绿色投资银行,并制定了促进低碳绿色增长的一系列措施。2016年,绿色金融议题被引入G20杭州峰会议程,并成为随后连续三年G20峰会的重要议题。

绿色金融是金融与环境保护相融合的产物。广义的绿色金融既包括金融业自身的可持续发展,也包括金融业通过绿色项目融资推动社会经济的可持续发展。狭义的绿色金融特指后者。在2016年G20峰会发布的《绿色金融综合报告》中,绿色金融被定义为"能产生环境效益,从而支持可持续发展的投融资活动"。2016年国务院《关于构建绿色金融体系的指导意见》将绿色金融界定为"支持环境改善、应对气候变化和资源节约高效利用的经济活动,即对环保、节能、清洁能源、绿色交通、绿色建筑等领域项目投融资、项目运营、风险管理等所提供的金融服务",将绿色金融体系定义为"通过绿色信贷、绿色债券、绿色股票指数和相关产品、绿色发展基金、绿色保险、碳金融等金融工具和相关政策支持经济向绿色化转型的制度安排"。上述定义侧重于从狭义角度定义绿色金融,强调金融业为应对环境保护融资需求提供各类金融产品和服务。

相比于绿色金融,绿色信贷并未在各类规范文件中得到内涵确定、外延清晰的定义。2010年生态环境部(原环境保护部)发布的《中国绿色信贷发展报告》将绿色信贷界定为"利用信贷手段促进节能减排的一系列政策、制度安排及实践"。这一界定将宏观层面的绿色信贷政策、制度,以及具体的绿色信贷实践都包含在内。但从概念结构来看,这一定义缺乏主体、对象、方法、效果等要素,没有明确的内涵和外延,失之于宽泛。并且,其将绿色信贷的目标定位于"节能减排",视野局限在环境资源领域,未免过于狭隘。2012年,中国银监会发布《绿色信贷指引》。这是专门以绿色信贷为内容的指导性文件,但其并未对绿色信贷这一概念进行界定。文件从组织管理、工作流程、内部控制等方面对银行防范环境风险、优化信贷结构提供了具体的指引和规范,并明确指出规范的对象为银行业金融机构。从内容反推,可以理解为其将银行业金融机构视为绿色信贷的主体。文件还指出,银行业金融机构应当从战略高度推进绿色信贷,加大对绿色经济、低碳经济、循环经济的支持,防范环境和社会风险,提升自身的环境和社会表现,并以此优化信贷结构,提高服务水平,促进发展方式转变。其中,环境和社会风险被定义为"银行业金融机构的客户及其重要关联方在建设、生产、经营活动中可能给环境和社会带来的危害及相关风险,包括与耗能、污染、土地、健康、安全、移民安置、生态保护、气候变化等有关的环境与社会问题"。相比于《中国绿色信贷发展报告》,《绿色信贷指引》超越了单一的环境资源保护视角。2018年贷款市场协会(Loan Market Association)和亚太贷款市场协会(Asia Pacific Loan Market Association)联合发布的《绿色贷款原则》(Green Loan Principles)将绿色贷款界定为"将资金专门用于新增或现有合格绿色项目,为其提供部分或全额融资、再融资的各类型贷款工具",并对绿色贷款的资金使用、项目评选、资金管理、信息披露等作出了具体的指引。根据这一原则,判断绿色贷款的基本因素是贷款资金的用途,即将资金用于具有明确环境效益的绿色项目,包括可再生能源、能效提升、污染防治、生物资源和土地资源的环境可持续管理、陆地与水域生态多样性保护、清洁交通、可持续水资源与废水管理、气候变化适应、生态效益性和循环经济产品、生产技术及流程,以及符合地区、国家或国际认可标准或认证的绿色建筑。

当前,在生态文明建设写入宪法、节约资源和保护环境上升为基本国策、可持续发展已经成为各行业各领域共识的背景下,对绿色信贷的概念界定和制度构建应从社会发展的整体维度和战略高度来寻求答案。从宏观的维度审视,绿色信贷是政府制定的以信贷为主要内容的宏观调控政策和制度安排,旨在节约资源和保护环境,推动社会经济可持续发展。在我国现行体制下,与绿色信贷相关的政府部门主要包括中国人民银行、国家金融监管总局,生态环境局(原环境保护局),及各系统的下属和派出机构,推行绿色信贷的方式包括人行的政策制定和业务指导,银保监会对银行信贷活动的监管,环境保护部门对企业贷款项目的环境评估,以及环保与金融监管部门的协作管理等。学界对绿色信贷也有不同的定义,总结而言认为绿色信贷大体包括两层含义:首先,绿色信贷的内容是通过银行业金融机构对信贷领域的控制和审核义务,督促企业在生产经营中保护环境,节约利用资源,避免产生环境风险;其次,绿色信贷的目标是促使银行业金融机构密切关注并支持具有长效环境和经济利益的环保产业发展,促成金融与生态的良性循环。[90]

本书以"商业银行绿色信贷法律规制研究"为题,主要立足于微观视角,将绿色信贷视为一种以商业银行为主体的金融实践活动。在政府绿色信贷政策的指引下,商业银行根据金融市场的运行规律,以环境风险为主要评价因素,对授信对象采取差别化的信贷政策。这一差别主要体现在绿色信贷的效果要素上。其积极效果在于通过创新金融工具向从事绿色产业的授信对象提供信贷支持,其消极效果在于对可能造成污染和破坏生态环境的授信对象进行必要的约束,如限制融资规模、提高贷款利率等,从而引导资金流向绿色产业,最终实现金融支持可持续发展的制度功能。必须说明的是,绿色信贷首先应致力于金融机构自身的可持续发展,防止金融投机和追求短期利益,这是绿色信贷发挥社会作用的前提。

综上所述,绿色金融和绿色信贷是两类不同的金融制度。但是,无论在规范意义还是实践意义上,两者都有紧密的联系,甚至具有一定程度的一致性。从前述定义可以推导出,绿色信贷是绿色金融的下位概念,两者是种属关系,绿色信贷是绿色金融的重要组成部分。从当前我国绿色金融的发展现状来看,绿色信贷也是我国绿色项目融资的主渠道,其数量规模远高于其他绿色融资形式。《中国绿色金融发展报告(2018)》显示,2018年我国绿色信贷余额为8.23万亿元,绿色债券发行仅2 800亿元。根据中国人民银行公开发布的数据,2021年我国本外币绿色贷款余额达15.9万亿元人民币,同比增长33%,存量规模居全球第一位。2022年我国本外币绿色贷款余额达22.03万亿元,同比增长38.5%,比上年末高5.5个百分点,高于各项贷款增速28.1个百分点,全年增加 6.01 万亿元。其中,投向具有直接和间接碳减排效益项目的贷款分别为 8.62 万亿元和 6.08 万亿元,合计占绿色贷款的 66.7%。可以说,绿色信贷构建起了我国绿色金融体系的主体。

2.2.2 绿色信贷法律规制的价值目标

绿色金融法律规制从"金融支持社会发展"这一金融的本质功能出发,有机整合民法、环境法、财产法、金融组织法、货币流通法、金融调控法和金融监管法中涉及金融支持社会发展和生态环境保护的制度规范,形成了一整套法律制度体系。以规范内容和体系观之,绿色信贷法律规制是绿色金融法律规制的重要组成部分。绿色信贷法律规制以目标为导向进行法律规则的设计和整合,有别于传统金融法律制度设计侧重调整内容和调整手段的特点,直接着眼于法律制度的社会功能,通过具体的规则设计指导金融机构开展绿色信贷实践,回应社会经济生活对于金融法律制度的需求,对绿色金融发展直接的指导意义,极具实践价值。从价值目标上讲,绿色信贷法律规制和绿色金融法律规制具有同一性。

第一,效率是金融的灵魂,是当代金融法所追求的重要价值目标之一。有效率的金融体系是维持经济运行、最大限度地实现社会发展的基本手段。金融是经济体系的中心,没有金融效率的提高,就没有整个社会经济效率的提高,社会发展目标也就无从实现。可以说,效率也是金融的内在生命,没有效率就没有金融。从作为金融法基本客体的流动性,到作为金融法基本行为的流动性融通,产生之初都是为了提高经济运行效率。绿色金融法律规制以金融支持经济和社会可持续发展为目标,也应以效率作为首要价值。绿色金融法律不仅维护和追求社会公平正义,更重视经济效益和整体安全,这与传统民商法单一注重效率、强调当事人意思自治的价值目标有显著区别。绿色金融法律规制的构建应维护和促进金融效率,以规范金融市场交易活动,鼓励和促进围绕金融支持可持续发展这一目标而开展的金融创新,推动社会发展和经济增长,实现资源配置的帕累托最优和金融效益的最大化。

第二,安全是一切法律的基本价值取向,也是绿色信贷法律制度的价值目标之一。从法律史的角度考察,以金融监管为核心的金融法正是为预防与应对经济生活中的不安全事件而产生,是一种典型的"危机对策"立法,其安全价值更需突出和强调。金融法律规制的安全包含微观和宏观两个层面,即从微观层面要强调金融交易的安全,宏观层面上关注整个金融系统的安全,防止系统性风险侵蚀整个金融体系。金融渗透社会经济生活的各个领域,金融风险具有隐蔽性与突发性的特点,且涉及面广、危害性大,一旦金融机构出现危机很容易在整个金融体系中因其连锁反应,引发全局性、系统性的金融风险,进而引发全局性危机。因此,加强金融监管,防范金融风险,维护金融业的安全和稳定,是金融监管当局的重要目标,金融安全正在成为金融法治的核心价值目标。在此基础上,绿色金融法律规制所追求的安全目标还有着更深层次的含义。一方面,绿色金融法律要固守维护金融系统安全这一传统目标,对金融机构科以环境责任时需保持必要限度,金融支持可持续发展的前提是金融系统自身的稳定与可持续发展。另一方面,绿色金融法律规制还应该致力于经济社会的可持续发展,避免金融资源的配置与使用危及生态环境安全。

在提出金融安全这一价值目标的同时,还必须处理好金融安全与金融效率之间存在的固有矛盾,即强调金融安全,必然要求对金融市场进行管制,这就导致了金融市场主体的积极性和创新性受到束缚,进而导致金融效率的降低,同时增加了交易成本。而强调金融效率,必然会弱化对于金融市场的监管和控制,容易产生市场失灵的情况,导致金融市场主体滥用金融创新,还可能出现风险累积进而引发市场波动甚至崩溃,危及整个金融系统的安全与稳定。从金融业发展的治乱循环历史进程来看,效率与安全这两大价值目标交替成为金融法的首要价值。往往在危机时期更为重视金融安全,金融市场的效率受到一定抑制;在危机之后,为了促进经济发展,金融法律构建又更为强调金融效率,于是酝酿了新一轮的金融危机。效率与安全在金融的发展中呈现出此消彼长的状态,但又统一于金融市场健康发展的整体性的客观要求。在追求效率的市场机制下,以金融市场整体利益和长远利益为导向,将追求效率所带来的差异和不公限制在最小的范围内,对盲目追求效率的资源配置失衡现象进行矫正,使两者在不同的进路中相互配合,实现统一。

第三,公平。金融公平一般是指在金融活动中各类主体不因自身经济实力、所有权性质、地域和行业等因素而受到差别对待,能够公平地参与金融活动,机会均等地分享金融资源,形成合理有序的金融秩序。在绿色金融领域,金融资源配置的公平性是金融法律制度设计必须考虑的价值因素。金融是一种公共产品,具有公共属性,现代社会的金融资源配置应该实现资本的民主化。由于片面追求短期经济效益,金融市场主体基于逐利动机热衷于获取短期高额回报,从而加剧了其对于地域、行业和交易对象的逆向选择,减少了特定地区、特定产业、特定人群获得金融资源的机会,导致了获取金融资源机会的不平等。金融资源配置的马太效应明显,损害了金融市场的公平性。由于环境友好型产业往往具有投资周期长、回报率低的特点,极易成为金融机构逆向选择的受害者,绿色金融呈现出了一定的失衡和扭曲的状态。也正因为如此,公平在绿色金融法律规制中尤为重要。"公平"不仅意味着绿色产业在金融服务的可获性(accessibility)上得到公平对待,避免出现针对绿色产业的金融排斥;更为重要的,基于社会整体利益视角,"公平"还意味着绿色产业应"优先"获得金融资源,金融法应根据主体的差异实现公平的权利保护。

第四,普惠与保障民生。金融的功能不仅包括调节和促进经济发展的经济功能,还包括调节财富分配和保障民生的社会功能。相应地,金融法也因此具有制度功能的二元性,承担经济发展和社会保障的双重功能。传统金融法律规制侧重强调纯经济性功能,如确认金融市场主体权利义务、规范和调控金融市场行为、明确金融监管职能和目标等,绿色金融法律规制则更进一步将功能拓展至金融服务的社会效果,尤其是推动社会可持续发展的社会功能上去。尽管金融资源的配置应该遵循市场规律,但因为存在市场主体的有限理性、信息的不对称以及短期与长期博弈等问题,所以,有必要以金融法律规制的形式对金融市场进行监管,在此基础上衍生出金融普惠(financial inclusive)的问题,即立足于交易公平、机会平等和可持续原则为社会各阶层提供适当、有效的金融服务。强化金融资源配置的法律化建设,明确政府在金融资源配置中的角色和权限,优化金融资源配置的调控,推进金融资源的公平合理配置,弱化金融资源配置中对于不确定性和随意性政策的路径依赖,通过法律的理性价值来对市场主体的有限理性进行限制,对金融资源的配置进行基于整体效率、长远利益层面的规范。随着金融产业高度专业化的发展,信息不对称加剧,再加上市场主体有限理性、集体行动"羊群效应"等因素叠加,需要公共机制来克服市场的不足,在市场失灵的情况下依靠政府的公共权力进行市场监管,实现整个社会福利的增加。

2.2.3 绿色信贷法律规制的意义

2.2.3.1 整体生态环境观下商业银行的功能重塑

传统的环境法制度设计遵循二元论生态环境观的逻辑。作为一种认识论,二元论(dualism)一般是指以主体客体二元分离为原则的思维范式。这种思维范式将人视为绝对的主体,生态环境被视为客体,以一种可特定化、可分割的状态存在,其价值在于满足人的需求。在二元论的生态环境观影响下,传统环境法学在法律价值取向与制度设计上将人类与自然对立,遵循人类中心主义的原则进行理论体系的建构和法律设计。

随着西方哲学界对二元论的批判,后现代主义思潮逐渐兴起。后现代主义在人文学科和社会科学中的出现,不仅标志着一种全新的学术范式就此诞生,更意味着对周围的世界进行重新思考和体验。[91]法学研究也受到了后现代主义思潮的影响,重新审视二元论的思维范式。这一思维范式强调主客体分离,重视人的主体性,以人为中心认识世界,认为客体存在的意义仅在于满足人的需求,忽视甚至否定客体本身所具有的价值,在解释人与环境的关系时导致作为主体的人与作为客体的环境之间形成了对立。投射在环境法中,二元论的思维窠臼在于割裂了人与环境之间的内在联系,过于强调人类对自然的利用和控制,重视环境的经济价值,忽视了人与自然的和谐共生,漠视其生态价值。因此,环境法学借鉴后现代主义"主客体一体"的原则,以整体生态环境观为基础重新定义了人类与自然的关系。

整体论下环境法学提出"生态人"的概念,"生态人"不同于经济学假设中的"理性人",认为环境法律关系应该以"生态人"为主体,将环境视为由各项环境要素相互联系、运动而形成的生态系统。根据新制度经济学理论,人具备的只是有限理性,建立法律制度的意义和价值就在于规制人的"不理性"。"生态人"的提出突破了传统民法中的私益"人",使环境法意义上的"人"具有了公益属性,将环境责任的主体从利益相关者扩大为社会公众乃至全人类。根据这一观点,商业银行也属于"生态人"的范畴,也应纳入环境责任主体范围。商业银行环境责任制度可以被视为以生态环境整体认识论为基础建立的责任体系。"生态人"意味着商业银行从个体视角向社会利益视角转变,建立企业公民观。作为生态人的商业银行不仅要承担一般意义上的企业社会责任,更要履行生态环境义务。从商业银行的金融功能考察,"生态人"意味着银行应当将环境因素引入金融系统,通过发挥金融功能来实现可持续发展,追求社会、环境和经济的平衡发展,将社会整体效益与价值作为组织存在的目标之一。申言之,整体生态环境观对商业银行的功能定位进行了重塑,从单纯的金融资源分配和金融风险防范扩大到公共政策推行的领域,使金融服务成为环境公共治理的重要一环。

绿色信贷法律规制不仅是金融法的重要内容,也是环境法的应有之义,是环境治理公众参与的重要组成部分。"公众参与"起源于西方现代公共治理理论,是指向公众提供参与公共生活和影响公共政策的渠道及信息,以促进可持续发展决策和公共事务的民主治理。[92]在传统治理理论中,公众选举代议制立法机关,代议制立法机关再通过立法授权行政机关作出行政决策,授权像"传送带"一样,将决策权从民主代议机关传送到政府,政府最终通过"命令—控制"模式开展公共管理。传送带理论解释了传统政治中公众意志如何参与到最终的决策中来。20世纪中叶,伴随着政治民主化、社会化运动,环境治理也从传统的"命令—控制"模式转变为协商民主下的公共治理。[93]公众从通过选举间接参与环境立法,发展为以协商民主形式参与环境治理。作为一种政治学理论,协商民主强调公共事务决策应以正式或非正式的民主程序进行,通过不同主体间的对话、协商、辩论等互动达成共识,促成公共理性,提升公共决策的科学性和合法性。[94]协商民主理论是环境治理领域构建公众参与机制的理论基础。在协商民主式的环境治理中,公众基于一定的环境权益参与到决策程序中,在完整充分的信息交流和知识交换的基础上与政府良性互动,通过程序性的参与将个体利益诉求和价值偏好融入公共环境治理。这一机制不仅保障个体环境权益的实现,还产生超脱于个体偏好的公共理性,保障公共福祉和环境权益。

此外,公众参与环境治理还有助于在社会心理层面提升公众对政府行为的认同。环境治理的正当性不仅取决于政府实际做了什么,还取决于公众认为政府做了什么。面对具有不确定性的环境风险,公众基于切身利益和不安全感拒绝被动接受政治精英提供的决策方案,而要求了解政府的运作本身,直接参与决定公共事务的决策过程。公众参与不仅在程序上防止政府权力专横,还提供了社会心理学意义上的正义感和公平感。

除了通过与政府的互动将利益诉求和价值偏好引入环境治理,公众参与还意味着专家参与以保障科学理性。现代社会的环境风险起源于人类在大规模开发利用自然的过程中催生的不确定性,正如贝克在《风险社会》一书中所说的,风险是现代化自身引致的危险和不安全感,环境风险的应对首先是一个价值中立的科学问题,具有高度的专业性,由技术成就和专业队伍组成的体系,编织着我们生活的物质与社会环境。[95]普通公众在环境治理时缺乏必要的知识,因此需要专家作为知识精英以价值中立的身份出现。专家根据具体事务与政府、公众进行不同形式的互动:作为政府决策咨询专家为公共决策提供专业意见,或受托为建设单位、公众团体的主张提供专业背书等。在环境治理过程中,技术专家凭借其专业知识引导、教育公众,确保环境治理的科学理性。

在环境治理中,公众参与意味着公众能够以获取环境信息、参与环境治理等方式参与到生态环境治理体系中来。商业银行以何种角色和何种方式参与到环境治理中,需要进一步讨论公众参与的主体界定与互动机制问题。根据受影响程度的不同,环境治理中的"公众"可以分为三个类型:①指其利益直接受环境治理影响的特定个体或组织,即特定环境治理事项的行政相对人。②指虽然与环境治理事项没有直接利害关系,但其利益间接受到环境治理影响,对环境治理具有合理需求的利益相关者。③泛指基于一定的价值理念和社会责任感对环境治理的结果或程序抱有合理期待,希望参与环境治理过程并施加影响的一般公众,主要包括各类致力于生态环境保护的非政府组织。商业银行参与环境治理是一个复合性问题,在不同类型的金融实践中,商业银行的参与方式以及对应的利益相关程度存在差异。作为环境治理的行政相对人时,公众更为关注特定决策的结果是否侵害其实际利益,或利益补偿是否合理,这类主体通常也是特定环境私益诉讼中适格的诉讼参与人。但在商业银行公众参与的问题上,由于商业银行主要凭借其金融属性被动地"卷入"特定的环境治理事项,"隐身"在绿色信贷的借款人后,其参与方式具有间接性,很少被认定为环境治理的行政相对人,而更多地被认定为利益相关者甚至一般公众,即利益间接受到环境治理影响,对环境治理具有合理需求的利益相关者,或基于社会责任感参与环境治理的一般公众。环境法为利益相关者和一般公众赋权时,预设他们更为关注环境治理的社会效果和程序正当性,一定条件下允许这类主体参与环境公益诉讼。

公众参与作为一项法律原则在我国环境立法中得到了确认,但商业银行在环境治理中的角色及作用缺乏明确具体的定位和规则体系。环境立法对公众参与的主体、方式等进行了有益探索,主体标准从"有关""可能受影响"发展为"环境影响评价范围",逐步明确了公众的范围。《环境保护法》规定"环境保护坚持保护优先、预防为主、综合治理、公众参与、损害担责"的原则,明确确立了"公众参与"的基本原则。2002年我国《环境影响评价法》鼓励有关单位、专家和公众以适当方式参与环境影响评价。2006年《环境影响评价公众参与暂行办法》将"公众"界定为"受项目影响"的公民、法人或者其他组织的代表。在此基础上,2014年修订的《环境保护法》进一步明确了"受项目影响"标准,规定"编制环境影响报告书时应向可能受影响的公众说明情况、充分征求意见",将可能受影响的公众都纳入公众范围,防止出现选定公众范围或选择性征求公众意见。2019年《环境影响评价公众参与办法》以"环境影响评价范围"为标准对公众进行了区分,明确了环评范围内公众的参与权利、方式和程序,但美中不足的是,对环评范围外的公众则仅仅作出了倡导性规定,"鼓励"建设单位听取其意见。对于何为影响范围,则参照相关技术标准。一般而言,商业银行因其金融功能参与环境治理,按照环境法"受项目影响"标准只能被判定为受间接影响的公众,或者判定为对环境事务感兴趣、具有合理期待的一般公众,而环境法并未建立系统、明确的公众参与主体规则,限缩了公众的范围,一定程度上消解了商业银行参与环境治理的可能性。

此外,由于环境问题的专业性,商业银行参与环境治理还面临知识与权力结构的困境。环境问题本身比较复杂,当前的环境科学研究尚不能对社会生活中出现的所有环境议题提供终局的知识结论。环境问题还具有跨学科特征,不同领域的专家形成其各自的研究视角和知识体系,消解了科学理性在环境治理机制中应有的作用,可能引起认知混乱。同时,我们也必须认识到,环境问题本质上是生活于特定社会中的人对生活方式的选择,价值中立只是法律拟制的理想状态。公众的环境知识不仅来自对知识的学习,更直接地源于原有的知识体系和生活体验,公众从生活体验中得到的经验和专家从科学研究中形成的知识并不一致,可能形成科学结论与经验认识的错位。公众与专家对环境风险的识别和应对也可能因立场不同形成差异。专家在环境治理中一般没有直接的利益联系,无须承担决策后果。相比之下,公众(尤其是特定环境治理的行政相对人)往往从个体的切身利益出发识别环境风险和决策,产生邻避效应。

公众参与还存在权力结构困境,这一点在商业银行参与环境治理的过程中尤为突出。商业银行首先面对的就是信息不对称导致的结构性困境。在公共事务决策中,信息就是权力,参与者对信息的拥有程度往往决定了话语权的大小。在环境治理中,政府垄断了环境信息权,公众只能通过政府披露信息获悉环境信息,而环境信息披露中信息高度简化的问题也阻碍了公众知情权的实现。政府主导权力还导致公众参与边缘化。当前,在环境治理中,政府往往是决策机制的主导者,存在"政府直控型治理模式"。[96]在这种模式下,政府在环境议题的设置、决策程序的制定及公众参与方式的设计等问题上具有绝对权力,公众对政府在环境治理中的主导权力难以形成有效制约。作为资源拥有者和决策主导者,政府在决策中还可能通过有选择性地遴选专家、有倾向性地设定议题来进一步垄断环境信息。这种对专家的"俘获"则进一步构成了"知识—权力"的结合,强化了政府在环境治理中的绝对主导地位,公众在环境治理机制中被排挤和边缘化。除了面对政府对环境信息权的垄断,商业银行在绿色信贷中还面临信息不对称所带来的困难。信用市场中存在广泛的信息不对称现象,即不同主体在信贷过程中所掌控的信息在数量和质量上存在差异。在绿色信贷中,授信对象往往是信息优势方,银行很难全面、及时地获取授信对象的经营状况、环境风险等信息。这一非对称结构容易滋生信用市场的道德风险,导致授信对象对环境信息的隐瞒甚至欺骗,加剧绿色信贷中的信息壁垒。

公众参与边缘化进一步导致了公众信任危机。在当下的环境治理中,我国地方政府更注重决策效率,但却并不能让公众满意,甚至演变为公共信任危机。因为政府虽然提供了公共服务,但没有意识到公众不仅是公共服务的接受者,更是参与者。公众的不信任源于参与过程边缘化、被操纵以及对结果的失望不满。因为信息的不对称、缺乏必要的技术知识,公众在决策过程中无论在心理上还是事实上都处于劣势。公众在反复的失望和挫败中对现有的环境信息发布机制、决策参与方式以及司法救济途径的有效性丧失信心,逐渐降低了参与的意愿。一直以来,我国公共环境治理机制围绕政府、公众和专家构建决策权分配结构和权力制约机制,致力于构建政府为主导、企业为主体、社会组织和公众共同参与的环境治理体系。随着绿色金融的普及,商业银行积极参与到环境制度建设中,本身也是环境治理的客观需求,绿色信贷法律规制需要对商业银行参与环境治理的角色多样性及其参与需求予以回应。因此,厘清商业银行作为公众参与环境制度构建的行动逻辑,研究公众环境参与保障机制,对推动环境保护具有一定的理论价值和现实意义。

2.2.3.2 绿色信贷法律规制的正当性

法律制度的正当性论证需要从学科理论和实定法规范多维度展开,不仅能够在理论体系上实现逻辑自洽,也能在实践层面有效回应社会的需求和期待。传统的民事责任建立在意思自治和契约自由的基础上。当这些基本原则推行到极致形成金融功能的扩张,并最终导致对环境的"创造性"破坏,就形成了金融借贷关系的私法属性与环境利益的社会属性的张力。在理论研究中,商业银行承担环境法律责任的正当性曾受到广泛的质疑。有观点认为,作为理性经济人,商业银行的目标是实现盈利,追求利益最大化。在传统的民商事法律关系中,商业银行与借款人订立借贷契约,形成金融借贷合同关系。为了贷款安全,商业银行一般会对借款人的资质和履约能力进行调查。但是,这并不能当然地推导出商业银行对借款人后续使用资金的行为及可能造成的损害承担责任,更不能就此断言商业银行对维护公共利益负有法律上的特别义务。这种观点的谬误之处在于忽视了商业银行与环境问题的内在联系。商业银行绿色信贷法律的理论研究首先必须回答正当性问题。

绿色信贷法律规制的价值正当性首先源自环境正义(environment justice)。正义有着一张普洛透斯似的脸,在环境正义的语境中,环境被视为公共物品和社会资源,实现环境正义的关键在于对环境利益与成本在社会成员间进行合理分配。[97]从这一重意义上讲,环境正义本质上是一种分配正义。

第一,环境的公共物品属性与环境负外部性的内部化。

在商业银行环境责任问题的正当性问题上,学者进行了多视角、多维度研究。经济学研究从环境的公共物品属性和外部性理论出发研究商业银行环境责任,探索包含环境价值的金融服务和政策,使环境问题造成的负外部性内部化。萨缪尔森于1954年提出了著名的"公共物品"理论[98],认为公共物品应该是这样一种物品:一个人对某一产品的消费不会降低其他人对该产品的消费,即公共物品具有消费上的非竞争性特征。根据这一定义,基于产权的非竞争性或非排他性特征,环境毫无疑问应归入公共物品范畴。公共物品的使用可能存在效率低下的问题,经济学家哈丁形象地以牧场为例将这一问题总结为"公地悲剧",即在草地公有而畜群私有的情况下,牧民为追求个人利益最大化过度放牧,最终导致草场不断退化直至资源枯竭。因此,应该对环境资源的使用进行规制,防止其被滥用,从而造成"公地悲剧"。[99]

绿色信贷法律规制的关键是对环境风险及其成本进行科学合理、有效率的分配。商业银行环境责任法律化的过程，实质上是把环境风险的成本在社会主体间合理分配的过程。通过商业银行的金融功能，将环境成本内化到产品价格中，通过价格机制全面反映金融产品和服务的实际成本，减少制度性扭曲。信贷资金成本中如果缺少环境价格，无异于纵容商业银行对实施环境侵权行为的借款企业提供资金支持，变相地构成了对环境损害的金融补贴。[100]通过金融产品价格机制和产权制度约束，商业银行环境责任有助于实现将环境污染与破坏造成的环境成本内化。在这一过程中，环境损害造成的社会成本由全社会承担，获利由作为贷款人的商业银行和借款企业独享，社会资源配置低效、失当，也不符合公平正义的法律原则。

第二，环境风险的合理分配。

环境法律制度的核心在于如何实现环境风险的分配正义。侵权责任制度具有填补损失、预防风险和惩罚的综合功能。环境损害是一种特殊的侵权形式，其责任制度的构建不仅体现在对受害人的救济功能，更体现为环境风险的合理分配。侵害环境的行为往往从外观上表现为人类生存发展所进行的各类生产生活的行为，环境损害的后果也因之体现为人类活动的副产品，是与人类社会发展伴生的风险。从某种程度上看，环境侵权的损害结果也是人类开发利用自然获益而支出的成本。因此，合理分配环境风险与损害，就意味着由获益者（包括直接获益者和间接获益者）承担环境风险与损害所带来的社会成本。在环境法治中，需要根据污染者付费和受益者承担的原则，结合填补损害和预防风险的能力，把相关主体纳入环境损害赔偿责任体系，合理分配环境风险与损害。环境侵权的法律制度设计还应突出对受害群体的人文关怀，通过扩大责任主体的范围实现责任的社会化，以此加强对环境侵权中弱势主体的法律保障，在价值层面上实现抽象公平和实质公平的统一。[101]

商业银行对生态环境损害承担赔偿责任是对环境法上"污染者付

费原则"(the Polluter Pays Principle)的扩张,商业银行违背社会和公众的合理信赖利益,其信贷行为创造了抽象的环境风险,由其承担责任是环境风险在社会多元主体间进行合理分配的结果。对法律责任建构的基础不是侵害行为人的主观过错和不道德,而是潜在责任主体填补环境损害和承担环境风险的能力。从这一重意义上讲,将环境损害结果的承担主体扩大至商业银行身上,对商业银行科以环境损害赔偿责任,按损害赔偿能力和对环境损害的实际控制能力分配环境风险,从直接污染者的资金来源上控制生态环境污染的发生与扩大,是一种合理的风险预防和损害分配方法,符合"分配正义"的原理。

2.3 商业银行绿色信贷实践与规则困境

2.3.1 我国商业银行绿色信贷发展现状

2.3.1.1 概况

绿色金融是在可持续发展理念下出现的金融新发展模式,通过贷款、基金、债券、股票、保险等金融服务将社会资金引导到支持环保、节能、清洁能源等绿色产业发展,以实现经济、社会和环境可持续发展。作为引导社会资本进行绿色投资的桥梁,绿色金融不仅是促进经济绿色转型、培育新的经济增长点的源泉,也是全球金融业发展的重要方向和趋势。

绿色信贷是银行业开展绿色金融、承担环境保护的社会责任的主要实践方式。根据公开数据,2013—2020年,我国主要商业银行绿色贷款余额从5.20万亿元增加为11.01万亿元人民币,2021年我国本外币绿色贷款余额达15.9万亿元人民币,2022年这一数值进一步攀升到22.03万亿元。截至2023年一季度末,我国本外币绿色贷款余额超过25万亿元,位居世界前列。目前,我国绿色信贷蓬勃发展,是我国绿色金融体系的重要支柱。银行业在积极开展绿色金融实践的同时，还制定了金融行业业务指引类的软法。赤道原则是国际通行的商业银行项目融资中处理环境与社会问题的行业标准。自2003年赤道原则制定以来，越来越多的商业银行宣布遵守赤道原则，经过数十年的发展已经有来自38个国家的共计101家商业银行成为"赤道银行"，其项目融资额约占全球项目融资总额的80%以上。我国部分商业银行也主动承诺遵守国际金融软法，自觉承担金融软法中的环境责任。自2008年兴业银行公开承诺采纳赤道原则、成为我国首家"赤道银行"后，江苏银行、湖州银行、重庆农村商业银行、绵阳市商业银行、贵州银行和重庆银行也先后宣布遵守赤道原则。截至2023年2月，我国共有7家"赤道银行"。商业银行积极开展绿色实践的现实客观上构成了绿色信贷法律规制的事实正当性，既明确了设立商业银行环境责任的现实必要性，也使法律规制成为可能。

绿色信贷不仅是我国商业银行承担社会责任的主要方式，也是实现自身可持续发展、防范金融风险的重要内容。目前金融法律法规对商业银行科以直接或间接的环境审查义务，将环境要素列为信贷业务的审查内容，要求严格审查借款人的资信状况，使应对和规避环境法律风险成为商业银行信贷业务中的常规内容，并且随着环境责任不断法律化、制度化，环境法律风险已经成为悬在商业银行头顶的达摩克利斯之剑。[102]在实践中，一旦发生大规模环境污染事件，受到波及的授信对象及其融资项目会给贷款银行直接带来信贷风险，由环境污染引起的抵押品贬值会波及贷款银行的信贷资产安全，此外因环境事件导致的社会公众和利益相关者对融资项目的反对、抵制或抗议还会给银行造成声誉和形象的损失。一系列环境风险传导至贷款银行，最终形成信贷业务中的金融风险。为了规避日益严格的环境治理带来的金融风险和法律风险，商业银行也有一定的内生动力不断完善内部绿色信贷政策，主动承担环境责任。自2007年浦发银行在国内首开先河发布企业社会责任报告以来，定期发布企业社会责任或环境责任报告已成为我国商业银行界的行业惯例,绿色金融的发展正在成为引领银行业发展的新引擎。

2.3.1.2 实践案例

近年来,绿色信贷成为银行业开展绿色金融、承担环境保护的社会责任的主要实践方式,体现了可持续金融服务的发展趋势。本书以近年来上海金融发展中的典型案例为例,说明绿色信贷产品与服务的实践模式和路径。

(1) 银企合作绿色信贷创新——H银行和W集团的绿色供应链融资计划。

2018年,全球商贸巨头W集团提出至2030年在其供应链上减排温室气体10亿吨的雄伟目标。为此,W集团联合H银行推出了创新性的基于供应链的绿色信贷机制。在该机制中,W集团对其供应商开展"可持续发展指数"评价,评价结果作为H银行对这些供应商提供信贷融资的依据,供应商可以根据"可持续发展评分"申请H银行的信贷融资优惠利率。H银行对W集团供应链的信贷项目虽不涉及绿色环保,但却将供应商的环保表现作为优惠信贷的前提条件。

绿色供应链金融将绿色信贷理念与供应链金融理念相融合,传统的供应链金融是金融机构将供应链中的核心企业和上下游企业联系在一起,提供相关金融产品和服务的一种融资模式。与传统供应链金融不同的是,绿色供应链金融同时融合了绿色供应链、供应链金融以及绿色信贷的理念,在融资要求上更加注重环境效益,以实现经济生产和环境保护相结合、相协调的目的,其不仅是供应链融资模式的创新,也开创了银企合作的新型绿色信贷模式。这一模式的创新性体现为"绿色信贷+绿色供应链+供应链金融"三位一体的融合模式。即银行依托核心企业,将绿色信贷中的环境标准传导至供应链。在银行为核心企业的供应商提供供应链融资服务时,除了对财务、技术和市场等因素进行考察以外,还加入了环境绩效方面的考察。在这一过程中,银行通过供应链金融平台对绿色供应链管理发挥作用,加大对绿色产业和绿色项目的信贷支持,最终实现绿色信贷与供应链金融、绿色供应链管理的有效融合。

(2)搭建绿色金融信息对接平台——陆家嘴金融城绿色金融综合发展平台。

在实践中,信息不对称是制约绿色信贷发展的主要因素之一。曾经有观点认为,绿色金融的难题在于缺乏资金。但是,随着生态文明建设的推进、绿色发展观念的普及,已经有越来越多的金融机构参与绿色金融的实践之中,资金问题的掣肘已有所缓解,但信息问题依然制约着绿色金融的发展。因此,绿色金融破局的关键在于打破信息不对称,打通资金流向绿色领域的信息通道,解决绿色项目与融资错配等问题。

陆家嘴金融城作为上海建设国际金融中心的核心承载区,聚集了多层次、多形态的机构、资金、人才、项目、信息等,为发展绿色金融提供了有利条件。一直以来,陆家嘴金融城高度重视绿色发展,不断推进金融中心建设与绿色金融协调发展。2017年,陆家嘴金融城理事会绿色金融专业委员会(以下简称陆家嘴绿色金融专委会)成立。作为跨领域绿色金融对接平台,陆家嘴绿色金融专委会广泛吸纳了多行业、多领域的机构作为成员,其中既有银行、证券、保险等持牌金融机构,也有新金融机构和代表实体经济的企业,同时还包括政府部门、监管部门、学术研究机构、行业协会等多个领域的代表。值得一提的是,在陆家嘴绿色金融专委会成员名单中,还有伦敦交易所、英中贸易协会和伦敦金融城驻上海代表处等机构,这些机构的加入为陆家嘴金融城进一步加强绿色金融国际合作交流提供了便利。陆家嘴绿色金融专委会建立后,逐步吸引绿色金融资源集聚陆家嘴,推动绿色金融产品的创新与开发,使陆家嘴金融城成为绿色金融产品创新先行先试区。

2019年,陆家嘴金融城成功搭建国内首个地方性的绿色金融服务平台"陆家嘴金融城绿色金融综合发展平台",由于此前上海还未建立地方性的绿色金融综合信息平台,不能及时、有效、完整地承接中央的绿色金融项目,绿色金融的发展受到一定影响。"陆家嘴金融城绿色金融综合发展平台"构建起具有公信力、权威性、标准化的绿色金融信息大数据体系和绿色投融资评估认证体系,逐渐形成"陆家嘴标准"。陆家嘴金融城绿色金融综合发展平台的搭建,不仅实现了绿色项目、绿色资本、绿色信息的汇聚、整合和对接,还在一定程度上拓展了绿色金融中介机构的功能,推动了绿色金融的创新。

第一,陆家嘴金融城绿色金融综合发展平台建立了基于上海的绿色项目数据库系统,涵盖绿色金融项目、投融资项目、投资主体、项目运行等综合信息。一直以来,我国并未强制上市公司披露环境信息,存在绿色信息披露方面的制度性空白。陆家嘴金融城绿色项目数据库系统构建起具有公信力、权威性、标准化的绿色金融信息大数据体系,能够在一定程度上弥补企业绿色信息披露方面的空白。在该平台上,信息均按照统一的披露标准登记和定期发布,成为可查询、可检索的公开信息,截至2019年,已收录绿色产业相关企业约291家,其中民营企业超过半数,未来还将引导更多上市公司进行环境信息披露。平台对接的金融机构有交通银行、浦发银行、兴业银行等持牌机构,针对不同类型和规模的企业提供差异化的金融支持方案。

第二,陆家嘴金融城绿色金融综合发展平台通过对绿色投融资项目提供外部评估认证。陆家嘴金融城绿色金融综合发展平台提供的信息服务,为绿色项目建立起了资质保证,增加投资人对于绿色项目的信心。

第三,陆家嘴金融城绿色金融综合发展平台构建起绿色金融"陆家嘴标准",增强了上海建设国际绿色金融中心的核心竞争力。陆家嘴金融城参考国际标准,结合区域绿色金融的实践要求,制定符合实际情况且具有可操作性的绿色金融"陆家嘴标准",并借此推动国内外绿色认证标准的互认互通。这一举措不仅有助于加强上海国际金融中心建设中绿色金融的规范性,引导我国绿色金融行业良性发展,还有助于提升陆家嘴金融城在全球绿色金融领域的话语权,推动上海国际金融中心成为绿色金融国际标准的制定者。

(3) 引入社会资本投资绿色项目——长三角水治理的 PPP 模式。

为实现绿色发展目标,需要在绿色产业领域进行大量投资。据测算,中国绿色产业每年所需资金高达到百万亿元人民币的量级。面对如此大的资金需求,财政资金只能覆盖其中一小部分,因此迫切需要引入社会资本参与。近些年来,公共私营合作制(Public-Private Partnerships,PPP)在公路、铁路等公共基础设施建设中扮演着重要角色,不仅是全球基础设施及公共服务供给增长最快的一种新的机制,也是国内鼓励社会资本投资绿色产业的一种创新机制。PPP 模式是政府与私营组织为了建设公共基础设施项目或提供公共服务,以特许权协议为基础形成的一种合作关系。其模式一般为:政府部门通过政府采购的方式与私营组织签定特许权协议,给予私营组织特许经营权和收益权等政策扶持,并在此基础上与提供贷款的银行签订协议,承诺将按与私营组织签定的协议履行相应的扶持政策。作为一种新型的项目融资模式,PPP 既可以在减轻政府初期投资负担的前提下加快公共基础设施建设的效率,还兼顾了金融机构和私营投资者的利益。一方面,使私营组织能较为顺利地获得贷款,提高了社会资本投资公共项目的积极性;另一方面,偿还贷款的资金来源主要是项目经营的直接收益和通过政府扶持所转化的效益,同时项目公司的资产和政府给予的有限承诺也构成了贷款的安全保障,从而降低了金融机构的信贷风险。

长三角地区是我国最早开始探索和试点环境治理 PPP 模式的地区。截至 2019 年 11 月,根据财政部政府和社会资本合作中心 PPP 项目库信息,长三角地区入库的水环境治理项目为 231 个,占全国该项目入库数的 18.72%。在绿色项目的建设中,PPP 模式通过引入社会资本共同参与环境治理,实现了政府与社会资本共担风险、共享利益,一方面可以解决政府治理压力过大、资金投入不足的问题,另一方面能有效提升生态治理工程的公众参与度,增强社会公众的主体意识,提升环境保护和生态治理效果。

通过这一案例可以发现,在引导调动社会资金投资绿色项目的过程中,金融机构与政府部门、社会投资者也形成了一种新的绿色信贷模式。通过财政补贴、担保等方式,降低金融机构的固有风险,增加其收益率,无形中提高了金融机构参与绿色信贷的积极性。同时充分发挥市场在资源配置中的决定性作用,运用金融工具的价格发现、风险管理功能,实现了约束条件下的绿色发展路径,发挥了绿色金融的最大效用。同时,绿色财税政策与绿色金融政策的协同配合,还避免了单纯的财政政策产生挤出效应。通过财政政策的引导作用,用较少的财政资金带动大量的社会资本进入到绿色投资领域,形成鼓励社会资本参与绿色项目的挤入效应,实现绿色发展目标;通过制定绿色标准,推动环境信息披露,提供低成本资金支持,可以降低社会资金参与绿色转型的成本,促进绿色金融良性发展。

除此之外,中国人民银行在推动绿色信贷发展过程中也发挥了至关重要的作用。2021年,人行通过设立碳减排支持工具和支持煤炭清洁高效利用专项再贷款两项货币政策工具,支持碳减排重点领域的绿色发展。对金融机构向碳减排重点领域发放的碳减排贷款,人行按贷款本金的60%提供一定期限的再贷款资金支持,利率为1.75%,精准直达绿色低碳项目。人行提供给金融机构的再贷款到期收回,金融机构向企业发放碳减排贷款自担风险,形成了市场化的激励机制。同时,接受人行资金支持的金融机构承诺对外披露发放碳减排贷款的余额、利率及相应碳减排效应等信息,并接受第三方独立机构的核查和社会监督。截至2023年4月末,中国人民银行碳减排支持工具余额近4 000亿元,支持金融机构发放贷款约6 700亿元,带动碳减排量超过1.5亿吨,取得了比较好的效果。

综上可知,当前我国绿色金融发展迅速,金融机构积极致力于开展绿色信贷产品与服务的创新,取得了一定成效。但也必须注意到,这些绿色金融实践都是建立在自愿履行的基础上,是企业社会责任的体现,本质上是环境道德责任(responsibility),缺乏法律约束力。我国绿色信贷的发展仍然面临着绿色的公益属性与金融信贷的逐利诉求之间的张力。如何通过环境责任的法律化甚至私法化使商业银行承担具有约束力、可救济的法律责任(liability),将商业银行环境责任置于法律体系中进行规范化讨论,真正实现环境责任的价值功能,是绿色信贷法律规制面临的主要课题。

2.3.2 我国商业银行绿色信贷的规则困境

在银行界积极开展绿色信贷实践的同时,关于绿色信贷的法律规制却一直处于缺位的状态。当前,我国法律体系中没有关于商业银行对环境损害承担赔偿责任的明确法律规定。在直接法律依据缺位的背景下,只能通过法解释学的路径,根据法律的立法目的、法律文本的文义和法律体系的系统性,在现行法律中寻找关于商业银行绿色信贷法律规制的相关规则。

2.3.2.1 立法现状

绿色信贷法律规制是综合性法律问题,超越了部门法的界限,需要从整体、系统的角度在现行法律体系中检视相关法律依据。

1. 《宪法》基础

环境权利是认定环境侵权行为和环境损害赔偿责任的逻辑起点。在环境权利方面,作为根本大法的《宪法》作出了基本环境权利和环境义务的规定。1978年《宪法》规定,国家保护环境和自然资源,防治污染和其他公害。1982年修宪时,对环境保护问题作出了专门规定,将环境保护确定为国家的一项基本政策。1988年、1993年、1999年、2004年宪法修正案均保留和延续了环境保护的基本政策。《宪法》第26条规定:"国家保护和改善生活环境和生态环境,防治污染和其他公害。国家组织和鼓励植树造林,保护林木。"这是我国《宪法》中关于环境的基本国策条款,确立了保护环境的国家义务。从认识论上看,这一规定反映了整体视角的生态环境观,对环境这一基本概念的界定覆盖了人类生活环境和自然生态环境两个领域。2018年《宪法》修订时明确写入生态文明条款。在"序言"部分提出要"推动物质文明、政治文明、精神文明、社会文明、生态文明协调发展",把建设美丽中国作为我国的根本任务之一,在"总纲"第26条保留和延续了环境保护的国家义务,在"第三章 国家机构"第89条增设了由国务院行使领导和管理生态文明建设职权的相关内容。虽然《宪法》中的生态文明内容和环境保护义务只属于基本国策的范畴,不具有请求性,但是生态文明入宪本身就具有里程碑式的意义,标志着生态文明建设在国家政治生活中的地位不断上升,绿色发展理念对经济社会发展的作用和意义进一步彰显,我国法律体系对公民环境权利的保护迈上了新台阶,同时也对在部门法层面上进行环境责任法律规制提供了宪法基础,为接下来进行具体的环境立法指明了方向。

2. 环境法依据

1979年,我国制定了《环境保护法(试行)》,1989年修改为正式的《环境保护法》,首开我国制定环境部门法之先河。2014年修改《环境保护法》,第4条规定"保护环境是国家的基本国策",从环境部门法的层面贯彻和落实了宪法的环境保护基本国策。第5条还对环境责任作出原则性规定:"环境保护坚持保护优先、预防为主、综合治理、公众参与、损害担责的原则。"针对环境领域违法成本低、守法成本高的问题,2014年《环境保护法》设定了较以往更为严格的环境行政责任,赋予了环境执法部门行政强制权,并实行双罚制,不仅追究排污单位的环境责任,也对直接负责的主管人员和其他直接责任人员科以处罚。经过四十年的发展,以《环境保护法》为中心,我国逐渐形成了生态环境保护领域的法律规范体系。在环境部门法中,除了《环境保护法》这一基本法以外,我国还制定了《大气污染防治法》《水污染防治法》《噪声污染防治法》《森林法》《湿地保护法》《长江保护法》《生物安全法》等三十余部具体领域的环境单行法。从体系上看,除了专门性的环境法律以外,我国环境法中还存在大量行政法规、部门规章、政策性文件、司法解释、行业标准等。除了中央立法机关和相关部门制定环境领域法律法规及配套政策以外,各地方还因地制宜制定了各类环境保护地方性法规,实现了中央与地方之间环境规范的衔接与细化。这些形式多样、内容丰富的环境规范体系为我国生态文明建设提供了法律保障。

在现行环境法中,作为基本法的《环境保护法》没有针对任何特定主体进行专门的环境责任立法,而是通过设定一般主体的环境义务将商业银行涵盖在义务主体范围内,再以引致条款的形式通过环境法与侵权法的嫁接建立环境侵权责任,进而推导出商业银行应承担的环境责任。《环境保护法》第6条规定,一切单位和个人都有保护环境的义务。一般认为,这一条款为一般主体设定了基础性、概括性的环境义务,表明环境义务主体的广泛性和普遍性。有学者研究认为,该条款在明示环境义务的基础上,还进一步暗示了环境权利和环境责任。《环境保护法》第64条规定"因污染环境和破坏生态造成损害的,应当根据《中华人民共和国侵权责任法》的有关规定承担侵权责任"。这一规定以引致条款的形式将环境法和侵权法嫁接起来,并对环境侵权的原因行为进行了拓展,在环境污染外增加了破坏生态环境的内容。总的来说,作为基本法的《环境保护法》没有针对商业银行进行专门的环境责任立法,而是通过设定一般主体的环境义务和责任,将商业银行涵盖在责任主体范围内。《环境保护法》可作为商业银行承担环境责任的间接性法理依据。

除了《环境保护法》,各类环境单行法对商业银行的义务和责任作出了更为直接的规定。如《节约能源法》和《循环经济促进法》都以倡议性条款的形式提出银行应对环保节能项目提供信贷支持。《节约能源法》第65条规定:"国家引导金融机构增加对节能项目的信贷支持,为符合条件的节能技术研究开发、节能产品生产以及节能技术改造等项目提供优惠贷款。国家推动和引导社会有关方面加大对节能的资金投入,加快节能技术改造。"《循环经济促进法》第 45 条规定:"对符合国家产业政策的节能、节水、节地、节材、资源综合利用等项目,金融机构应当给予优先贷款等信贷支持,并积极提供配套金融服务。"但是,上述环境单行法属于促进型立法,其规定仅具有指导性,缺乏相应的责任承担机制,对责任主体没有约束力和威慑力。

3. 民法中的法律依据

如前所述,学界关于环境权利、义务和责任的法律性质的学术争鸣由来已久。不同部门法学者从不同角度展开分析,民法学界主要是从私权的属性来界定环境权,主张通过私权体系进行环境责任的立法。我国法律体系中环境责任的构建是通过将环境法和侵权法进行嫁接的方式完成的。即侵权法设立环境侵权责任的基本框架,环境保护法再以引致条款的形式进行连接和拓展。如果说环境法对于环境责任的规定重在确定保护的对象、领域和范围,强调环境属性,那么侵权法对于环境责任的规定则强调侵权属性,突出责任的性质和规制的手段。

2009 年制定的原《侵权责任法》第八章专章规定了"环境污染责任",这是我国民事法律中首次设定环境责任的具体内容,该法第 65 条规定"因污染环境造成损害的,污染者应当承担侵权责任"。这一规定的突破性在于直接将环境视为侵权行为的客体,在法律未明确规定环境权的情况下将环境利益纳入了侵权法的保护范围,并根据环境侵权的特殊性制定了特殊的归责原则和举证规则。根据这一规定,污染者承担无过错责任,应对法律规定的免除或者减轻责任的情形、行为与损害之间不存在因果关系承担举证责任,否则将承担不利的法律后果。但是,该法仅将环境污染作为环境侵权的原因行为,将破坏生态排除在环境侵权责任的原因行为之外,并将侵权人限定为实施污染行为的主体,限缩了环境侵权责任的主体范围和内容,在司法实践中难以充分实现对环境侵权的救济。

2014 年修订的《环境保护法》规定,"因污染环境和破坏生态造成损害的,应当根据《中华人民共和国侵权责任法》的有关规定承担侵权责任",以引致条款的形式增加了环境侵权的原因行为,将单一的环境污染责任拓展为更为全面的规制环境污染和生态破坏的环境侵权责任。后续在《民法典》的制定中立法者也延续了这一思路。2017年《民法总则》第9条规定"民事主体从事民事活动,应当有利于节约资源、保护生态环境"。这一原则也被称为生态文明原则或绿色原则。生态文明原则的确立是我国民事法律制度对当下中国环境问题的回应,也是民事法律制度在立法理念、逻辑和规则体系上的制度创新。面对日益严峻的环境挑战,以自愿原则为主要内容的传统民法基本原则应对乏力,在这一背景下,生态文明原则的出现是对传统民事法律原则的矫正,有助于在民事权利保护和环境利益保护之间取得协调和平衡,是侵权责任社会化的进一步体现。在将保护生态环境明确列为民法基本原则的基础上,《民法典》"侵权责任编"对环境侵权的法律规制进行了具体的制度设计,第七章将原《侵权责任法》第八章的"环境污染责任"调整为"环境污染和生态破坏责任"。值得一提的是,在《民法典》的编撰过程中,有学者对环境侵权范围的调整提出了质疑,认为第1164条明确规定了"本编调整侵害民事权益产生的民事法律关系",而生态环境不是属于某个特定的民事主体所单独享有的权益,或者说其本身并不是一项民事权益,直接保护生态环境本身与侵权责任法的部门法性质难以兼容。这一意见最终未被采纳,"损害生态环境"纳入"侵害民事权益"的范畴,被写入"侵权责任编",使环境侵权责任制度所保护的法益涵盖了个体的人身、财产利益以及人类共同的环境利益,将传统侵权法上的个人利益与环境公共利益相组合,形成了新的利益保护机制。从立法技术层面考察,这一调整还在环境侵权原因这一问题上实现了民法和环境法规则的统一。

民法作为私法属性最强的部门法,将环境权融入已有的民法私权利中,通过侵权责任制度进行环境责任规制。但是,民法中关于环境侵权责任的规定是否能适用于商业银行实践却有待商榷。如前所述,《侵权责任法》和《民法典》都先后将环境侵权作为特殊的侵权类型单独列出,但是其主要规制对象却限于直接实施环境侵权的行为人。如《民法典》第1229条规定,因污染环境和破坏生态造成他人损害的,侵权人应当承担侵权责任。在绿色信贷实践中,商业银行一般不会成为环境侵权行为中的直接侵权人,其造成环境损害的行为具有复合型的结构,即由商业银行的借贷行为和直接侵权人的环境侵权行为叠加而成。由于商业银行不是以直接、显性的方式单独对环境造成损害,因此无法直接套用民法中关于环境侵权责任的内容,只能根据商业银行环境侵权的间接性和隐蔽性特点,从共同侵权和间接侵权的角度进行责任推定。

4. 金融法依据

从法律的形式渊源上看,目前我国金融法中涉及商业银行的法律法规,可以分为以《商业银行法》《银行业监督管理法》为主的金融法律,与各类金融领域的行政法规和部门规章。除此之外,为了指导、督促银行承担环境责任,银行业协会还制定了金融行业业务指引类的软法,部分商业银行还主动承诺遵守国际金融软法,自觉承担金融软法中的环境责任。这些法律法规政策对确立商业银行企业社会责任、明确绿色信贷义务的内容以及法律责任等问题作出了概括性的规定。如《公司法》《商业银行法》中都有关于商业银行企业社会责任的规定。但是,这些规定都属于原则性规定,缺少法律责任的规则效力、内容架构与救济手段,也没有突出这种企业社会责任的"环境"属性,更未针对商业银行的特殊性构建责任制度。另外,中国人民银行、国家金融监管总局(原银保监会)等金融监管部门出台了大量关于商业银行绿色信贷的规范性文件,指导商业银行开展绿色信贷实践。但是,这些规范性法律文件以部门规章为主,规范层级较低,在司法实践中缺乏权威性和约束力。

从内容上看,目前我国金融法中尚无要求商业银行对环境损害承担赔偿责任的直接内容,只有部分涉及商业银行承担环境责任的条款,内容包括商业银行企业社会责任、绿色信贷义务以及商业银行的法律责任等。

关于商业银行的企业社会责任,其法理依据来自《商业银行法》和《公司法》的企业社会责任原则。《商业银行法》第 8 条规定:"商业银行开展业务,应当遵守法律、行政法规的有关规定,不得损害国家利益、社会公共利益。"《公司法》第 5 条规定:"公司从事经营活动,必须遵守法律、行政法规,遵守社会公德、商业道德,诚实守信,接受政府和社会公众的监督,承担社会责任。"这两项条款共同确立了商业银行的企业社会责任,商业银行作为营利性金融机构,应该在日常经营过程中维护社会利益,承担社会责任。但是,仔细审视上述规定,《公司法》第 5 条是关于企业社会责任的一般性规定,没有考虑商业银行的特殊性,立法的形式为宣示性条款,其功能在于指导和倡议;而《商业银行法》第 8 条虽然是针对商业银行的法律条款,但是仅对商业银行保护国家和社会公共利益作出概括性规定,既没有针对环境保护的内容,也没有具体的责任内容与救济手段。在金融政策法规方面,由中国证监会、国家经贸委联合发布的《上市公司治理准则》(2002 年)首次明确要求上市公司必须重视企业的环保社会责任。2009 年中国银行业协会制定《银行业金融机构企业社会责任指引》,其中设专章"环境责任"列出了银行所应承担的环境领域的企业社会责任,建立起了银行业应对环境风险、承担环境责任的行业规范。《商业银行法》第 7 条规定:"商业银行开展信贷业务,应当严格审查借款人的资信。"这一条款确立商业银行发放贷款的审查义务。在第 7 条的原则性规定基础上,《商业银行法》第 34、第 35、第 36 条进一步明确了商业银行履行信贷审查义务的原则、对象和范围。商业银行的信贷应该以国民经济和社会发展为导向,符合社会环境目标。信贷审查的内容包括环境法律风险,对可能的借款企业进行环境资质审核。因此,这些规定可视作要求商业银行在信贷业务中防范环境信贷风险、履行环境审查义务的间接性规定。此外,中国人民银行、银保监会以及各级地方政府也出台了大量关于商业银行开展绿色信贷的规范性文件。1996 年中国人民银行制定《贷款通则》,这是规范商业银行信贷业务的重要规范,明确了贷款的效益性、安全性和流动性原则，提出商业银行不得对生产经营或投资项目未取得环境保护部门许可的借款人发放贷款，以及贷款发放后作为贷款人的商业银行的监督责任。与商业银行信贷业务中的环境责任联系最为紧密的是 2012 年银监会发布的《绿色信贷指引》。这一文件从组织管理、工作流程、内部控制等方面对商业银行防范环境风险、优化信贷结构提出了具体的指引和规范。但是，从法律层级和效力上看，《绿色信贷指引》仅是部门规章，规范层级较低，缺乏法律应有的强制力和权威。从内容上看，文件对商业银行开展绿色金融服务提出了具体的指导，属于业务指引范畴，缺少对商业银行履行环境义务和承担责任的实质性监管内容。2016 年，为鼓励更多社会资本投入到绿色产业，中国人民银行、财政部、发展改革委、环境保护部、银监会、证监会、保监会联合下发了《关于构建绿色金融体系的指导意见》，这一指导意见界定了绿色金融的概念，并第一次明确提出了要建立贷款人环境法律责任。绿色金融被定义为支持环境改善、应对气候变化和资源节约高效利用的经济活动，即对环保、节能、清洁能源、绿色交通、绿色建筑等领域的项目投融资、项目运营、风险管理等所提供的金融服务。

关于商业银行的法律责任，在现行的金融法中虽然存在不少涉及商业银行法律责任的条文，但细查之下这些法律责任似乎与商业银行环境法律责任无涉。如《中国人民银行法》第七章专设法律责任章，但均系规范央行及相关金融监管活动的法律责任，与商业银行没有直接关系。《商业银行法》第八章也设法律责任专章，用第 73 到第 90 条共计 18 个条文对商业银行的违法违规行为设定了责任，但在归责事由中未见关于环境责任的明确内容。《银行业监督管理法》也作出了类似立法选择。

2.3.2.2 总结与反思

1. 立法中缺乏明确、具体的商业银行环境义务规定

法律是由权利、义务、责任等概念共同构建的社会制度，法律责任

是法律义务的后果要素,认定法律责任首先需要明确主体所承担的法律义务。在商业银行环境责任法律化的问题上,注意义务是责任成立的积极要素。作为责任认定和承担的前提和条件,商业银行违反的审慎注意义务应为法定义务。该注意义务的来源应为法律、行政法规等法律规范性文件,对其义务的规定应是明确且具体的强制性、禁止性条款。当前的立法中缺乏明确的商业银行环境法律义务规定,难以将其作为认定商业银行环境损害责任的法律义务基础。这一缺陷表现在以下几个层面:

第一,《公司法》《商业银行法》《环境保护法》等立法层级较高的法律在商业银行环境义务的问题上仅作出了原则性规定,缺乏明确、具体的义务内容。如前所述,《公司法》第5条原则性规定了企业应承担社会责任,《环境保护法》第6条规定了任何法律主体都应承担环境义务,但上述两个法条均出现在总则部分,作为原则性条款,其指向的主体具有一般性,并不能体现商业银行所应承担的环境义务的特殊性,在司法实践中也没有被直接作为裁判的依据。《商业银行法》虽然规定了有关贷款和其他业务的基本原则,但同样因为属于原则性条款,未明确商业银行究竟应以何种方式承担何种程度的环境义务。如第7条确立了商业银行发放贷款的审查义务,在第7条的原则性规定基础上,《商业银行法》第34、第35、第36条进一步明确了商业银行履行信贷审查义务的原则、对象和范围。但是,总体来看这些规定比较简单,缺乏具体的义务内容和相应的否定性后果,难以将其作为认定商业银行环境责任的直接义务基础。

第二,在金融法和环境法的规范性法律文件中,对金融机构的绿色信贷义务进行了细化,但是规范层级较低,难以作为法律责任的裁判依据。《绿色信贷指引》《关于构建绿色金融体系的指导意见》《关于落实环保政策法规防范信贷风险的意见》等政策文件对金融机构的绿色信贷义务进行了细化,规定银行等金融机构应严格对拟授信客户进行环境和社会方面的合规审查,并根据国家建设项目环境保护管理规定和环境保护部门通报情况,严格贷款审批、发放和监督管理,对未通过环评审批或者环保设施验收的项目、限制和淘汰类新建项目不得提供或新增任何形式的信贷支持。这些法律规范为商业银行考虑和维护环境公共利益,履行绿色信贷义务提供了一定的理论和制度基础,但从规范层级来看,这些规定主要是倡导性、政策性的规定,将其作为商业银行环境责任认定的依据,法律效力层级较低,缺乏应有的法律强制力。

第三,软法提出了有关商业银行环境义务的具体的指引性规范,但不能作为责任认定的法律依据,需要转化为硬法义务。环境责任主体扩张,将商业银行纳入责任主体范围,是应对现有法律法规政策性规范无法满足环保实践诉求和金融治理实践诉求的新思路,但商业银行环境责任的认定需要严谨的法律制度作为保障。如前所述,《中国银行业金融机构企业社会责任指引》、赤道原则等软法性规范对商业银行的环境义务进行了一定程度的细化,但是其本质是行业自律组织制定的非强制性的道德义务,缺乏法律约束力,无法建立统一、明确的标准,仅能起指引、示范的作用,既不利于商业银行明确其具体环境义务,又无法作为责任追究机制的法律依据,需要通过法律化的路径从软法向硬法进行转化。

以2013年浙江省富阳市永明造纸厂(以下简称永明纸厂)与富阳农村合作银行永昌支行(以下简称永昌支行)、富阳市中远纸业有限公司(以下简称中远公司)金融借款合同纠纷案为例进行深入考察。2013年3月,中远公司、永明纸厂等与永昌支行签订保证借款合同,约定中远公司向永昌支行借款人民币400万元,永明纸厂等为该笔贷款提供连带责任保证。借款到期后,中远公司未按照约定偿本付息,永昌支行遂诉至法院,请求永明纸厂等保证人承担连带清偿责任。经审理,浙江省富阳市人民法院作出(2013)杭富新商初字第491号民事判决,支持了永昌支行的诉讼请求。永明纸厂不服该判决,向杭州市中级人民法院提起上诉,以中远公司在没有取得污染物排放指标和污染物排放许可证的情况下欺诈骗贷,以及永昌支行未能履行绿色信贷审查义务、误导永明纸厂提供担保、存在重大过错为由,主张保证借款合同无效,免除永明纸厂的保证责任,由永昌支行自行承担贷款风险。杭州中院二审维持了一审判决,永明纸厂随后向浙江省高级人民法院申请再审,但最终被驳回。细究这一案件,虽然案由为金融借款合同纠纷,但关键的争议焦点却在于司法实践中金融规范性法律文件的法律效力与地位,从中可以窥见目前商业银行环境责任立法在规范层级、责任内容、法律效力等方面存在的问题。

第一,虽然涉及商业银行环境责任的立法囊括法律法规和部门规章,看似内容繁多,但法院在司法实践中还是以适用《合同法》《担保法》《公司法》《商业银行法》等法律为主,《贷款通则》等部门规章由于效力等级较低,未作为裁判依据加以适用。纵观三审过程,永明纸厂主要以《贷款通则》等金融法部门规章为依据,主张永昌支行负有绿色信贷审查义务并应承担相应责任。对于这一法律适用问题,杭州中院在(2014)浙杭商终字第529号民事判决中明确指出,永明纸厂所提及的《贷款通则》系中国人民银行颁布的部门规章,转而根据《合同法》第52条中关于合同无效的效力性规定认定本案保证借款合同有效。这一判决否定了《贷款通则》作为裁判依据的地位。

第二,立法的内容与效力存在一定程度的错位。对于绿色信贷义务和银行环境责任问题,效力等级较高的《商业银行法》仅作出了原则性规定,"商业银行开展信贷业务,应当严格审查借款人的资信","商业银行开展业务,应当遵守法律、行政法规的有关规定,不得损害国家利益、社会公共利益"。这些原则性规定并未直接提及信贷审查过程中的环境因素,商业银行开展绿色信贷的具体规则散见于各类规范性法律文件中,如《绿色信贷指引》《关于落实环保政策法规防范信贷风险的意见》等。但是,如前所述,这些规范性法律文件效力等级较低,强制性与约束力不足,因此就导致了法律效力与规则体系的错位。

第三,在法律后果方面也存在民事责任与行政责任的错位。当前,商业银行违反绿色信贷义务的法律后果主要体现为金融监管机构的行政处罚,也就是说,商业银行环境责任主要表现为行政责任。这一点在本案的判决中也有所体现。对于永明纸厂提出的中远公司骗贷以及永昌支行的环境责任问题,浙江高院在(2015)浙民申字第1385号民事裁定书指出,中远公司系经依法登记设立的公司法人,其产能是否经审批、排污许可是否被核准,均涉公司经营管理方面的事项,中远公司如违反相关规定,应由相关行政机关予以处理。若合作银行永昌支行违反《贷款通则》等管理性规章及政策的规定,未尽审慎职责而发放贷款的,也应由其主管机关予以处理,并不能据此免除保证人的保证责任。可以看出,法院在审判过程中回避了对当事人是否违反绿色信贷的情形进行司法审查。这一审理思路一定程度上折射出我国绿色信贷法律规制中的路径错位问题,即相关规范性法律文件并未规定商业银行违反绿色信贷义务所需承担的民事责任,仅对行政责任作出了概括性规定,如《关于落实环保政策法规防范信贷风险的意见》规定"对商业银行违规向环境违法项目贷款的行为,依法予以严肃查处,对造成严重损失的,追究相关机构和责任人责任"。在实践中,责任追究方式主要为行政罚款,缺乏民事责任制度的损害赔偿规则,无法实现对受害人的救济。行政责任与民事责任能否共存、怎样划分,行政执法与司法审判如何衔接,这些还有待进一步研究。

2. 责任体系错位

在立法层面,我国商业银行的环境责任散见于《民法典》《商业银行法》《环境保护法》《环境影响评价法》《贷款通则》《建设项目环境保护管理条例》等法律法规中。以系统视角检视,这些内容存在不同程度的错位。

第一,现行民法制度中缺乏关于商业银行环境民事责任的直接规定,无法在环境诉讼中提供请求权基础。环境法律责任制度是环境法律关系的实体法基础,只有在法律上明确规定环境污染者应当承担的责任,并加大执法力度,企业才会有充足的压力和动力去保护环境、减少污染。目前我国关于环境侵权责任的规定主要集中于侵权责任法律体系中,另外《环境保护法》以引致条款的形式对环境损害赔偿制度进行了进一步丰富和完善。这些都是有法律约束力的"硬法"规范,但遗憾的是,这些法未明确将商业银行作为间接参与环境损害的主体纳入其中。

如前所述,《侵权责任法》和《民法典》都先后将环境侵权作为特殊的侵权类型单独列出,但是其主要规制对象却限于直接实施环境侵权的行为人。如《民法典》第1229条规定,因污染环境和破坏生态造成他人损害的,侵权人应当承担侵权责任。在绿色信贷实践中,商业银行一般不会成为环境侵权中的直接侵权行为人,其造成环境损害的行为具有复合型的结构,即由商业银行的借贷行为和直接侵权人的环境侵权行为叠加而成。由于商业银行不是以直接、显性的方式单独对环境造成损害,因此无法直接套用民法中关于环境侵权责任的内容,需要从共同侵权、间接侵权等角度进行分析。

《民法典》第1231条是直接针对环境共同侵权的条款,规定两个以上侵权人污染环境、破坏生态的,承担责任的大小,根据污染物的种类、浓度、排放量,破坏生态的方式、范围、程度,以及行为对损害后果所起的作用等因素确定。但是,这一条款的内容只涉及共同侵权成立后的责任分担,环境共同侵权是否成立的问题需要参照《民法典》"侵权责任编"第一章"一般规定"中关于多数人共同侵权的内容。《民法典》第1168条将多数人共同侵权限定为多个主体均有实行行为的侵权,且要求各侵权行为人所实施的行为对发生的损害均具有原因力,因此并不适用于商业银行绿色信贷中的环境侵权行为。

对于商业银行的环境责任,还可以从间接侵权行为的角度进行责任认定。间接侵权突破了债的相对性原理,将帮助侵权的主体纳入侵权责任的范围内。《民法典》"侵权责任编"第1169条规定,教唆、帮助他人实施侵权行为的,应当与行为人承担连带责任。这是关于帮助侵权的一般性规定。对于环境侵权中的帮助侵权问题,司法实践一般认定为在明知的条件下为他人的环境侵权行为提供帮助,形式包括推销、运输、提供场所等。对于商业银行能否被认定为帮助侵权人的问题,目前的司法判例持否定态度。

2018年7月,一起不同寻常的环境公益诉讼引起社会关注。湖北宜城市襄大农牧有限公司(以下简称襄大农牧公司)养殖废水排放到汉江造成环境污染,福建省绿家园环境友好中心(以下简称福建绿家园)向湖北省十堰市中级人民法院提起环境民事公益诉讼。与一般环境公益诉讼不同的是,福建绿家园在此案中还向法院申请追加中国农业银行股份有限公司宜城市支行(以下简称农行宜城支行)和湖北宜城农村商业银行股份有限公司(以下简称宜城农商银行)作为该案的共同被告参加诉讼,请求判决三被告赔偿生态环境修复费用和生态环境受到损害至恢复原状期间服务功能损失,暂定3 800万元。

该案中,襄大农牧公司的板桥东湾原种猪场建设项目在没有通过环保竣工验收的情况下,将养殖污水直接排放入附近河流,后直通汉江进一步污染汉江水质。在襄大农牧公司违法经营期间,农行宜城支行和宜城农商银行与该公司签订了借款合同,向其发放流动资金贷款。本案原告福建绿家园的代理律师表示,襄大农牧公司生产活动违反了环境保护法的规定,没有建设农田灌溉设施,也未能通过环保竣工验收。在襄大农牧公司存在上述违法经营的情况下,农行宜城支行和宜城农商银行没有履行商业银行的贷款合规审查义务,仍然向襄大农牧提供了贷款,支持其违法经营,并通过授信业务从该公司的违法经营所得中获得盈利,对环境污染的发生、持续与扩大存在过错。由此认为农行宜城支行、宜城农商银行与襄大农牧公司构成共同侵权,应当承担连带责任。

学者和环保组织对本案寄予厚望,认为此次环境公益诉讼案是银行第一次被要求承担环境法律责任,环境风险演化成了金融风险,可能催化中国版"超级基金法案"的诞生,有利于银行开始重视和加强环境和社会风险管理,同时也预示着贷款人环境法律责任的到来,为银行类金融机构敲响警钟。[103]环保公益组织中国生物多样性保护与绿色发展基金会也向法院递交"环境公益诉讼支持意见书",认为被告农行宜城支行、宜城农商银行在襄大农牧公司污染环境的建设项目中批准贷款时未能考虑潜在的环境影响,应当承担相应的环境法律责任,强烈倡导通过绿色金融从源头上把控、预防污染环境的企业和项目落地。在该案中,环境公益组织把两家银行追加为被告,具有开创性意义,在司法实践中首开追究商业银行环境责任的先河,有助于推动《关于构建绿色金融体系的指导意见》的实施,督促商业银行在投融资决策中将项目的环境影响纳入决策机制,在发放贷款时遵守生态环境保护政策,并以此为基础在银行界形成环境责任评价机制。

但是,令学者和环保组织失望的是,该案并没有支持商业银行环境法律责任。审理该案的十堰中级人民法院在庭前会议中通过口头形式作出了裁定,驳回原告福建绿家园追加农行宜城支行和宜城农商银行为被告的申请。十堰中院认为,追加两银行作为被告在现行的法律制度中缺乏请求权基础,理由并不充分。如何使用贷款款项属于借款人的事项,与贷款银行没有直接关系。如果认定银行因贷款造成环境损害就承担环境责任,那么推而广之在各种债权关系中都可能会遇到这个问题,把被告范围扩大到提供贷款的银行缺乏正当性。后该案发生管辖权争议,湖北省高级人民法院作出裁定,认为本案系水污染损害环境公益诉讼案件,涉及长江支流水域中的汉江水域水污染损害,根据湖北环境民事公益诉讼案件管辖权的规定,应改由武汉海事法院管辖。审理期间,武汉海事法院同意将农行宜城支行、宜城农商银行列为被告。2021年12月,法院作出了一审判决,认定襄大农牧公司存在污染事实并判决其承担环境损害赔偿责任,但驳回了原告对两家银行的诉讼请求。法院认为,两家银行均系依法设立的吸收公众存款、发放贷款、办理结算等业务的金融机构,向襄大农牧公司发放贷款是其正常经营活动。福建绿家园主张农行宜城支行、宜城农商银行违反中国人民银行制定的《贷款通则》的规定应当承担相应的民事责任没有法律依据。因当事人上诉,该判决并未生效,本案进入二审程序。纵观这起案件的审理过程,无论是十堰市中级人民法院还是武汉海事法院,都认为要求两家银行承担环境民事责任缺乏直接的法律依据。不过,尽管武汉海事法院没有支持追究两家银行的环境民事责任,但依然在判决书中重申了商业银行的企业社会责任,认为农行宜城支行和宜城农商银行应当通过本案提高思想认识,有效开展绿色信贷,发挥银行业金融机构在促进经济社会全面、协调、可持续发展中的作用。

金融法中关于商业银行环境责任的规定存在规范层级、规则性质以及责任内容的错位。一方面,我国金融法中有规则涉及商业银行环境责任,但往往以社会责任的形式出现在立法中,如《公司法》《商业银行法》中关于商业银行企业社会责任的条款。这些规定属于原则性规定,缺少法律责任的规则效力、内容架构与救济手段,在司法实践中难以直接作为裁判依据,缺乏约束力。另一方面,现有的金融法中与法律责任相关的内容似乎都与环境无关,没有突出这种法律责任的环境属性,更未针对商业银行的特殊性构建责任制度。此外,中国人民银行等金融监管部门出台了大量关于商业银行绿色信贷的规范性文件,指导和监管商业银行开展绿色信贷实践,构筑起了当前我国绿色信贷法律规制体系的主体。细查其内容,这些文件以指引性规范为主,强调商业银行应当采取相关措施支持绿色产业的发展,旨在指导商业银行开展绿色信贷业务,履行环境社会责任;而对于绿色信贷中的监管以及法律后果问题,则主要涉及银行及直接责任人的行政责任,没有关于环境民事责任的内容。

检视我国当前绿色信贷法律规制立法,法律对商业银行在企业社会责任的确立、绿色信贷义务的内容以及法律责任等方面作出了概括性的规定。根据立法目的、文义和法律体系进行解释,这些规定可以作为商业银行环境责任法律化的基础。但是,这些规定毕竟只是间接性、原则性依据,缺乏商业银行环境法律责任的直接内容,更遑论通过侵权责任体系进行法律规制,在司法中被直接援引作为裁判依据。由中国人民银行、国家金融监管总局制定的规范性法律文件中虽然有较为明确的内容,但这些规范在法律体系中效力等级较低,在司法实践中缺乏权威性和约束力。

综上可知,在当前我国绿色金融实践中,银行业积极致力于开展绿色信贷业务,以自律性金融软法为基础建立了环境领域的社会责任。但是,这种环境责任强调商业银行如何在环境损害结果出现前、项目融资过程中防控环境风险,而对环境损害出现后商业银行承担何种责任、如何填补损失、如何损害赔偿等救济内容则在所不问。在严峻的环境挑战面前,这种以协商与合作为特征的软法责任是软弱无力的。此外,由于其执行完全依赖于个体的自愿履行,缺乏监督机制,商业银行可能"说一套、做一套",使软法责任沦为一纸空谈,成为银行进行美化宣传的工具。更为严重的,这种缺乏监督机制的软法责任还可能诱发竞次风险(race to the bottom)[104],即导致竞争者竞相向谷底赛跑、向底线竞争,不仅无法实现督促商业银行自觉履行环境责任的目的,还会造成反向竞争,与法律规制的初衷背道而驰。由于履行软法责任会增加一定成本,如获取环境信息、评估环境风险过程中额外增加的成本,或提高信贷标准导致潜在客户的流失等,履行责任的市场主体在竞争中处于劣势。如果不履行软法责任,就能避免产生这些成本,反而在竞争中处于优势。作为金融企业,银行有追逐自身利益最大化的内在驱动,因此在没有管理、监督和奖惩机制的软法责任体系中,理性的市场主体可能选择放弃履行责任,从而呈现出竞相比"次"而不争"优"的局面,这与商业银行需要承担的社会责任相悖,也不利于绿色金融的良性发展。

申言之,在现行的环境法律责任体系中,关于环境损害出现后银行是否承担环境责任、如何进行损害赔偿的法律依据不完善,救济机制缺位。在司法实践中,商业银行被排除出环境诉讼当事人之列,成为消失的被告。究其原因,在于商业银行绿色信贷法律规制存在制度性缺陷,使案件缺乏请求权基础。在上述典型案例中,裁判结果折射出几个重要问题:第一,司法裁判否认了商业银行作为贷款人承担环境法律责任的正当性;第二,现行民法律框架中缺少关于商业银行承担环境法律责任的直接规定,使得案件识别机制不发挥作用,法院认为贷款银行并非适格被告,原告要求其对环境损害承担赔偿责任缺乏请求权基础;第三,目前绿色信贷法律规制体系中的规范性文件不具有司法约束力不足以成为司法裁判的依据。事实上,裁判者的上述观点具有一定的代表性。

要解决这一问题,有必要对商业银行承担环境责任的正当性进行分析。环境责任的正当性不仅是一种主观层面的价值判断,还可以从事实正当性来论证。近年来生态环境事件频发,但这些事件中的生态环境损失却未能得到充分填补。究其原因,在于企业的实际赔偿能力不足,以及有限责任制度阻断了生态环境赔偿从直接责任人向更多利益相关者传递。事实上,在生态环境损害中,商业银行扮演了间接侵害人和受益人的角色,正是银行贷款为环境污染项目提供了信贷支持,而银行也从这些授信业务中获益,商业银行环境责任法律化的提出、绿色信贷法律规制的约束,符合污染者付费和受益者负担的环境法基本原则。

在司法实践中,将商业银行纳入环境法律责任主体范围,由更具备赔偿能力的主体承担责任,还有利于发挥金融的媒介作用,将环境风险在市场主体间合理分配。从个人扩展到金融企业,前者赔偿能力有限,而后者不仅自身具备赔偿能力,更重要的是,能将环境风险通过金融杠杆和价格机制在更广泛的市场主体间进行分配,由社会共同体承担环境损害。这一主体范围的扩大是法律责任承担方式社会化和环境损害救济社会化的体现。在直接法律依据缺位的背景下,理论研究可先通过法解释学的路径对我国现行环境法、侵权法、银行法等法律规范中的相关规定进行梳理,论证根据现有法律制度追究商业银行环境责任的请求权基础,在此基础上再通过立法论的路径构建商业银行绿色信贷法律规制体系。

3 商业银行绿色信贷中的环境责任

3.1 商业银行环境责任的发展

面对环境危机的严峻挑战,环境保护已成为人类社会的共识,可持续发展需要全社会的努力。环境责任是环境法治的重要内容。相较于一般社会组织,商业银行在承担环境责任方面具有特殊性。金融机构最大的环境影响不在于其作为一般社会公民的环保实践,而是源自他们在调配金融资源的过程中的战略角色,即商业银行基于其金融服务功能承担的特殊环境责任。由于银行业的金融服务与环境问题之间存在特殊关系,商业银行承担环境责任的问题逐渐成为金融和环境法律规制的重点,出现了软法和硬法两种类型的商业银行环境责任。

3.1.1 商业银行环境责任在国际法中的演进

从 20 世纪 80 年代开始,全球治理成为国际关系中解决全球性议题的新机制。全球治理的主要方式是通过国家间的协商以及国际性机构的合作,以正式和非正式的规制方法建立起国际协调与合作机制。全球治理主要用来解决影响国际政治经济秩序的议题,如全球性环境议题、金融议题等。在全球治理体系中,除了传统的以国家主权为基础的"命令—控制"型治理工具之外,"软法"这种非传统工具逐渐兴起,成为全球治理机制中的重要内容。[105-106]一般而言,软法是指没有法律约束力但在实践中以自愿履行为基础、具有实际效力的规范,[107]不具有任何约束力或者约束力比传统的法律即所谓硬法要弱的准法

3 商业银行绿色信贷中的环境责任

律性文件,国际组织和国际会议的决议、决定、宣言、建议和标准等绝大多数都属于这一范畴。[108]

1972年,斯德哥尔摩世界环境大会确立了可持续发展的共识,使环境议题超越环境治理框架,向国际贸易、金融等新的领域延伸。1992年,在联合国世界环境与发展大会上,各国代表制定和通过了《里约宣言》和《21世纪议程》,将环境、经济和社会事务纳入单一政策框架之内,特别提出各国在经济发展过程中必须提高金融领域可持续发展的能力。1992年2月,联合国环境规划署金融行动机构成立,召集金融机构在环境保护和可持续发展议题上进行对话和交流。该组织将可持续理念引入银行的日常经营中,鼓励银行向环境友好型的技术和服务投资,达到经济、环境和社会的可持续发展。1992年,联合国环境规划署发布了《银行界关于环境可持续发展的声明》,提出环境保护与可持续发展是政府、商业组织以及个人共同的责任,强调银行应和政府部门及其他组织在市场机制的框架下朝着共同的环境目标合作。1997年5月,联合国环境规划署金融自律组织发布了《金融机构关于环境和可持续发展的声明》。在声明书中,金融机构明确接受可持续发展的原则,提出可持续发展是政府、企业和个人的集体责任,并承诺在市场机制下为了实现共同的环境目标将与其他领域的成员加强合作。2003年,十家业界领先的跨国银行联合制定并发布赤道原则。在2016年9月G20杭州峰会上,绿色金融成为重要议题。《G20绿色金融综合报告》提出将环境因素纳入银行经营管理框架和为绿色投资提供信贷这两条发展主线,进一步推广赤道原则,并就绿色金融议题展开了广泛的讨论。除此以外,还有部分行业组织发布金融软法规范。如与贷款市场有关的行业协会于2018年联合发布了《绿色贷款原则》(Green Loan Principles),2019年制定了《可持续发展关联贷款原则》(Sustainability Linked Loan Principles),为绿色信贷市场的评价机制提供了基本框架,对绿色贷款的资金使用、项目评估和筛选、资金管理、信息披露等作出了具体的指引。在2021年10月《联合国气候变化框架公约》第 26 届缔约方大会(COP26)上,参会国签署了《格拉斯哥气候公约》(Glasgow Climate Pact),就私人金融机构支持全球净零排放目标达成了共识。上述软法规范主要以宣示、倡议的形式确立了银行承担环境责任的目标和基本原则,起到了凝聚共识的重要作用。

近年来,在国际金融法领域,由非国家行为体制定的国际金融软法越来越具有影响力,赤道原则即为典型之一。与传统的国内立法和国际私法不同,赤道原则确立的商业银行环境软法责任是一种没有立法机构参与的,由市场主体自行制定、自愿实施、自我监管的"自我规制型"责任。

20 世纪 60 年代,在项目融资方面发挥主导作用的主要是政府支持的国际金融组织和多边金融机构,特别是国际货币基金组织(IMF)、世界银行及其分支机构国际金融公司(IFC)。在开展项目融资的过程中,由于所投资的项目往往存在负面的环境效益,尤其是在发展中国家造成了较大的负外部性,因此引起了严厉的外部批评和抗议,严重影响了国际货币基金组织、世界银行和国际金融公司的声誉。从 20 世纪 80 年代开始,国际货币基金组织等国际金融组织开始逐渐从项目融资中退出,不再发挥主导作用。这种"撤退"也标志着这些政府支持的国际金融组织相应地退出了项目融资监管体系,为监管规则的制定留下了真空。而与此同时,新自由主义经济学盛行,整个金融行业正经历一场被称为放松管制和私有化的改革。在这些因素的影响下,私营金融机构以自律的名义进行宽松的自我监管,并逐渐取代多边金融机构在项目融资中发挥主导作用。随着项目融资的主导地位转移到私营金融部门,非政府组织也开始调转枪头,将监督和抗议转向新的目标。他们认为,私营金融机构以追求利润最大化为目标,当其掌握规则制定权时,项目融资面临的环境风险更高,挑战更大。因此,非政府组织发起了更加强有力的抗议运动和外部舆论监督。环保公益组织"热带雨林行动网络"(RAN)发起的针对花旗银行的抗议活动就是其中的典型案例。20 世纪 90 年代,花旗集团是全球领先的煤炭行业和化石燃料管道产业的贷款机构,也是能源行业股票和债券的最大承销商。"热带雨林行动网络"认为花旗银行为破坏性采掘业和化石产业提供信贷资金,这些项目对世界上现存的原始森林构成威胁,加速了气候变化的风险。因此,自 2000 年开始,"热带雨林行动网络"领导了一系列长达四年的针对花旗集团的抗议活动,活动形式包括在各地的银行网点外举行示威游行,在其华尔街总部悬挂横幅,在各大报纸上刊登整版抵制广告,动员社会名流在电视上展示切割花旗信用卡的行为,甚至还发起了针对当时花旗集团首席执行官桑迪·威尔(Sanford I.)的个人羞辱。在巨大的反对浪潮声中,花旗集团宣布推出新的环境政策,承诺将信贷资金使用中的环境影响纳入信贷评估体系。非政府组织视这一结果为一场将极大改变整个银行业的惊人胜利,并且在这场胜利的鼓舞下,以宜将剩勇追穷寇的态度向银行界发起了更严厉的舆论监督。2002 年,"热带雨林行动网络"(RAN)、"地球之友"(FOE)、"伯尔尼宣言"(Berne Declaration)等环保公益组织在意大利小城科勒维科什俄(Collevecchio)举行了会议,探讨协调非政府组织的行动。在 2003 年的瑞士达沃斯世界经济论坛上,来自世界各地的一百余个非政府组织共同签署了《关于金融机构和可持续发展的科勒维科什俄宣言》,督促银行界承担环境责任,发挥金融支持环境与社会发展的应有作用。2004 年,支持科勒维科什俄宣言的非政府组织成立了"银行追踪网络"(Bank Track),以监督银行的项目融资运作。

另一边,为应对外部舆论压力,金融行业也逐渐调整了信贷政策和业务模式。由于作为行业领导者的大型商业银行更易受到非政府组织的舆论监督和抗议,因此这些银行制定更为严格的环境和社会政策的压力也更大。同时,为避免因执行这些严格的信贷政策而在商业竞争中处于劣势,大型银行试图凭借其行业领导者的地位将这些环境和社会政策在全行业推广,使其从自身"独享"的内部规范变成全行业"共享"的行业规范。2002 年,项目融资市场的四家主要银行(荷兰银行、巴克莱银行、花旗集团和西部开发银行)在伦敦举行了一次非正式会议,讨论如何应对非政府组织日益增长的针对大规模项目融资的敌意,并挽救岌岌可危的机构声誉。他们起草了一套环境和社会风险管理原则,即赤道原则的雏形。次年6月,这四家银行联合另外六家行业领先的跨国银行,里昂信贷银行(现为法国东方汇理银行Calyon)、瑞士信贷第一波士顿银行(Credit Suisse First Boston)、德国联合抵押银行(Hypo Vereins Bank)、荷兰合作银行(Rabobank)、苏格兰皇家银行(Royal Bank of Scotland)和西太平洋银行(Westpac),一起推出了赤道原则,宣布成为赤道银行。由于这十家赤道银行合计占全球项目融资的30%,他们通过其市场主导地位,将赤道原则推广为一种新的商业模式,使其成为金融机构的自律规范。

赤道原则在国际金融发展史上具有里程碑式的意义。这一原则根据国际金融公司和世界银行的政策和指南建立,旨在判断、评估和管理项目融资中的环境与社会风险。根据赤道原则,金融机构在进行项目投资时要对可能造成的环境和社会影响进行评估,并且在项目实施过程中作为投资者促进该项目在环境保护以及可持续发展方面发挥积极作用。赤道原则第一次确立了项目融资的环境与社会责任标准,并已逐渐成为一种行业标准和国际惯例,在项目融资实践中得以广泛应用。

从性质上讲,赤道原则与传统国际立法或国内立法不同,由银行业自行制定、自愿实施、自我监管,在一定程度上弥补了当前金融市场项目融资中环境责任强制性规定的缺位。其《免责声明》宣称,赤道原则是金融机构建立内部社会和环境政策、程序和惯例的基准。与其他内部政策一样,赤道原则没有对金融机构以外的其他主体设立权利、义务或责任。金融机构自愿和独立地采纳与实施赤道原则。由此可见,赤道原则是一种典型的自我规制型金融软法规范。

检视赤道原则的发展历程,可以发现其经历了产生、推广和普及三个阶段。根据建构主义制度理论,一项规范的产生首先源于规范倡导者的作用,[109]或者说,是由规范倡导者在实践中制定的。这些制定者可能是政府、国际组织、企业甚至是个人。具体就赤道原则而言,在第一个阶段,作为行业领导者的大型商业银行和非政府组织对赤道原则的产生发挥了最重要的作用,正是来自双方的博弈催生了项目融资中新的环境与社会政策。当然,在这一过程中,国际金融公司也发挥了一定作用,从内容上看,赤道原则继承了国际金融公司原有的社会与环境可持续发展政策及其绩效标准,并在后者的基础上进行了改进。

第二个阶段是赤道原则的推广,使赤道原则中的银行环境责任逐渐成为银行界的行业惯例。在没有国家强制力作为保障的前提下,软法规范如何在制定者首倡之后在业界进行推广？检视赤道原则的发展历程,软法规范获得推广的关键在于得到了其他重要银行的支持,并凭借这些行业领导者压倒性的业务优势和强势的行业地位实现规范的渗透和扩张,"说服""引导"其他机构跟随。由于软法规范存在缺乏国家强制力保障的特点,赤道原则最终必须依靠主体自愿践行才能推广实施,花旗银行等首先倡导赤道原则的行业领导者必须主要通过"说服""引导"等方式,使行业中的其他银行接受这种软法规范。

第三个阶段是赤道原则的普及。在产生之初,规范只是个别主体的内部行为准则。然后,这些首倡者通过各种方法向其他主体推广规范。通过首倡者的示范、说服、教育、施压,以及跟随者的主动学习,规范逐渐获得行业内的认同,影响力不断扩大。[110]当获得了足够数量的同行支持和遵守后,尤其是具有行业影响力的关键个体参与后,由个体创制的软法规范才能得以成为具有普遍意义的行业规范。以赤道原则为例,在花旗银行等大型商业银行倡导后,依赖于国际组织的宣传和推广,赤道原则得以在银行界不断普及。尽管这些国际组织设立的初衷并不在于推广某种规范或标准,但在实践中,这些国际组织却利用自身的资源及影响力推广它们所支持的规范。在赤道原则的普及过程中,国际金融公司充分扮演了布道者的角色,使用"竞争力""知识经济""风险和回报""提升质量和品牌价值""成本效益""合作优势""可持续发展和全球化"等各种支持性话语因素,利用自己的话语权教育、合作、奖励甚至施压,宣传推广赤道原则的价值与意义。除此之外,国际金融公司还调用公共资源以支持赤道原则的推广。国际金融公司与各国政府、非政府组织展开各类合作,与大型商业银行之间积极互动,并通过举办行业会议等方式积极传播赤道原则。正是国际金融公司一系列的教育和推广的努力,使赤道原则这一软法规范得到了连贯、广泛和结构化的话语支持,最终在银行业获得普遍的认可。

随着越来越多的银行,尤其是作为行业领导者的大型商业银行宣布采纳赤道原则,那些游离在赤道银行之外、没有接受该原则的商业银行开始感受到压力。这些压力可能来源于把持话语权的国际金融公司,寻求开展合作的商业机构,可能带来舆论压力非政府组织,或者是银行的利益相关者。外部压力催生了商业银行内在的趋同压力,进而转变为银行适用赤道原则的内在动力。这种趋同压力来源于银行对行业惯例的遵从,以及寻求行为合法性认可的需要。遵从意味着银行为了避免被排斥、孤立于行业共同体以外而选择遵守和服从本行业的通行做法。寻求合法性的认可源于银行管理声誉风险的现实需要。良好的声誉是银行维护投资者和客户关系,以及获得社会公众认可的保障,有助于银行提升盈利能力、增强竞争优势以及实现长期战略目标。巴塞尔银行监管委员会2001年制定的《新巴塞尔资本协议》将声誉风险列为商业银行的风险之一,认为不当应对声誉风险会造成银行利益受损和金融市场波动,甚至引发系统性风险。我国银保监会2021年发布的《银行保险机构声誉风险管理办法(试行)》将声誉风险定义为由银行保险机构经营、管理及其他行为或外部事件,导致利益相关方、社会公众、媒体等对银行保险机构形成负面评价,从而损害其品牌价值,不利其正常经营,甚至影响到市场稳定和社会稳定的风险。根据该办法,商业银行应将声誉风险管理纳入公司治理及全面风险管理体系。环境和社会评价是影响声誉风险的重要因素。如果银行被贴上"环境破坏者"的标签,就意味着其多年积累的信誉和威望毁于一旦,导致社会公众对银行的信任程度降低,客户对其金融产品产生质疑,资本市场对银行股票持观望态度、进而影响银行市值等。基于对行业习惯的遵从和对声誉风险的预防,越来越多的商业银行将赤道原则内化为自身的内部行为准则。

3.1.2 商业银行环境法律责任在国内法中的生成

传统的民商法律制度建立在意思自治和契约自由的基础上。这些基本原则投射到金融借贷法律关系中,就形成了金融企业的逐利本质与环境责任的公益诉求、金融行业的市场驱动与环境保护的公共治理之间的张力,金融借贷关系的私法属性与环境利益的社会属性需要平衡和协调。在严峻的环境危机面前,法律体系对金融机构的社会功能与责任进行了重构。环境法突破了传统民商法的责任体系,在环境硬法中形成了法律化的商业银行环境责任,其典型代表是美国超级基金法中的商业银行环境损害赔偿责任。超级基金法确立的商业银行环境损害赔偿责任既是治理环境污染的现实要求,也是商业银行环境责任的法律表达。

3.1.2.1 美国超级基金法确立的商业银行环境硬法责任

美国是世界上最早就商业银行环境责任专门进行硬法规制的国家,其立法背景为20世纪美国工业化进程中出现的环境危机及公众事件。为回应社会呼声,美国国会于1980年通过了《综合环境反应、赔偿与责任法》(Comprehensive Environmental Response, Compensation, and Liability Act)。这一法案是国会针对危险物质处置引起的场地污染和自然资源损害问题所进行的联邦层面的环境立法,旨在推动污染场地的清理和自然资源的恢复,并向可能的责任人进行追偿。《综合环境反应、赔偿与责任法》中设立了专门的信托基金,资金来源为石油、化工产业税收和联邦政府拨款,并授权环境保护署使用该基金支付清理受污染场地的费用,以及向潜在责任人追偿。该信托基金俗称超级基金,因此该法案也被称为超级基金法。这些联邦环境立法,以及联邦和各州的判例,共同构成美国商业银行环境硬法责任的法律基础。

1980年《综合环境反应、赔偿与责任法》根据污染者付费的环境法原则,以侵权责任为基础建立了潜在责任人制度,设立了严格、回溯既往、连带的环境责任。根据该法案,以下四类主体可能被认定为潜在责任人追究环境责任:①危险废弃物场地的现在所有者和经者;②危险废弃物处置时设施的所有者或经营者;③被安排对设施中的危险废弃物进行处理或处置的个人或者实体;④接受且运输危险废弃物到处理或处置设施中的个人或者实体。根据这一制度,商业银行在一定条件下符合超级基金法关于所有者或经营者的定义,如为产生污染的设施或场地的所有人提供贷款、作为贷款人参与管理,或者在被污染的抵押财产丧失抵押品赎回权后取得了该财产,且被证实会对借款人处理废弃物造成影响等。在上述条件下,商业银行将被作为潜在责任人纳入环境责任的主体范围。该法案还设立了潜在责任人的豁免条款。如果商业银行仅拥有所有权标记,或仅作出保护其担保权益的行为,并没有参与管理和处理危险废弃物,则豁免承担环境责任。在1986年的马里兰银行案中,美国法院以污染企业的厂房为银行的抵押品为由判定马里兰银行应当承担清理污染土地的责任,从而以司法判例的形式确立了商业银行的环境法律责任。[111]

美国国会于1996年制定《资产维持、贷款人责任和存款保险保护法》,对商业银行环境法律责任的内容进行了进一步限定,设立了"安全港条款"(safe harbor provision),将参与管理列为商业银行承担环境法律责任的要件,并将参与管理的行为限定为:①商业银行对借款人的设施、场所或有害物质处理行为行使或承诺行使决策控制权;②商业银行的控制权与容器和设施管理者的权利相同,在涉及借款人的环境管理行为与实质运作方面商业银行实施了日常的决策权,达到经营管理的程度。"安全港条款"还明确排除了九种不属于参与管理的行为。据此,超级基金法将那些仅获得借贷利益的名义所有人排除在潜在责任人范围之外。在商业银行因行使抵押权而成为污染物的名义所有人的情况下,由于其没有实际参与到经营中,而仅仅维护其借贷利益,则不承担环境责任;或者当商业银行撤销受污染财产上的抵押品赎回权,并在合理期限内通过合理方式出售、转让该财产,或采取其他旨在保护其担保利益而非投资利益的行为时,也会获得责任豁免。[112]

为了促进棕地开发,美国国会于2002年制定了《小企业责任救济与棕地再生法》,进一步为污染财产的所有者减轻责任。基于这一改变,如果已撤销抵押赎回权的贷款银行再以公允方式取得财产,并满足诚信购买者的相关条件,就可能豁免责任。根据该法案,诚信购买者需要满足以下条件:①财产购买发生在特定时间后;②存在优势证据证明危险废弃物的处置发生在购买财产之前;③对财产的历史使用情况进行了充分、必要的调查。该法案还将已经成立的潜在责任人排除出诚信购买者的范围。至此,几经修订后,超级基金法逐步确立了明确具体和较为稳定的商业银行环境法律责任框架,降低了责任的不确定性,为商业银行提供可预期的行为指引。

回顾超级基金法的立法历程,尽管法案制定之初具有应急性,潜在责任人等规定不严谨,且修订过程中由于银行集团的游说,责任标准从严苛逐步走向宽松,但是瑕不掩瑜,美国超级基金法依然不失为一次有参考价值的环境硬法。它第一次建立起了有法律约束力的贷款人环境责任,通过侵权法的归责原则建立起了明确的责任标准,将商业银行等金融机构纳入环境损害赔偿责任的法律框架中来。

3.1.2.2 其他国家关于商业银行环境责任的硬法规制

美国的商业银行环境责任制度对英国环境立法产生了直接的示范效应。英国法中涉及商业银行环境责任的条款见于《环境保护法》《水资源法》和《环境法》有关土壤污染的法律规定中。这些立法规定,相关主体在参与产生污染的活动或作为污染源的占有人、所有人、信托人等情况下有可能成为环境责任的责任人。虽然没有明确规定商业银行是环境责任主体,但是根据条文中关于责任主体的规定可以推断出,在银行与责任人存在代理关系或银行有抵押权的情况下,银行极有可能因污染源的所有人、管理人、控制人、占有人或信托人等身份成为责任主体。在实践中,商业银行参与产生污染的活动包括引起污染,以及明知会产生污染而允许污染产生两种情况。引起污染一般指商业银行在参与借款人商业活动的管理或控制其日常经营活动的情况下发生污染的情形,银行的一般融资行为、提供金融建议等服务不会引发责任。判断是否符合主体要件最常见的标准是看其是否可以被视为借款人的"影子董事"(shadow directors)[113]。"明知会产生污染而允许污染产生"要满足两个条件:商业银行有能力阻止污染产生,却没有采取合理措施加以避免。而银行参与借款人日常经营,尤其是构成影子董事的情况下,通常被认为有能力组织污染。一般认为,这种情形下产生的责任是严格责任。

欧盟关于商业银行环境责任的立法尝试可以追溯到1989年欧盟委员会起草的《废弃物造成损害的民事责任指令》(Directive on Civil Liability for Damage Caused by Waste)草案。该草案提出了环境损害的概念,规定当废弃物造成损害时,该废弃物的制造者承担法律责任;但如果废弃物制造者在合理期限内无法确认,则由实际控制该废弃物的主体承担法律责任。这一标准实际扩张了环境责任的范围,因此指令未获通过。1993年欧共体委员会发布《环境损害补救绿皮书》,探讨了通过民事责任对环境损害进行救济的路径,从民事责任机制、连带赔偿制度、共同体行动指令的可能方向三个角度对环境损害民事责任进行了初步的构想。2000年欧盟发布《环境责任白皮书》,设计了环境责任制度基本框架,强调政府在应对环境损害问题上的主要责任,并规定了民事责任的构成要件:需要有一个(或多个)可确定的行为人、损害必须可以量化、损害和行为之间存在因果关系,并将环境责任的主体延伸到"对引发环境损害的活动实施控制的人",即经营者。相比绿皮书,白皮书更为全面地对环境民事责任机制作了论证,但由于德国、法国等欧盟主要成员国反对,白皮书所构想的综合性的环境责任框架未能建立。2004年欧盟发布了《关于预防和补救环境损害的环境责任指令》(Directive 2004/35/CE on environmental liability with regard to the prevention and remedying of environmental damage,以下简称环境责任指令),正式建立了欧盟共同的环境责任制度框架。该指令根据污染者付费原则规定了经营人责任,按民事责任路径对责任构成、适用和免责等环境责任的基本内容进行了规范,确保环境损害者履行对生态环境的预防和修复义务。根据该指令,经营人是指依据国内法规定经营或指导职业活动,经授权对该活动的技术功能有决定性经济影响力的任何自然人或法人(不论私法人还是公法人),包括许可证持有人或经授权从事此类活动的人或此类活动登记或通知人。欧盟环境责任制度引入了职业活动(occupational activities)这一标准,并以此界定损害行为和责任主体的范围。必须说明的是,认定职业活动的依据不在于其是否持有进行该项职业活动的执照,而是经营或控制标准。最初起草环境责任指令过程中曾使用"专业和商业活动"(professional and commercial activities)的表述,但考虑到这一术语强调营利性特征,可能将非营利行为和执行公务的行为排除在外,因此在发布的指令中改为"职业活动",以此涵盖各类私人和公共活动,营利抑或非营利性质则在所不问。以职业活动概念为基础,作为环境责任主体的经营者的范围也得以进一步确定。指令还规定经营人在生产经营中从事对环境有潜在危险的活动将承担严格责任,经营人对受保护物种或自然栖息地的损害或威胁承担过错责任。从学理层面解释,根据该指令,商业银行的职业活动如果导致环境损害或者可能发生环境损害的风险,就符合经营者的标准,从而应承担环境责任。[114-116]

3.1.2.3 环境硬法与商业银行环境责任法律化

由上可知,日益严峻的环境危机和日趋严格的环境治理是驱动商业银行履行环境软法责任的重要原因。相比于软法,硬法的优势在于其规则体系中具有确定的权利义务结构和明确的法律后果,从而具有更高的确定性、约束力和可预期性。环境责任法律化的意义在于使商业银行承担具有约束力、可救济的法律责任,将商业银行环境责任置于法律体系中进行规范,从而真正实现其价值功能。检视以美国超级基金法为代表的域外环境硬法,其商业银行环境责任法律化的结果是形成了商业银行环境损害赔偿责任。

商业银行环境责任的法律规制是一个横跨环境法、金融法和侵权责任法的综合性法律问题。对应地,在立法体例的选择上,理论上就存在环境法、金融法和侵权责任法几种不同的切入点。美国、欧盟均未采从纯粹的金融法角度为商业银行环境责任制定专门性法律,而是在环境法中对商业银行环境法律责任进行规制。欧盟在环境责任指令中通过设定经营者、职业活动等主体条件将商业银行纳入一般化的环境责任制度的框架中。美国立法则更为具体、明确和成熟,在以超级基金法为主的环境单行法中按照侵权责任制度框架设立了更为明确具体的商业银行环境损害赔偿责任。

超级基金法通过潜在责任人制度明确了商业银行环境责任成立的法律逻辑。认定在借款人造成场地污染而商业银行事实上参与管理的情况下,作为潜在责任人的商业银行实质上与直接的行为者共同实施了环境侵权行为,商业银行应当承担侵权法上的环境责任。通过扩大环境法污染者付费原则(the Polluter Pays Principle)中污染者的范围,以侵权法中环境侵权的严格责任为基础,将作为贷款人的商业银行纳入环境法律责任的主体范围。申言之,超级基金法确立的商业银行环境法律责任实质上是一种特殊的环境损害赔偿责任。在救济机制上,由于超级基金法是具有法律约束力的硬法,与之相配套的硬法实施机制也为超级基金法环境责任提供了有效的救济途径。超级基金法采取的是环境侵权救济路径而非传统的行政规制路径。在超级基金法的责任框架下,由美国环保署(EPA)通过向法院提起环境诉讼,按照侵权法上的严格责任(strict liability)、连带责任(joint and several liability)和回溯的原则(retroactive liability)向潜在责任人进行责任追究,这一环境侵权救济机制为商业银行环境责任的法律化提供了一个参考范式。

综上而言,以美国超级基金法为代表的域外环境硬法为研究商业银行环境责任的法律化提供了研究样本。对其中的商业银行环境法律责任成立条件、性质、救济机制等进行规范化考察,可以发现,通过环境损害赔偿责任对商业银行的环境责任进行法律规制是较为可行的法律化路径。

3.1.3 我国商业银行环境责任法律化的历程

我国商业银行环境责任的发展经历了责任主体扩大化和环境责任制度化、法律化的过程。一直以来,我国商业银行环境责任的立法和实践主要是在企业社会责任的维度展开的。《公司法》第5条规定:"公司从事经营活动,必须遵守法律、行政法规,遵守社会公德、商业道德,诚实守信,接受政府和社会公众的监督,承担社会责任。"《商业银行法》第8条规定:"商业银行开展业务,应当遵守法律、行政法规的有关规定,不得损害国家利益、社会公共利益。"这两项条款共同确立了商业银行应承担企业社会责任的基本原则。在此基础上,2009年中国银行业协会制定《银行业金融机构企业社会责任指引》,其中设专章"环境责任"列出了银行应承担的环境领域的企业社会责任,建立起了银行业应对环境风险、承担环境责任的行业指引。在实践层面,自2007年浦发银行在国内首开先河、发布企业社会责任报告以来,我国商业银行定期发布企业社会责任成为行业惯例,开展绿色信贷、推行绿色金融政策成为商业银行履行环境社会责任的主要举措之一。

近年来,我国不断提高生态环境法治建设的水平。2015年,中共中央、国务院下发《关于加快推进生态文明建设的意见》,为我国生态文明建设提供了明确的目标,要求2020年我国基本形成保护生态文明的制度体系。这一体系包括预防、控制、损害赔偿和责任追究等全流程的制度设计。2015年9月,《生态文明体制改革总体方案》出台,明确规定要建立绿色金融体系,强调贷款人的尽职免责要求和环境保护法律责任。2017年,《生态环境损害赔偿制度改革方案》正式出台,提出自2018年1月1日起在全国试行生态环境损害赔偿制度。明确规定违反法律法规、造成生态环境损害的单位和个人应当承担生态环境损害赔偿责任,各地区可根据需要扩大生态环境损害赔偿义务人范围。

在这一背景下,关于商业银行环境责任法律化的问题也提上了立法议程,从规范意义上检视,我国商业银行环境责任正在经历从社会责任到法律责任的转型。2012年,我国银监会发布《绿色信贷指引》。这一规范性法律文件从组织管理、工作流程、内部控制等方面对商业银行防范环境风险、优化信贷结构提出了具体的指引和规范。2016年,为鼓励更多社会资本投入到绿色产业,中国人民银行、财政部、发展改革委、环境保护部、银监会、证监会、保监会联合下发了《关于构建绿色金融体系的指导意见》,这一文件明确了"绿色金融"的概念。绿色金融被定义为支持环境改善、应对气候变化和资源节约高效利用的经济活动,即对环保、节能、清洁能源、绿色交通、绿色建筑等领域的项目投融资、项目运营、风险管理等所提供的金融服务;并第一次明确提出要建立贷款人环境法律责任。2020年中国郑重承诺"30·60目标"后,绿色金融发展进入快车道。2021年2月,国务院发布《关于加快建立健全绿色低碳循环发展经济体系的指导意见》,提出大力发展绿色金融,发展绿色信贷,有序推进绿色金融市场双向开放,商业银行环境责任法律化的速度进一步加快。

3.2 商业银行环境责任法律化的内涵

3.2.1 商业银行环境责任法律化的界定

法律是以概念为基石构建的系统性制度。概念是法律研究的基本要素,是将杂乱无章的法律事项进行整理归类的基础。法律概念是从法学视角对事实和行为进行抽象、归纳和总结,概括其共同特征而形成的范畴。研究商业银行环境责任法律化,首先必须要对这一概念的内涵进行界定,明确研究范围。

3.2.1.1 主体界定

在与商业银行环境责任法律化有关的概念界定上,目前学界有两种定义方式:一是以贷款人为主体界定环境责任;二是以商业银行为主体界定环境责任。第一种定义方式源于美国超级基金法。贷款人责任是英语 lender liability 的直译,超级基金法提出了"贷款人"(lender)的标准和范围,规定贷款人可因以下行为承担责任:一是取消抵押物赎回权成为抵押物的所有人;二是在未取消抵押物赎回权之前参与了影响危险物质处理的管理经营活动。有学者将其称为"贷款人责任"的理由是"应将实施同等行为的商业银行外的主体纳入贷款人范围。在贷款人行为相同的情形下,只从法律上肯定商业银行的责任,而对自然人和其他法人的同等行为不予追责,则有失法律的公平价值","行为引起的责任并不因主体有别而不同。"[117] 在 2016 年出台的《关于构建绿色金融体系的指导意见》中也提出了"研究明确贷款人环境法律责任"。

但是,本书认为,"贷款人责任"的定义值得商榷。法律主体的界定需要从正当性原理出发,考察定义中包含的规范因素和经验因素。

第一,因金融行业的特殊性以及自身具有的特殊职能,商业银行不同于一般的私法主体,具有一定的公共性。这一特性使商业银行有别于普通贷款人。超级基金法创立的环境责任是严格、回溯、连带的贷款人责任,这一责任在传统的侵权责任基础上进行了主体的扩张。扩大责任主体的范围应有明确的标准并具有正当性,商业银行的公共性符合环境责任主体适当扩张的正当性理由。商业银行的公共性也使其区别于中央银行、政策性银行和其他贷款人,具有特殊性。中央银行位居一国银行体系中的中心,主要承担发行货币、金融监管、制定和执行货币政策等金融管理职能,是一国最高的货币金融管理机构。细究起来,各国中央银行的职能和地位并不完全相同。如在英国,英格兰银行并不独享货币发行权,部分商业银行也能发行英镑;在施行多头监管制度的国家,中央银行与其他监管机构共同承担金融监管职能。尽管如此,各国央行的核心功能是一致的,都是银行的银行、国家的银行。[118]中央银行的本质是公共机构,甚至是政府的一部分,从性质上根本区别于作为企业的商业银行。政策性银行是由政府创立,不以营利为目的,而以实现社会经济政策为目标的专业性金融机构。政策性银行主要在公共基础设施、国家战略产业等特定业务领域内,根据国家经济建设和社会发展需要直接或间接地从事政策性金融活动,公共性是基本质特征。综上,从性质、地位、目标和职能来看,中央银行和政策性银行的公共性源于组织性质;而商业银行的公共性则建立在企业社会责任的基础上,商业银行必须在其公共性与作为企业的营利性之间取得平衡,可以说,与中央银行和政策性银行相比,商业银行只具备有限的公共性。在承担环境责任方面,中央银行一般通过开展绿色金融监管实现社会发展与环境目标,符合条件的政策性银行则直接开展特定的政策性环境金融服务,承担行政法上的环境责任,这与商业银行开展商业性金融活动在营利性、业务模式、组织目标上具有本质的区别。

商业银行的公共性也使其有别于普通的贷款人。一般而言,贷款人有狭义与广义之分。广义的贷款人指通过信贷资金或自有资金向借款人发放贷款,建立借贷民事关系的民事主体。狭义的贷款人仅指从事贷款的银行业金融机构。[119]在这一概念下,我国法律体系中的贷款人可以进一步细分为从事民间借贷的个人、组织,以及经中国人民银行批准经营贷款业务、持有相关金融牌照的银行业金融机构。前者属于普通贷款人,其借贷行为属于普通的民事法律关系,一般受合同法调整。后者所称的银行业金融机构以商业银行为主,主要吸收公众存款、发放贷款,其贷款行为属于金融借贷,除合同法外还要符合《商业银行法》《贷款通则》等金融法律法规的规定,并受到金融监管机构的监管。普通贷款人与商业银行在主体范围、资金来源和借贷性质上存在显著差别。

普通贷款人的民间借贷行为属于普通的民事合同关系,应遵循合同法的相对性原理,不宜将一方合同当事人(借款人)的其他法律关系(环境侵权)引入合同的另一方当事人(普通贷款人)。且普通贷款人在民事借贷中无法像商业银行那样进行授信监管,在此情形下对贷款人科以环境责任也缺乏可预期性。在我国,从事普通信贷业务的银行业金融机构还包括农村信用合作社和农村合作银行等特殊形态的农村合作制金融机构。一般而言,这类金融机构属于过渡形态的特殊金融组织,由社员组成,主要在农村地区为特定范围的成员提供金融服务,承担普惠金融职能。这类农村合作制金融机构规模较小,职能特殊,信贷服务对象范围有限,对其科以严苛的环境法律责任也不具有正当性。综上,机械地参照"借贷行为"这一标准,盲目地将所谓贷款人责任延伸到所有实施借贷行为的主体,在实质上有损环境责任法律化的公平与正义价值。研究我国的商业银行环境责任可以学习和借鉴域外法律制度,但是应避免盲目、机械地移植。

第二,考察国内以"贷款人责任"为主题的学术研究,研究对象也以商业银行为主体。事实上,自美国超级基金法问世以来,在有影响力的案例中以贷款人身份承担环境责任的潜在责任人也以商业银行为主。法律主体的概念界定在考虑规范标准的同时也要考虑经验因素,规范因素指法律主体的应然状态,经验因素则体现了法律主体的实然状态,[120]研究应围绕法律主体的实然状态展开。在实质层面上,这种"贷款人责任"的责任主体主要为商业银行。基于上述原因,应以商业银行而非贷款人为主体界定其环境责任,做到名实相符。

3.2.1.2 环境侵权界定

环境泛指以某物为中心,环绕在其周边的事物。《环境保护法》第2条对环境这一概念作出了界定,指"影响人类生存和发展的各种天然的和经过人工改造的自然因素的总体,包括大气、水、海洋、土地、矿藏、森林、草原、湿地、野生生物、自然遗迹、人文遗迹、自然保护区、风景名胜区、城市和乡村等。"环境是一个整体性概念,人类活动与生态运动共同对环境施加作用,使其处于能量流动、物质循环和信息传递的运动中。[121]环境一词有着丰富的内涵,覆盖了环境要素、生态要素及其运行所形成的统一系统,包含直接和间接影响人类生存与发展的各种自然要素。按照功能的不同,可以进一步将环境细分为生活环境和生态环境。前者指影响人类生活的各种自然条件和社会条件的物质性环境总和,后者则强调与生态系统发展相关的各种生态条件,包括土壤、气候、生物条件等;前者的视角是以人类为中心的,后者则强调生态系统本身的规律性。这一分类体现了环境的二元性,在《宪法》和《环境保护法》中也得到了体现。《宪法》第26条规定,国家保护和改善生活环境和生态环境,防治污染和其他公害。《环境保护法》第1条也开宗明义指出立法目的在于保护和改善生活环境和生态环境。当然,生活环境和生态环境的分类是相对的,两者存在一定的交叉之处。

我国法学理论界对环境侵权相关概念的认识存在一些争论。第一种观点认为环境侵权等同于环境污染,环境侵权责任仅指违反国家保护环境、防止污染的规定,污染环境造成他人损害者依法应当承担的民事责任。我国原《侵权责任法》采取狭义的环境侵权说,将环境侵权定义为环境污染。第二种认为环境侵权责任应当包括污染环境和破坏环境民事责任两个方面。从原因行为看,环境侵权包括环境污染和生态破坏;从损害形态看,环境侵权损害包括人身、财产损失和生态环境损害。[122-125]在《侵权责任法》之后,《环境保护法》则以引致条款的形式将环境损害赔偿责任范围进行了扩张。《民法典》第七编"侵权责任编"第七章采纳了广义环境侵权说,将环境侵权的概念扩张为"环境污染和生态破坏"。本书采用广义环境侵权说,与传统环境侵权法的概念相衔接,全面表征"人—环境—人/环境"的环境侵权法律关系,通过法律规制对环境被损害的后果进行救济。

3.2.1.3 环境责任界定

在现代汉语中,责任一词有着丰富的内涵,既包括对特定人、事务、行为负责、做好"应为"之事,也包括没有做好"应为"之事而承担的后果,涵盖了职责、义务、后果甚至制裁等内容。环境责任是关于环境的责任体系,包含了道义责任、社会责任、法律责任等。本书以绿色信贷法律规制为题,主要研究环境责任的法律化,即在概念的开放性结构中,通过对核心概念的内涵和外延置于法律体系中进行界定和解释,将之纳入法律调整范围。《布莱克法律词典》将法律责任定义为"因某种行为而产生的受处罚的义务以及对引起的损害予以赔偿或用别的方法予以补偿的义务",[126]将法律责任界定为"违反第一性法定义务而招致的第二性义务"。[127]以概念的逻辑结构观之,环境责任的法律化意味着,对环境责任的规则设计不仅要有关于假定和行为模式的义务要素,更要有违反义务要素后相应的后果要素和制裁内容。商业银行环境责任的法律化就是将商业银行对生态环境的非强制性道德责任,如倡导型、促进型立法或自律型行业规范中的"软法"义务,通过法律责任的形式纳入"硬法"调整范围,强调其后果要素和制裁内容,并依靠国家强制力保障实施的过程。

本书在研究过程中对商业银行环境责任法律化的内涵和外延进行了必要的限缩,主要研究其环境损害赔偿责任。原因在于:从责任的价值功能看,现代侵权法从传统的救济和惩罚功能向损害和风险分配转变。也就是说,环境法律责任的焦点问题不再是研究侵权行为人以何种行为方式侵害环境法益,或其过错大小,或在道德上是否有可苛责性,而是研究损害和风险如何分配,注重责任主体是否具有弥补损害、分散风险的能力。环境法律责任的构建强调预防损害和震慑潜在侵权行为人的价值大于其履行价值。因此,环境损害和风险更倾向于分配给那些更有能力控制环境风险、防止环境损害,或最具备赔偿能力去填补损失的主体。向商业银行分配环境损害和风险的主要理由也在于此。商业银行在责任结构中的地位主要是环境损害赔偿义务人,而非传统的侵权法中的侵权行为人。

从规范逻辑上看,商业银行的环境侵权建立在其金融功能的基础上,具有复合型的结构。即不是以直接、显性的行为方式对生态环境造成损害,而是以间接、隐蔽的方式,通过各种形态的金融业务(如信贷)和直接侵权行为人嫁接在一起,再通过后者的环境侵权行为叠加而成,最终形成破坏生态环境的后果。商业银行环境责任法律化研究的关键就在于透过间接、隐蔽、复杂的金融业务的表象,直接从损害后果的维度看商业银行对损害的原因力大小,从而分配责任。实践层面上,商业银行的金融业务是在不断发展、创新的,金融法对银行的监管内容也在不断调整,尽管本书通过法解释学的方法对商业银行的侵权行为形态进行了归类,尝试立足于现有的法律规则明确请求权基础,但是在不断发展变化的金融业务面前,这种类型化研究是无法穷尽的,其作用依然是有限的。因此,对商业银行责任规制的研究重点并非在于其侵权行为形态,而在于责任归因逻辑。也就是说,不论外观上商业银行的行为如何间接、隐蔽、复杂,只要符合损害赔偿责任的归因逻辑,就应该对其科以责任。

从责任体系看,商业银行环境损害的原因行为不能严丝合缝地与现有的环境侵权责任体系进行对接。换而言之,商业银行损害环境的行为并不全是《民法典》"侵权责任编"第七章所规定的"环境污染和生态破坏"这两种典型的环境侵权行为。当商业银行的其他行为造成环境损害,如《民法典》"侵权责任编"第八章列举的对高度危险物占有、控制,就构成了环境侵权责任与高度危险责任的竞合。因此,可以不囿于侵权责任体系的形式分类,而从损害的实质性后果来定义,将这一情况也归入商业银行环境损害赔偿责任的调整范围。

从法律后果看,侵权责任法规定了八种承担侵权责任的方式,不仅有赔偿损害,还包括停止侵害、返还财产、赔礼道歉等。在商业银行环境损害的问题上,商业银行是作为更有能力控制环境风险、防止环境损害、或最具备赔偿能力去填补环境损失的主体被纳入责任范围的,而非以其直接实施的侵权行为或过错被科以责任,因此商业银行承担责任的方式也应以损害赔偿为主,其他的侵权责任承担方式如停止侵害、赔礼道歉等不适用于商业银行。由此可见,应该对商业银行承担环境责任的方式进行限缩,限定为环境损害赔偿责任为宜。

综上,商业银行环境责任法律规制的关键是确立其环境损害赔偿责任,通过商业银行环境责任的法律化促使其履行环境责任,通过设立环境损害赔偿责任推进商业银行绿色信贷法律规制体系的完善。这一责任脱胎于传统的环境侵权责任制度,指商业银行因特定关系人实施污染或破坏环境的行为而造成环境损害,或商业银行基于特定法律关系对环境造成损害,依法应承担的损害赔偿责任。这种责任包含着对当代和后代人环境利益的保护,从责任主体和保护法益两个维度拓展了传统环境侵权制度的范围和功能。

3.2.2　商业银行环境损害赔偿责任的性质

一般认为,法律责任是由侵犯法定权利或者违反法定义务而引起的、由专门国家机关认定并归结为法律关系主体承担的、带有直接强制性的义务,也就是由第一性义务而引起的第二性义务,其形式结构表现为"由不法行为与其所引起的规范效果之间的充分且必要的条件关系"。[128]考察商业银行所承担的环境责任的性质,应该分析这种"充分且必要的条件关系"具有何种法律属性,在此基础上才能讨论商业银行因何承担责任,承担何种责任。

商业银行负有绿色信贷义务。按照"义务—责任"的逻辑结构,商业银行环境责任是第二性的环境义务,是其违反了第一性的环境义务所应承担的否定性法律后果。现代环境法以义务本位为价值取向,义务本位要求法律为维护或实现整体利益而对个体设定义务和责任。在环境法领域,义务往往表现为付出或限制,是个体让渡其个人利益,或限制个人行为自由的期待。

企业对其利益相关者所承担的各种义务来自企业社会责任。商业银行环境义务也是商业银行基于环境公益的某种付出或限制,是企业社会责任法律化的结果。法律化利用法律概念的开放性结构,通过对核心概念的解释,对法律概念的内涵和外延等进行全面法律化,将其纳入法律调整范围。[129] 商业银行环境责任的法律化就是将商业银行对生态环境的非强制性道德责任,如倡导型、促进型立法的软法内容或自律型行业规范,通过法律责任的形式纳入法律调整范围,在硬法中予以确认并依靠国家强制力保障实施的过程。相较于一般社会组织,商业银行在承担有关环境社会责任方面,既有一般企业的共性,如《公司法》第5条规定的企业社会责任,《环境保护法》第6条规定的一般主体环境义务;又有其特殊性,这种特殊性体现为金融机构在调配金融资源的过程中的战略角色。这一企业社会责任在一定条件下通过法律化的过程演化为保障环境利益的绿色信贷义务。《绿色信贷意见》在肯定商业银行对环境应承担的企业社会责任的同时,又进一步提出追究违规发放贷款的商业银行的责任,使绿色信贷义务具有一定的强制性。商业银行未能履行绿色信贷义务这一具有强制性的社会责任,造成环境损害或有环境损害之虞时,即应承担环境赔偿责任。

商业银行环境损害赔偿责任建立在其金融功能的基础上。商业银行是企业借款融资的主要渠道。在环境侵害中,商业银行的借贷与借款企业所造成的环境损害结合在一起,共同造成了环境侵权的发生。借款企业是直接侵权人,如果没有企业的损害行为,环境损害结果就不会发生。商业银行没有尽到绿色信贷注意义务,客观上资助了企业的环境侵权,商业银行的行为与环境损害之间存在间接原因力,应承担环境损害赔偿责任。商业银行环境损害赔偿责任是法律赋予银行这一特殊金融机构的注意义务在环保领域的法律后果。申言之,商业银行作为金融机构,对于自身信贷行为所引发的环境损害,在一定条件下应当与作为直接侵权行为人的借款人共同承担损害赔偿责任。

商业银行环境损害赔偿责任有别于普通的民事侵权责任,具有特殊性。商业银行作为责任主体其身份具有特殊性,这一责任因其金融中介的身份产生、建立在其金融功能的基础上,不同于银行作为一般社会违反环境保护义务所产生的环境法律责任。在环境损害中,商业银行责任在行为要件上主要以"商业银行—借款人—环境损害后果"的模式出现,责任的成立一般与信贷行为相关,而非基于商业银行在自身运营和物质流通中,直接造成环境损害后果的行为。责任主体的特殊性导致了损害行为的间接性。还必须说明的是,责任法律化的直接结果是对责任内容进行限定,厘清相关概念,明确责任构成要件、范围和责任追究上的法定程序,体现否定性的法律后果,具有强制力。商业银行的环境损害责任虽然源自企业社会责任,但经法律化的路径后具有了强制性,迥异于倡导性规范或法律原则所确立的企业社会责任。

3.2.3 商业银行环境损害赔偿责任的功能

3.2.3.1 环境损害的填补和预防

环境损害具有复杂的发生和作用机制,超出了环境损害当事人和社会公众的认知和控制范围。造成环境损害的行为与人类的生产生活相伴而生,甚至可以说环境损害是人类开发利用自然资源的副产品或必然结果,因此具有一定的阻却道义苛责的现实合理性。环境损害责任的规制重点不仅是对受害主体的人身和财产损失进行救济,而在于对整个生态环境的损害进行预防和补偿。环境侵权行为不仅造成各类损害和危险,也产生一定的利益。侵权行为人往往是直接受益者,以社会视角观之,间接受益的范围更大。环境损害和利益相伴而生,在一定程度上环境损害可视为获益的成本。因此,对环境损害的规制,本身也是对利益和风险的分配机制。

环境责任制度应当以环境损害的合理分配为目标。因为从结果看,侵权行为人往往从环境侵权中直接受益或者是主要的受益者,生态环境本身或大部分社会成员因环境损害而承受损失,即使获益也微乎其微。环境损失的分配范围应在受益的多元主体中进行合理扩张,损失应当在直接获益者和间接获益者中进行分配。如果环境损害的责任机制固守传统侵权法的责任主体范围,必然将部分受益者排除在责任体系以外,这种责任分配机制明显缺乏正当性。综上,环境损害赔偿责任制度本质上是损害分配制度,应当像分配福利一样,遵循分配正义。[130]在实践中,将商业银行纳入环境法律责任主体范围,由更具备赔偿能力的受益主体承担责任,有利于通过金融的媒介作用,将环境风险在市场主体间合理分配。从一般企业或个人扩展到金融企业,不仅因为前者赔偿能力有限、而后者更具备赔偿能力,更重要的是,能将环境风险通过金融杠杆和价格机制在更广泛的市场主体间进行分配,由社会共同体承担环境损害。

商业银行环境损害赔偿责任的重要意义还在于通过金融功能实现对损害的预防。通过设立法律责任督促银行减少对污染企业和项目的信贷支持,发挥金融的杠杆作用实现从源头上降低借款企业实施环境侵权的能力。通过绿色信贷规则将环境因素纳入商业银行金融风险管理,进而促使借款企业避免在经营活动中实施破坏环境的行为,使环境监管成为商业银行信贷风险管理活动的一部分。商业银行在审查贷款过程中的绿色信贷规则传导至借款企业融资过程,将环境保护原则融入企业经营活动,使环境评估或环境审计成为企业融资的常规程序,建立基于环境因素的商业标准。在这一过程中,通过设立环境损害赔偿责任驱使商业银行对借款企业履行环境监管职责,将对环境风险的管理从末端治理延伸为源头治理和全过程管控,最终实现环境损害赔偿责任的风险预防功能。

3.2.3.2 环境损害受害人的救济

环境损害赔偿责任制度的基本功能是保护环境权益,实现对受害人的救济。一般而言,侵权的保护与救济功能有别于物权、人格权等绝对权制度,也不同于债法的其他制度。绝对权制度的保护功能表现为对特定的权利作出直接界定,明确其内容、性质、范围,从而使权利得以实现和保障。侵权责任制度则侧重于对损害的事后救济机制,通过以赔偿损失为主的救济方式使受侵害的权利和法益得以恢复。当然,这也是侵权责任填补损害功能的应有之义。补偿和保护,是一个问题的两个方面。侵权行为法的救济,一方面填补了损害,另一方面保护了权利。侵权行为法正是通过补偿而实现了对民事权利的保护。[131]侵权责任的保护功能也有别于其他债权制度。后者往往通过积极实现权益的方式正面立论,如合同制度旨在通过私法自治的原则保护当事人的信赖利益与期待利益,并保障财产权益的正常流转和交易的安全。而侵权责任制度则强调反面立论,从消极恢复权益入手实现保护与救济功能,进而界定行为的可科责性和权利的受侵害程度等责任要件。在确定环境责任的主体上,不仅应按污染者付费(polluter pays)原则向直接污染者科以责任,还应将环境损害赔偿责任主体即污染者的范围延伸至商业银行,使受益主体共同分担环境利益的保护成本。

如前所述,商业银行环境损害赔偿责任的确立是环境责任社会化的体现。通过环境多元治理结构将商业银行纳入环境法律责任主体范围,实现法律责任的社会化,进一步保障了受害人获得充分救济的可能性。法律责任社会化并非无限制的扩张,其扩张的原则不仅包括必要性、正当性,还必须蕴含可能性,建立合理的边界。[132]商业银行的信贷业务使其成为社会经济系统中的资金源泉,为污染企业提供信贷支持实质上是对环境侵权行为提供资助,这构成商业银行承担环境损害赔偿责任的逻辑起点。一个显而易见的事实是,相比于其他主体,商业银行在赔偿能力方面更具资金优势,具有承担损害赔偿责任的资金能力,并且可以利用金融媒介将其承担的责任在合理范围内进一步分配。如银行可从信贷或其他金融业务中进行环境风险管控,并从金融杠杆和价格机制中实现环境赔偿责任转移或分担。在这一过程中,从特定的、赔偿能力有限的直接侵权人,扩展到社会多元主体,这一责任分担机制有利于对损害进行及时和合理的补救,对受害群体进行救济。在生态环境损害中,商业银行扮演了间接侵害人(污染人)和受益人的角色,正是银行贷款为环境污染项目提供了信贷支持,而银行也从这些授信业务中获益,商业银行环境损害赔偿责任的提出,在环境保护法下符合污染者付费和受益者负担原则,这种对责任主体范围的扩大,本质上是在将环境风险在社会多元主体间进行分配,这也是环境法的社会法属性的应有之义。从侵权法的视角,将商业银行环境责任纳入侵权责任法的调整范围内,有助于发挥对环境利益的保护,以及对受害人的救济。

必须说明的是,环境损害赔偿责任中的受害人并非是指某个具体、特定的人,而是抽象、不特定的社会公众。我国《民法典》采纳了广义的环境侵权责任说,将一般的环境侵权责任与环境损害赔偿责任都包含了进来。但从受害对象和受害法益来讲,环境损害赔偿责任与一般的环境侵权责任并不相同。环境侵权侵害人身、财产等私益,受害人明确具体,就是人身或财产受损的被侵权人。而环境损害赔偿责任则指向生态环境本身。生态环境不属于某一个体所有,而是与不特定多数人有关,具有公共属性,其本质是一种公共利益、整体利益和长远利益。由于环境生态服务功能作用于社会公众,以不特定多数人为服务对象,因此生态环境遭到破坏的后果也是由社会公众来承担。环境损害赔偿责任救济的是生态环境本身受到的损害,以及因环境受损而对人类社会所造成的抽象影响。从这一重意义上讲,环境损害的受害人是全社会乃至全人类,商业银行环境损害赔偿责任的终极价值是通过保护地球生态环境来保障全人类的生存和发展利益。

3.2.3.3 环境多元治理：环境监管责任的转移

从法律经济学的视角考察,环境利益的公共物品属性要求环境规制必须建立在社会共治的基础上,由传统的命令——控制模式走向协商合作模式,建立起政府、市场组织和非政府机构共同参与的环境多元治理结构,通过将更广泛的主体引入环境协商合作中来,保障环境利益和社会整体福利。在环境多元治理中,一方面通过对商业银行科以环境责任,实现环境负外部性的内部化;另一方面,通过环境责任的法律化督促银行在绿色信贷监控管理中实现环境监管功能。这一责任不仅是一种救济机制,还可以起到监督"监督者"的法律规制功能。商业银行环境损害赔偿责任的法律规制功能体现在,通过设立法律责任督促银行减少对污染企业和项目的信贷支持,使环境监管成为商业银行信贷风险管理活动的一部分。在此过程中,商业银行在审查贷款过程中的绿色信贷规则演变为借款企业融资过程的环境保护规则,最终实现环境损害赔偿责任的风险预防和管理功能。

环境责任制度还具有确定行为人的行为边界的功能。通过对行为人科以必要的注意义务,督促其以审慎态度防范风险。在此基础上,再通过环境损害赔偿的责任方式,明确环境侵权的行为代价,从而阻却潜在的环境损害行为,最终实现预防损害的制度功能,从监督"监督者"的角度实现环境风险的源头控制和环境监管的成本效益最优。商业银行作为贷款人,凭借信贷合同被赋予了一定的监管义务,还具备各种财务工具,对借款企业和项目有一定的控制能力,可以一定程度上预防、监控环境损害发生,从源头上防止借款人在经营中实施环境侵权行为。此外,从金融法的视角看,商业银行环境损害赔偿责任的确立还有助于形成法律化的绿色信贷激励与规范机制。可见,在风险社会环境问题日益频发且呈规模化的背景下,由商业银行承担环境法律责任具有特殊的正当性和不可替代的价值功能。

3.3 商业银行责任法律化的法理基础

法律视角下环境责任的法理基础包括环境责任法律化的原则、途径、内容、性质等多重内容。法律是以概念为基石构建的系统性制度。概念是法律思想的基本要素,是将杂乱无章的法律事项进行整理归类的基础。法律化是在法律概念的开放性结构中,通过对核心概念的释义将其指代的对象引入法律的调整范围,进行归纳、抽象、总结,最终用法律结构替代这种开放式结构。

3.3.1 环境责任主体的扩张

近年来生态环境事件频发,但这些事件中的环境损失却未能得到充分填补。究其原因,在于企业的实际赔偿能力不足,以及有限责任制度阻断了环境损害赔偿责任从直接责任人向更多利益相关者传递,银行作为利益相关者事实上被排除出了责任主体范围。在环境损害中,商业银行扮演了间接侵害人和受益人的角色,其提供的银行贷款为环境污染项目提供了信贷支持,而银行也从这些授信业务中获益,最终却因法律制度的缺陷隐身于责任体系之外。商业银行环境损害赔偿责任的提出,在环境法下符合污染者付费和受益者负担原则,这种对责任主体范围的扩大,本质上是在将环境风险在社会多元主体间进行分配,符合环境法的社会法属性。从民法的视角,将商业银行环境责任纳入侵权责任法的调整范围内,有助于发挥对受害人的救济、对环境利益的保护,以及对环境损害的填补和预防功能。

因此,在确定环境损害赔偿责任的主体时,不仅应按污染者付费原则(the Polluter Pays Principle)向直接侵权者科以责任,还应将环境损害赔偿责任主体延伸至商业银行,如美国超级基金法确立的责任主体范围。超级基金法旨在提供清理历史遗留污染物、修复环境的法律框架。为保障清理和修复环境的资金,法案建立了潜在责任人制度,为包括商业银行在内的潜在责任主体设立了严格的、回溯既往的、连带的环境责任,避免由社会承担环境成本。超级基金法上的潜在责任人制度及相关案例为商业银行承担环境损害赔偿责任提供了以侵权法为基础的制度范例,突破了污染者付费的环境法基本原则,实现了在多元主体间合理分配环境风险与损害。

环境责任主体扩张的法律制度设计是通过连带责任的构建完成的。连带责任设计的主要目的是通过加重加害人的责任,加大对受害人的救济力度,保护其赔偿权利。连带责任扩展了责任主体的范围,增加了可赔付财产的总额。必须说明的是,由各侵权行为人承担连带责任也是使权益受害者免受证明责任困扰的权宜之计。面对环境损害结果责任很难区分甚至不可区分的情形,如果要求受害者承担证明责任,对不同侵权人过错程度及责任份额进行一一举证,对受害者而言有失公平。由数个侵权人共同承担连带责任可使受害者减轻甚至免除举证困难之困扰。这一制度与其说是由连带债务性质决定的当然后果,不如说是出于公平原理而进行的特别设计。当然在连带责任中还存在责任人之间的内部分担机制,超过自己应承担份额的赔偿责任人有权就超出部分对其他侵权责任人进行追偿。

3.3.2 社会责任的私法化

作为大众舆论的通用符号和公共政策的切入点,环境被广泛关注,其他政策随环境的改变而变化。商业银行环境损害赔偿责任的提出体现了研究视角的转变,即从个体视角到社会视角、从微观叙事到社会整体利益叙事的转变,是社会责任私法化的结果。商业银行环境责任法律化,使商业银行面临从防范金融风险到推行公共政策的转型,即通过商业银行环境责任的法律化促使其履行环境法律责任,通过设立商业银行环境损害赔偿责任推进绿色信贷法律规制体系的完善。

商业银行环境责任法律规制的关键是确立商业银行环境损害赔

偿责任,通过私法的责任体系将银行纳入环境损害的责任范围,积极应对环境风险。对于一家企业而言,有诸多因素对其环境风险产生影响,其中既包括与企业生产相关的环境要素,也包括与企业组织特征相关的因素,如内部控制方式、信息结构、营利模式等。商业银行作为以营利为目标的私营企业,主要通过提供金融服务以获取利润,追求股东利益的最大化。以企业社会责任为基础的商业银行环境责任缺乏直接的法律效力,没有强制力和惩罚机制,主要表现为企业在道义或伦理方面对社会期待的回应,以自愿为基础,因此往往让位于企业天然的营利追求。市场机制无法充分激励和监督以营利为目标的市场主体主动承担企业社会责任。

环境责任主体多元化是环境多元共治模式的基础,在环境责任领域表现为责任承担主体范围的扩张。传统法学研究认为侵权法是典型的私法,尽管如此,法律的社会功能决定了私法也应积极回应社会的需求,"不为静态的法律与社会生活发生关联,而为变化着的法律回应变动不居的社会"[133],出现法律本位社会化,即法律的立足点和价值取向从个人本位向社会本位转变的一个过程。从私法的社会功能出发对法律关系的主体、性质、运行机制等重新定义,通过侵权责任制度这一私法化路径实现环境责任的社会功能。

传统金融法理论认为,商业银行作为以营利为目的的企业,主要通过提供金融服务以获取利润,追求股东利益的最大化。但是以社会视角检视,商业银行有别于一般的企业,具有一定的公共性。第一,金融产品的公共性决定了商业银行的公共性。商业银行主要经营金融资产和金融负债,其产品表现为货币和货币资本,通过资金融通的方式获取利润。在这一过程中,商业银行的金融利润与金融风险具有高度的正相关性,金融活动本质上也是一种风险管理行为,将金融资产与风险在社会各部门间进行转移和分配。商业银行只有通过科学有效的风险管理才能实现可持续的收益。这一过程必然面临来自利益相关者、市场和社会的约束,从而使作为企业的商业银行具有了公共性。第二,商业银行的公共性还源自金融行业的特殊性。金融业并非完全竞争的自由市场,金融服务具有特许权价值,从这一层意义上讲,开展金融服务的商业银行具有特殊的市场地位。商业银行凭借金融市场的特殊地位从社会获得利益的同时,也应当承担较高水平的社会责任。个体视角下,商业银行不必考虑其金融行为可能对环境造成的间接影响,但社会视角下的商业银行在考虑商业利益的同时也要考虑社会整体利益,以保障社会的良性运行,单纯追求利益最大化可能使得金融资金流向高污染、高耗能企业,环境污染的后果最终由包括商业银行在内的整个社会来承担。要求商业银行承担环境责任正体现了由理性经济人向生态人的转变,社会视角下的责任建立在对个体利益进行一定限制的基础上,以保障群体、社会的公共利益。

3.3.3 环境法的义务本位

一般而言,环境责任的逻辑起点是环境权利和环境义务。法律是由权利、义务、责任等概念共同构建的社会制度。法律义务通常是指主体在实际生活中按法律规则的指引作出或者不作出某种行为的应当性,或者指主体应当采取的某种行为模式,是引起偏离该行为模式的行为者承担法律责任的理由。而法律责任则是由于侵犯法定权利或者违反法定义务而引起的、由专门国家机关认定并归结为法律关系主体的、带有直接强制性的义务,也就是由第一性义务引起的第二性义务。法律责任是法律义务的后果要素,因此,研究环境责任离不开对环境义务和环境权利的考察。

环境法领域存在本位之争,即环境法应遵循义务本位还是权利本位的问题。环境资源有限而人类欲求无限,人们在应对环境危机的实践中逐渐意识到,通过共同体的团结合作来建立良性的环境秩序,才是实现人类整体环境利益的有效途径,正义与秩序是法律制定时的基本目标,也是每个处于自然状态下的、有自由的人选择让渡权利加入社会共同体的最重要原因。解决环境问题最根本的办法是分配义务、建立责任体系,以义务为本位的环境责任立法更有利于实现环境保护的目的。

以义务本位为导向,环境责任的法律化首先强调责任的普遍性,要求所有可能对环境产生影响的主体都承担责任,将环境法律责任在包括商业银行在内的社会主体间进行分配。环境责任法律化应将个体对整体、对环境的义务作为两者关系的主导,强调个体的付出或限制。商业银行承担环境损害赔偿责任是义务本位下环境责任法律化的体现,强调根据整体利益的需要和个体承担责任的能力分配环境义务、建立责任体系。在行为模式上,强调对环境损害的预防;在功能上,突出环境责任的刚性,以环境硬法的形式明确商业银行的环境责任内容,通过法律的强制力保障法律对责任主体行为的否定性评价和制裁,确保震慑价值大于其履行价值。

3.3.4 商业银行的特殊环境义务

商业银行的环境影响力主要是基于其金融机构的身份和金融功能而产生的。商业银行提供了企业借款融资的主要渠道。在涉及环境影响的信贷业务中,其义务首先体现为按照法律及国家产业政策的要求审查贷款企业的环境风险。如前所述,《公司法》和《商业银行法》为商业银行承担环保社会责任作出了原则性、概括性的规定。环保社会责任在一定条件下通过法律化的路径部分转化为商业银行授信业务的绿色信贷义务,或者说,商业银行环境义务主要表现为其开展信贷业务中的绿色信贷义务。商业银行的绿色信贷义务并不完全是法律理性和逻辑建构的产物,就其形成过程而言,更是金融信贷实践经验的产物。从法理层面分析,商业银行绿色信贷义务来源于注意义务。注意义务一般是指行为人基于法律的规定或合同的约定而必须遵守的行为准则,以及按照该准则而采取的合理防范措施。前者指注意义务的确立,即按照交易安全秩序的需要确立某项注意义务;后者指注意义务的违反,即避免风险和损害的可能性,对可预见的风险采取合理的预防措施加以避免。在绿色信贷实践中,这一注意义务被赋予了更丰富的内涵,包括绿色信贷的审查和监督义务,并进一步延伸到环境信息的披露等内容。

除了直接承担绿色信贷义务,商业银行还可能作为贷款人对担保物进行非生产性占有,从而承担安全保障义务。安全保障义务是指在特定情况下,民事主体所承担的通过某种积极行为来保障具有一定关系的当事人的人身和财产安全的义务。[134]一般而言,安全保障义务要求行为人采取积极的行为,规范的是不作为情形下行为人所承担的特殊的侵权责任。一定条件下,商业银行可能因违反安全保障义务而成为特殊的环境侵权人,从而承担环境损害赔偿责任。

安全保障义务最早是德国侵权责任法的概念,其法理依据包括危险控制理论、信赖关系理论和获利理论。[135]根据危险控制理论,安全保障义务人因其从事某种社会活动或控制特定危险物而给社会增加了风险,基于对危险源的认知和控制,安全保障义务人具有不可替代的预见和控制能力,更可能预见到危险并控制风险发生或扩大,因此有义务采取必要措施防止危险发生。根据信赖关系理论,安全保障义务发生在具有特定关系的当事人之间,一方当事人基于这种特定关系对他方当事人产生了合理信赖,相信自己的人身和财产将受到保护。根据获利理论,安全保障义务人在从事某种社会活动或控制特定危险物的过程中获得收益,即物的管理人从物的积极作用中获得了利益,而从危险源中受益的人应当承担环境风险,负有制止危险的义务。由此可见,安全保障义务与义务人对危险源的预防和控制能力、获益情况,以及当事人间的信赖程度有关。

一般情况下,商业银行发放贷款以担保贷款为常态,与借款人的借贷合同关系往往伴随担保关系。当担保贷款到期后,如果借款人未能按时清偿债务,或者出现其他实现抵押权的情形,作为抵押权人的商业银行则可依法取得场所、设施等抵押物的所有权,或者已抵押的自然资源使用权。在对抵押物或已抵押的自然资源使用权进行处置之前,商业银行对担保物进行占有进而成为所有人、经营者或管理者,从而在特定情形下承担安全保障义务。需要澄清的是,这里的安全不局限于人身财产安全,而是将这一概念扩展到了生态环境安全,即强调安全保障义务在环境保护领域的价值功能,从而更好地实现对环境利益的保护、环境风险的预防和分配。

综上,应该扩大承担环境损害赔偿责任的主体范围,对环境风险在更宽泛的范围中,即利益相关者群体中进行合理分配。将商业银行列为责任对象,在法理上符合环境法、侵权法和金融法的基本原则。

4 商业银行绿色信贷的规制路径

当前,绿色信贷是商业银行开展绿色金融、承担环境社会责任的主要方式之一。为防范基于环境因素产生的信贷风险,商业银行在授信业务中对环保、节能、清洁能源、绿色交通、绿色建筑等领域的项目投融资提供优惠信贷服务,并对涉及污染环境、破坏生态的企业和项目进行贷款限制。在商业银行就环境责任形成共识、广泛开展绿色信贷实践的同时,法学界对商业银行环境责任的性质、绿色信贷的业务模式以及责任的法律效果却缺乏深入的研究,从而导致了在立法层面上缺乏对商业银行绿色信贷的有效法律规制。本章主要围绕商业银行绿色信贷的规制路径展开研究。

4.1 我国商业银行绿色信贷法律规制的现状与反思

一般而言,对于危害性行为,法律体系可以通过刑事、行政和民事三种手段加以应对。根据法律规范类型的不同,法律规制可以分为刑法规制、行政法规制和民法规制三种不同的类型。刑法规制是根据刑事法律规范进行的规制,通过罪与罚的制度设计实现规制目标。具体而言,刑法规制以犯罪行为为规制对象,以惩罚犯罪为规制手段,依靠刑事司法机关对实施犯罪的主体施以各类刑罚,实现保护刑事法益的目标。行政法规制是通过实施行政法律规范实现规制目标。传统的规制主要是政府规制,强调行政机关的权力和行政相对人的服从,推崇命令—控制型的行政规制工具。民法规制通过实施民事法律规范进行,主要依靠民事主体在意思自治的基础上开展自主治理,辅以必要的民事诉讼或仲裁制度,来实现保护民事权益的规制功能。在环境法律规制中,分别对应环境刑事责任规制,环境行政责任规制,以及环境民事责任规制。除此之外,在公共治理的语境下,还存在市场主体基于市场机制驱动的自我治理。

4.1.1 我国商业银行绿色信贷法律规制的现状

4.1.1.1 我国刑法中的绿色信贷规制

目前,我国《刑法》中并无涉及商业银行环境刑事责任的直接规则,只能从涉及环境犯罪和金融犯罪的相关规则中寻找依据。《刑法》第六章第六节"破坏环境资源保护罪"明确将单位列为犯罪主体,银行作为单位的一种,理论上可以作为破坏环境资源保护罪规制的对象。在金融犯罪部分中,《刑法》第186条"违法发放贷款罪"规定,银行或者其他金融机构的工作人员违反国家规定发放贷款,数额巨大或者造成重大损失的,处5年以下有期徒刑或者拘役,并处1万元以上10万元以下罚金;数额特别巨大或者造成特别重大损失的,处5年以上有期徒刑,并处2万元以上20万元以下罚金。这一规定明确将银行列为犯罪主体,其中涉及的"国家规定",可以从金融法的各类规范性法律文件中寻找依据。2017年1月,最高人民法院、最高人民检察院共同出台《关于办理环境污染刑事案件适用法律若干问题的解释》,也为我国环境保护刑事司法提供了法律依据。以上是通过法解释学的路径在法律规范中查找的依据和相关推理。尽管如此,由于缺乏刑法的明文规定,以及刑法适用中的谦抑性,目前在司法实践中还没有法院援引上述法律条文追究银行环境刑事责任的先例。

4.1.1.2 我国绿色信贷规制中的行政责任

环境行政责任一般是通过对环境违法主体科以行政处罚的方式

来防止其从违法中获利,即运用行政规制的手段实现法律对于环境违法行为的阻却与禁止。行政执法具有一定的能动性,且行政规制能实现从事前预防到事后制裁的全过程监管,因此成为当前我国绿色信贷法律规制的主要手段。

我国绿色信贷行政责任的法律依据主要是金融法和环境法的各类规范性法律文件。作为中国人民银行制定的专门规范金融机构开展信贷业务的部门规章,《贷款通则》明确提出商业银行不得对生产经营或投资项目未取得环境保护部门许可的借款人发放贷款,并专门针对贷款人违规发放贷款的行为规定了行政法律责任。《绿色信贷指引》《关于构建绿色金融体系的指导意见》《关于落实环保政策法规防范信贷风险的意见》等规范性文件进一步对金融机构的绿色信贷义务进行了细化,规定银行等金融机构应严格对拟授信客户进行环境和社会方面的合规审查,并应根据国家建设项目环境保护管理规定和环境保护部门通报情况,严格贷款审批、发放和监督管理,对未通过环评审批或者环保设施验收的项目、限制和淘汰类新建项目不得提供或新增任何形式的信贷支持。商业银行违反上述规范的行为将会面临责令整改、责令停止开展部分业务、限制资金转移、停止申请新开办业务、罚款等行政处罚。

近年来,银行监管机构逐渐加大了对商业银行违法违规开展绿色信贷业务的行政处罚力度。2018年6月,国家金融监管总局天津监管局(原天津市银保监局)对平安银行股份有限公司下达了行政处罚决定书,针对该行贷前调查不到位、向环保未达标的企业提供融资、贷后管理失职、流动资金贷款被挪用等违法违规事实对其罚款人民币50万元。这是我国首次依据绿色信贷规范性法律文件作出的处罚决定,标志着商业银行所承担的环境行政法律责任由制度走向了实践。2019年3月,天津监管局对天津银行股份有限公司向为未取得相关批准文件的项目提供授信等违法违规行为进行了行政处罚,罚款660万元;2019年5月,天津监管局对天津银行股份有限公司上海分行在信贷业务中未能履行《银行业监督管理法》规定的审慎义务再次进行行政处罚,罚款 100 万元并责令整改。可见,在与绿色信贷相关的行政规制体系中,行政主体是国家金融监管总局(原银行保险监督管理委员会)及其下属部门,行政处罚方式主要为罚款。

此外,中国人民银行还通过评估考核的方式对商业银行的绿色信贷业务进行指导和规范。2021 年 5 月,中国人民银行出台《银行业金融机构绿色金融评价方案》,对包括绿色信贷在内的各项绿色金融业务进行定性和定量考核,设计了包含绿色信贷余额、份额、增量、增速、绿色信贷不良率等多项指标对银行业金融机构进行综合评价。尽管这一考核并非行政执法,但评价结果被纳入央行金融机构评级指标等央行监管政策和审慎监管工具,因此对商业银行的绿色信贷实践依然起到了激励约束的效果。

除了金融法以外,环境法中的各类规范性法律文件也为我国绿色信贷行政责任提供了法律依据,尤其是环境影响评价和环境信息公开等环境监管制度为商业银行履行绿色信贷注意义务提供了必要的信息和技术支持。但总的说来当前的环境执法尚未覆盖金融机构,环境行政处罚的对象主要是直接实施了污染环境或破坏生态环境的行为人,目前还没有环境行政主管部门对金融机构进行环境执法的案例。

4.1.1.3 商业银行绿色信贷规制中的民事责任

民事责任制度是通过民法调整社会关系、进行法律规制的实体法基础。在我国当前的法律体系中,明确提出商业银行环境责任的规定主要体现在《商业银行法》《贷款通则》等金融领域的法律法规中,且其中只是明确了商业银行的环境行政责任,并未直接涉及商业银行的环境民事责任。从不特定主体的角度考察,《民法典》第七编"侵权责任编"明确规定了"环境污染和生态破坏责任",设立了具体的环境民事责任制度。可以说,我国民法体系主要通过环境侵权责任制度实现民法的环境规制功能,关于环境民事责任的规定主要集中于侵权责任法律制度中。在此基础上,环境法与侵权法进行了嫁接,即侵权法设立环境侵权责任的基本框架,环境法再以引致条款的形式进行连接和拓展,最终构建起了民法中的环境侵权责任体系。其中,环境法强调环境责任保护的对象、领域和范围,强调"环境"属性,民法则侧重强调环境民事责任的"侵权"属性,突出责任的性质和规制的手段。但遗憾的是,这些法律法规均未明确将商业银行作为间接参与环境损害的主体纳入其中。

4.1.1.4 市场机制驱动下的自主治理

一直以来,我国商业银行履行环境责任的实践主要是在企业社会责任的维度展开的,本质上属于市场机制驱动下的自主治理。《公司法》第 5 条规定:"公司从事经营活动,必须遵守法律、行政法规,遵守社会公德、商业道德,诚实守信,接受政府和社会公众的监督,承担社会责任。"《商业银行法》第 8 条规定:"商业银行开展业务,应当遵守法律、行政法规的有关规定,不得损害国家利益、社会公共利益。"这两项条款共同确立了商业银行应企业社会责任的基本原则。在此基础上,2009 年中国银行业协会制定《银行业金融机构企业社会责任指引》,其中设专章"环境责任"列出了银行所应承担的环境领域的企业社会责任,建立起了银行业应对环境风险、承担环境责任的行业指引。

面对日益严格的金融监管和环境执法,商业银行环境责任的功能也在发生变化,绿色信贷不仅是我国商业银行承担社会责任的主要方式,也是实现自身可持续发展,防范金融风险和规避法律风险的重要内容。细究商业银行自主承担环境责任的原因,既有源自金融和环保监管约束机制的外部压力,也有催生于市场化价格机制的内在发展动力。目前金融法律法规对商业银行科以直接或间接的环境责任,将环境要素列为信贷业务的审查内容,要求严格审查借款人的资信状况,使应对和规避环境法律风险成为商业银行信贷业务中的重要一环。在实践中,一旦发生大规模环境污染事件,受到波及的授信对象及其融资项目会给贷款银行直接带来信贷风险,由环境污染引起的抵押品贬值会波及贷款银行的信贷资产安全,此外因环境事件导致的社会公众和利益相关者对融资项目的反对、抵制或抗议还会给银行造成声誉和形象的损失。一系列环境风险传导至贷款银行,最终形成信贷业务中的金融风险。从长期看,商业银行在绿色信贷实践中主动承担环境责任,可以提高其作为金融机构在绿色金融中的竞争力,也有助于整个金融行业的可持续发展。最终的理想图景是,在绿色金融监管机制和市场机制的双重约束下,经过商业银行和行业竞争者、借款人、监管机构等的反复博弈,最终形成市场化、多元化的绿色信贷体系。

自2007年浦发银行在国内首开先河、发布企业社会责任报告以来,我国商业银行定期发布企业社会责任成为行业惯例。银行业积极开展绿色金融实践,引入国际金融软法中的环境规则作为绿色信贷的业务指引。赤道原则是商业银行项目融资中的环境与社会问题的国际通行的行业标准。自2008年兴业银行公开承诺采纳赤道原则、成为我国首家"赤道银行"后,截至2023年2月,我国共有7家"赤道银行",除兴业银行以外,江苏银行、湖州银行、重庆农村商业银行、绵阳市商业银行、贵州银行和重庆银行也先后宣布遵守赤道原则。这些实践既是我国银行界开展自律监管、自主治理,用市场力量实现社会和环境目标的新路径,也是商业银行作为社会一般公众和利益相关者参与环境公共治理的重要内容,具有金融法治和环境法治的双重意义。

4.1.2 我国绿色信贷法律规制现状的反思

4.1.2.1 政府主导的环境治理体系亟须改变

当前我国绿色信贷主要依靠行政规制,即行政机关运用行政执法的手段对违法者科以环境行政责任,实现法律对于环境违法行为的制裁。在环境保护领域,由于环境违法不仅对个人权益造成侵害,更危及社会公益,而相比于受害者个体,行政机关更有能力去干预和制止环境违法行为、保护环境公共利益,因此,行政规制成为环境治理的主要方式。行政规制本质上是一种政府主导下的命令—控制型公共治理模式,其优势在于能借助公权力的力量实现对社会公共利益的直接保护,环境执法效率较高,覆盖从事前预防到事后制裁的全过程监管,且具有一定的能动性。

但是,这种命令—控制型公共治理模式以政府为核心分配环境行政权,虽然一定程度上保证了环境执法的效率,但由于缺乏有效的民主决策机制、权力制约机制和信息交流机制,最终不利于构建科学系统的环境治理体系。事实上,在当前我国的环境治理中,虽然环境执法部门和金融监管机构在各自的职权范围内开展行政执法,地方政府在社会和经济发展中进行各类环境决策,但这种政府主导下的环境治理却并不能让公众满意。因为虽然行政机关提供了公共服务,但由于信息的不对称、公众参与的边缘化等原因,治理效果欠佳,有时甚至演变为公共信任危机。行政规制的正当性不仅取决于行政机关实际做了什么,还取决于公众认为行政机关做了什么,是否能满足其社会心理学意义上的正义感和公平感。

党的十九大报告提出,要构建政府为主导、企业为主体、社会组织和公众共同参与的环境治理体系。《生态文明体制改革总体方案》也明确提出:"引导人民群众树立环保意识,完善公众参与制度,保障人民群众依法有序行使环境监督权。"环境治理应从传统的命令—控制模式转变为行政规制、自主治理、公共治理的综合环境治理体系,建立起政府、市场主体和非政府组织共同参与的环境多元治理结构。通过不同主体间的协商对话和公共参与机制,将个体利益诉求和价值偏好融入公共环境治理、促成公共理性,提升环境治理的科学性和合法性。随着绿色金融的发展,商业银行越来越积极地参与到环境公共治理体系中。在不同类型的金融实践中,商业银行的参与方式以及对应的利益相关程度存在差异。一般而言,环境行政执法的行政相对人更为关注环境治理的结果是否侵害其实际利益,或利益补偿是否合理,这类主体通常也是特定环境私益诉讼中适格的诉讼参与人。但由于商业银行主要凭借其金融业务被动地"卷入"特定的环境治理事项,"隐身"在绿色信贷的借款人后,其参与方式具有间接性,很少被认定为环境治理的行政相对人,而更多地被认定为利益相关者甚至一般公众,即利益间接受到环境治理影响、对环境治理具有合理需求的利益相关者,或基于社会责任感参与环境治理的一般公众。绿色信贷法律规制需要对商业银行参与环境治理的角色多样性及其参与需求予以回应。

4.1.2.2 规则体系错位

目前,我国绿色信贷的硬法规制主要围绕银行业金融机构为主体展开,通过构建绿色信贷责任体系不断推动环境责任法律化。但是,在商业银行绿色信贷的硬法规则体系中,存在环境义务和环境责任的错位等问题,制约了绿色信贷的发展。

第一,立法中缺乏明确、具体的商业银行环境义务规定。法律是由权利、义务、责任等概念共同构建的社会制度,法律责任是法律义务的后果要素,认定法律责任首先需要明确主体所承担的法律义务。在商业银行环境责任的问题上,注意义务是责任成立的积极要素。作为责任认定和承担的前提和条件,商业银行违反的审慎注意义务应为法定义务。该注意义务的来源应为法律、行政法规等法律规范性文件,对其义务的规定应当体现在明确且具体的强制性、禁止性条款中。当前的立法中缺乏明确的商业银行环境法律义务规定,缺少认定商业银行环境损害责任的法律义务基础。

《公司法》《商业银行法》《环境保护法》等立法层级较高的民商事法律在商业银行环境义务的问题上仅作出了原则性规定,缺乏明确、具体的义务内容。如前所述,《公司法》第5条原则性规定了企业应承担社会责任,《环境保护法》第6条规定了任何法律主体都应承担环境义务,但上述两个法律条文均出现在总则部分,作为原则性条款在司法实践中从未被援引作为裁判的直接依据,其指向的主体也具有一般性,并不能体现商业银行所应承担的环境义务的特殊性。《商业银行法》虽然还规定了有关贷款和其他业务的基本原则,但同样因为属于原则性条款,不能够据此明确商业银行究竟应以何种方式承担何种程度的环境义务。如第 7 条规定了商业银行发放贷款的审查义务,在第 7 条的原则性规定基础上,商业银行法第 34、35、36 条进一步明确了商业银行履行信贷审查义务的原则、对象和范围。但是,总体来看这些规定比较简单,缺乏具体的义务内容和相应的否定性后果,难以将其作为认定商业银行环境责任的直接义务基础。

除上述原则性规定外,《绿色信贷指引》《关于构建绿色金融体系的指导意见》《关于落实环保政策法规防范信贷风险的意见》等政策文件对金融机构的绿色信贷义务进行了细化,规定了银行等金融机构应严格对拟授信客户进行环境和社会方面的合规审查,并应根据国家建设项目环境保护管理规定和环境保护部门通报情况,严格贷款审批、发放和监督管理,对未通过环评审批或者环保设施验收的项目、限制和淘汰类新建项目不得提供或新增任何形式的信贷支持。这些规范性法律文件为商业银行维护环境公共利益、履行绿色信贷义务提供了一定的理论和制度基础,但从规范层级来看,这些规定主要是倡导性、政策性的规定,法律效力层级较低,缺乏应有的法律强制力,难以作为法律责任的裁判依据。

第二,金融法、环境法和侵权法相关规定错位。在立法层面,我国商业银行的环境责任散见于《民法典》《环境保护法》《环境影响评价法》《贷款通则》《建设项目环境保护管理条例》等法律法规中。不过,这些法律只是明确了商业银行的环境行政责任,没有关于环境民事责任的规定。在环境行政责任的立法中,金融法中关于商业银行环境责任的规定存在内容和效力上的错位。一方面,我国金融法律中有部分法律、政策支持商业银行承担环境责任,但往往以社会责任的形式出现在立法中,且多为原则性、概括性规定。另一方面,现有的金融法律制度中与法律责任相关的内容似乎都与环境无关。此外,国家金融监管总局(原银保监会)出台了大量规范商业银行开展绿色信贷的政策文件,但规范层级较低,而且缺乏法律应有的强制力和权威性。这些规范性文件一般以倡导、指引、指南等形式强调商业银行应当采取相关措施支持绿色产业的发展,推动商业银行开展绿色信贷,履行环境责任;但缺乏对商业银行环境责任履行进行监管的实质性内容。同时,侵权法和环境法中商业银行环境民事责任缺位。法律责任制度是经济法律关系的实体法基础,只有在法律上明确规定环境污染者应当承担的责任,并加大执法力度,企业才会有充足的压力和动力去保护环境、减少污染。目前我国关于环境法律责任的规定主要集中于侵权责任法律体系中的环境侵权制度规范,另外环境保护法以引致条款的形式对环境损害赔偿责任制度进行了进一步丰富和完善。这些都是有法律约束力的硬法规范,但遗憾的是,这些法未明确将商业银行作为间接参与环境损害的主体纳入其中。

4.1.2.3 救济机制不完善

环境责任是绿色金融法治的核心。我国商业银行环境责任经历了责任主体扩大化、绿色信贷制度化、环境责任法律化的过程,目前正处于从金融风险防范到绿色法律规制和公共政策推行的转型。以规制体系检视,我国绿色信贷法律规制既有硬法上的环境责任规制,也有软法上的自主治理、自律监管。但在具体的实践中,当环境损害事件发生后,现行的环境法律责任体系缺乏完善的救济机制,银行业承担环境责任的法律依据不完善。

第一,我国现行刑法中并无涉及商业银行环境刑事责任的直接规则。刑法是法律规制的最后一道防线。由于刑事责任会形成对当事人的人身和财产的侵犯,刑事责任的内容、手段只能以必要为限,确保刑法的谦抑性。这就造成了刑法规制的先天不足,只能起到后盾的作用,作为最后的规制手段。在绿色法治领域,基于刑法的谦抑性,环境刑事制度对适用刑法进行追责的对象、条件等都进行了限制,金融机构往往被排除出环境刑事责任的主体范围。尽管在理论上可以通过法解释学的路径从涉及环境犯罪和金融犯罪的相关规则中寻找依据,但是法无明文规定不为罪,类推解释不适用于刑事司法。在缺乏刑法明文规定的情况下,目前在司法实践中还没有法院追究银行环境刑事责任的先例。由于缺乏刑法的明文规定,目前在司法实践中还没有法院追究银行环境刑事责任的先例。

第二,行政规制是当前我国绿色信贷法律规制的主要手段,行政执法主体是银行保险监督管理委员会及其下属部门,即在行政规制体系内,绿色信贷法律规制被视为金融监管的一部分。因此,绿色信贷法律规制的主要依据金融法中的各类规范性法律文件,其中判断违法违规的依据是《贷款通则》《绿色信贷指引》等金融政策法规,制裁性条款来自《商业银行法》《银行业监督管理法》等规范层级较高的金融硬法。前者规定了商业银行在授信过程中应当履行的具体义务,使金融监管具备明确的规范内容;后者直接赋予了金融监管机构行政执法权,授权其依照规定实施监督,以行政处罚的方式要求违反信贷环保规则的贷款人依法承担行政责任。理论上环境法中的各类规范性法律文件也可作为对商业银行绿色信贷进行规制的法律依据,但在现行环境行政执法的框架内,环境行政处罚的对象主要是直接实施了污染环境或破坏生态的主体,尚未覆盖到金融机构。目前还没有环境行政主管部门对金融机构的绿色信贷业务进行环境执法的案例。

第三,规制手段的不完善集中体现在司法实践中。由于商业银行环境损害赔偿责任制度的缺位,在司法实践中,商业银行在环境损害争议中是隐身的,法院认为提供贷款的商业银行并非适格被告,要求其承担环境损害赔偿责任缺乏请求权基础。尽管各类金融软法提供了有关商业银行环境义务的具体指引,但由于这些规范主要是软法,其设定的义务本质是行业自律组织的非强制性的道德义务,缺乏法律约束力,无法建立统一、明确的标准,仅能起指引、示范的作用,无法作为在司法实践中认定法律责任的裁判依据。

根据责任理论的发展,民事责任的社会化、公共化是现代环境法治的发展趋势。为了规避日益严格的绿色金融监管所带来的法律风险、避免金融功能的无序扩张给社会发展和环境保护造成的破坏,商业银行环境责任的规范模式和实施范式面临转型。

4.2 商业银行绿色信贷法律规制的两种路径

由于银行业的金融功能与环境问题之间的特殊关系,商业银行的绿色信贷实践及其环境责任逐渐成为金融和环境法律规制的重点,出现了软法和硬法两种类型的商业银行环境责任。

4.2.1 赤道原则:商业银行绿色信贷软法责任

从20世纪80年代开始,全球治理成为国际关系中解决全球性议题的新机制。通过国家间的协商一致以及国际性金融机构的合作,以正式和非正式的规制方法建立起了国际协调与合作机制,来解决影响国际政治经济秩序的全球性环境议题。全球治理格局中,在传统的以国家主权为基础的"命令—控制"型治理工具之外,软法这种非传统工具逐渐兴起,成为全球治理机制中的重要内容。一般而言,软法是指没有法律约束力但在实践中以自愿履行为基础、具有实际效力的规范,不具有任何约束力或者约束力比传统的法律即所谓硬法要弱的准法律性文件,国际组织和国际会议的决议、决定、宣言、建议和标准等绝大多数都属于这一范畴。

4.2.1.1 商业银行环境软法责任的内容

全球环境治理是全球治理的重要内容,或者说全球环境治理是全球治理在环境领域的子概念。在全球环境治理的体系中,金融行业是重要参与者,根据银行环境责任的价值目标和责任方式逐渐形成了各类软法规范。软法在银行环境责任形成的初期起着凝聚共识、探索路径的重要作用。按照主体、内容的不同,关于商业银行环境责任的软法

4 商业银行绿色信贷的规制路径

大致分为两类:政府间国际组织制定或发布的决议、宣言和银行业组织制定的行业准则、指南。

第一,政府间国际组织的决议、宣言类软法及其环境责任。

在有关商业银行环境责任的软法中,存在大量由政府间国际组织和机构制定、发布的不具有法律约束力的文件,如各类决议、宣言、声明等。在全球环境治理中,因为超国家立法和执法机构的缺位,国际组织、各国政府通过协商与合作来解决环境议题成为治理的首要方式,在全球环境治理中出现了大量宣言、决议类的软法规则。

1972年,斯德哥尔摩世界环境大会达成了可持续发展的共识,使环境议题超越环境法律框架,向国际贸易、金融等法律领域延伸。1992年,在联合国世界环境与发展大会上,各国代表制定和通过了《里约宣言》和《21世纪议程》,将环境、经济和社会事务纳入单一政策框架之内,提出各国在经济发展过程中必须提高金融领域可持续发展的能力。随后,联合国环境规划署与世界主要银行等金融机构成立了金融自律组织,召集金融机构在环境保护和可持续发展议题上进行对话和交流。金融自律组织将可持续发展理念引入银行的日常经营中,鼓励银行向环境友好型的技术和服务投资,达到经济、环境和社会的可持续发展。1992年,联合国环境规划署发布了《银行界关于环境可持续发展的声明》,提出环境保护与可持续发展是政府、商业组织以及个人共同的责任,强调银行应和政府部门及其他组织,在市场机制的框架下,朝着共同的环境目标合作。1997年5月,在联合国环境规划署的积极倡导和推动下,金融自律组织《关于环境和可持续发展的声明》发布,承诺金融机构认同可持续发展原则,将与政府、企业和个人在市场机制下为了环境目标加强合作。2016年9月在G20杭州峰会上,绿色金融成为重要议题。《G20绿色金融综合报告》提出将环境因素纳入银行经营管理框架和为绿色投资提供信贷这两条发展主线,进一步推广赤道原则,就绿色金融议题进行了广泛的讨论。上述软法规范主要以宣示的形式确立了银行承担环境责任的目标和基本原则,起到了凝聚共识的重要作用。

第二,银行业组织制定的行业准则、指南类软法及其环境责任。

第二类关于商业银行环境责任的软法规范是主要银行业组织制定的行业准则,以赤道原则为代表。赤道原则以国际金融公司和世界银行的政策和指南为基础,由世界主要银行业金融机构制定,历经三次修订逐渐成为银行业普遍认可的在项目融资中识别、评估和管理环境社会风险的业务指南。赤道原则的主要内容是要求商业银行在进行项目融资过程中就环境和社会影响开展综合评估,督促银行利用金融工具在环境保护和社会发展方面发挥更大的作用。赤道原则来自银行践行企业社会责任的压力。20世纪80年代以来,生态环境恶化、自然资源破坏等环境社会问题引起了非政府组织对银行项目融资的关注,社会的抗议浪潮甚至使银行业务面临合法化危机。2003年6月,荷兰银行、巴克莱银行、花旗银行等10家国际领先的大型跨国商业银行在华盛顿的国际金融公司总部正式宣布实行赤道原则,为项目融资中的环境与社会问题确立了行业标准。在这些行业领导者的引导和示范下,越来越多的商业银行宣布遵守赤道原则,经过数十年的发展已经有来自38个国家的共计101家商业成为赤道银行,其项目融资额约占全球项目融资总额的80%以上。从性质上看,赤道原则是典型的软法,是一种由商业银行自主制定并在本行业自愿实施的自我规制型的规范。这种软法尽管不具有强制性的约束力,但仍然可以作为禁止反言的消极条款(negative covenants),基于赤道银行所作出的承诺实现其功能。尽管在金融业务中银行有充分的决策权,但依据其公开承诺,银行有基于诚信的义务,"不从事与这些承诺所表述的价值或规范背道而驰或自相矛盾的行为",[136] 从而对作出承诺的赤道银行形成软法之治。

4.2.1.2 商业银行环境软法责任的功能

通过国际组织以及银行业的努力,在商业银行环境责任这一问题

上已经形成了部分软法规范。其意义和作用体现在以下三个方面:

第一,确立了商业银行应该承担环境责任的共识。各类国际组织的决议、宣言以协商为基础,具有鲜明的合意性和契约性。经过几十年的发展,在联合国及各类国际组织、非政府组织的积极倡导和推动下,通过 G20 峰会、世界环境大会、巴黎气候会议等国际协商与合作平台,在全球环境治理中形成了《里约宣言》《21 世纪议程》等一系列软法规范。这些软法规范逐步确立了可持续发展、绿色金融等理念,使社会尤其是银行业在商业银行应该承担环境责任这一问题上达成了共识。

第二,对商业银行环境责任的内容和途径进行了积极探索。软法可以成为一种技术性手段,在某一问题存在不确定性,或者需要社会作出快速反应时制定应急性的规则,其开发的结构还为未来规则的修改和完善提供了灵活空间。商业银行的金融业务具有较强的专业性,涉及绿色金融的规则更为复杂多变。以赤道原则为代表的行业规范,从银行业的角度回应了社会对商业银行承担环境责任的期待,对项目融资中银行承担环境责任的具体内容进行了积极探索。这类行业指南、准则类型的软法有利于节约立法成本,提高接受和执行的效率,内容更具调整的弹性,机制更为灵活多变,这在一定程度上弥补了商业银行环境责任强制性规定的缺位,体现了环境责任领域的多元治理结构。此外,这种柔性的软法治理不涉及主权的问题,更易被不同的国家与组织接受。

第三,具有一定的过渡作用。有国际法学者将软法的演变归结为几个方向:转化为国际条约、国内法,或者成为后续合作的框架和制定更具体软法规范的基础。[137] 由此可见,软法具有一定的过渡和中转意义。但是,在商业银行环境责任领域,国际金融软法转为传统国际条约存在较大障碍。商业银行环境问题具有较强的专业性、技术性,制订国际法规则将面临较高的协商成本,无论是国际公约、多边条约还是双边条约,都要耗费大量的缔约成本;而在涉及环境问题的金融领域还缺乏有效的执行和救济机制,缔约成本高而执行效果不佳。涉及商业银行环境责任的软法规范更可能向国内法转变。

4.2.1.3 商业银行环境软法责任的局限性

如前所述,商业银行环境软法一定程度上回应了全球环境治理的需求,发挥了柔性治理的作用。但是,这种建立在软法基础上的商业银行环境责任有其致命的缺陷。

第一,法律效力缺陷。软法基础上的环境责任本质上是一种企业社会责任。以赤道原则为例,其制定的过程表现为以商业银行为主的各类主体的互动(协商、博弈、妥协、合作),最终得到银行业尤其是一些具有行业领导地位的银行的普遍认可和支持。从规则的制定角度讲,这种软法责任诞生在协商一致的基础上,其执行也只能通过个体的自愿履行和群体的有效互动来实现,没有法律约束力进行保障。从救济的视角考察,这种环境责任强调在环境损害结果出现前、项目融资过程中商业银行如何防控环境风险,而对环境损害出现后商业银行承担何种责任、如何填补损失、如何损害赔偿等救济内容则在所不问。在严峻的环境挑战面前,这种以协商合作、自愿履行为特征的软法责任是软弱无力的。

第二,正当性问题,即商业银行环境软法的制定机构和制定机制存在透明度和代表性的缺陷。以赤道原则为代表的商业银行环境软法与一般的硬法立法程序相比,其决策程序和制定过程往往不够清晰和透明;更为严重的是,制定规则的主体本身也是被科以责任的主体,即自己为自己立法,软法的制定和实施实质上是银行业将本行业的内部规则输出给全社会,站在行业立场、强调行业利益,难以保障公正地增进全社会福利。最终,制定软法的过程可能沦为商业银行俱乐部自娱自乐的内部游戏,难以获得社会公众的认可;或者虽然保持组织层面的开放性,但却实际上受制于核心的行业领导者。这必然导致对软法正当性的质疑,这种质疑会反过来削弱对软法规则的遵守,形成恶性循环。

第三,内容缺陷。以赤道原则为代表的商业银行环境软法责任由商业银行根据其开展绿色金融业务的经验与银行界从业者协商而成。赤道原则以国际金融公司(IFC)的内部规则《社会与环境可持续政策与绩效标准》为蓝本,再经过商业银行的反复讨论并与非政府组织等协商后制定的。其内容与其说是一种法律责任,毋宁说是一种开展绿色金融的业务模式,建立在行业经验的基础上,缺乏法律逻辑。此外,软法的制定是国际金融公司、商业银行、非政府组织等各方主体反复协商的过程,也是各方利益主体博弈和妥协的过程。最终对责任的主体、原则、承担方式等内容都缺乏必要的理性建构。

因此,有必要建立新的责任体系,通过环境责任的法律化使商业银行承担具有约束力、可救济的法律责任,将商业银行环境责任置于法律体系中进行规范化讨论,从而真正实现环境责任的价值功能。在商业银行环境责任法律化的问题上,更宜选择硬法规制的传统法律路径。

4.2.2 美国超级基金法:商业银行绿色信贷的硬法规制路径

传统的民商法律制度建立在意思自治和契约自由的基础上。当这些民商事法律基本原则适用于金融借贷法律关系中时,就形成了环境保护诉求与民商事法律原则的张力,金融借贷关系的私法属性与环境利益的社会属性需要平衡和协调。在严峻的环境危机面前,法律体系对金融机构的社会功能与责任进行了重构。环境法突破了传统民商法的责任体系,在环境硬法中形成了法律化的商业银行环境责任,其典型代表是美国超级基金法中的商业银行环境损害赔偿责任。超级基金法确立的商业银行环境责任既回应了治理环境污染的现实要求,也创新了商业银行环境责任的法律表达。

4.2.2.1 美国超级基金法下商业银行环境责任的发展

美国是世界上最早就商业银行环境责任专门进行硬法规制的国家。

这一法律制度产生的背景为 20 世纪美国工业化进程中出现的严重环境问题。为回应社会呼声,美国国会于 1980 年通过了《综合环境反应、赔偿与责任法》(Comprehensive Environmental Response, Compensation, and Liability Act)。这一法案是国会针对危险物质处置过程中引起的场地污染和自然资源损害问题所进行的联邦层面的环境立法,旨在推动污染场地的清理和自然资源的恢复,并向可能的责任人进行追偿。《综合环境反应、赔偿与责任法》中设立了专门的信托基金、资金来源为石油、化工产业税收和联邦政府拨款,授权环境保护署用基金支付清理受污染场地的费用。法案的出台对污染场地的治理起到了一定的效果,尤其是超级基金和潜在责任人的制度设计,为环境资源的清理和修复提供了资金保障。但是,由于超级基金法制定过程较为仓促,内容呈现出典型的危机应对特征。随着时间的推移,超级基金法本身的局限性也逐渐显露出来。为了使超级基金法得到更高效的运行,美国国会又对法案进行了数次修订,还新增了相关立法,包括 1986 年《超级基金修正案和再授权法》、1990 年《综合预算调整法案》、1996 年《资产维持、贷款人责任和存款保险保护法》、1999 年《超级基金回收平衡法》和 2002 年《小企业责任救济和棕色地块振兴法案》等。商业银行环境责任制度除了集中体现在超级基金法以外,还散见于《水清洁法》等环境单行法,《纳税人减税法》《恢复与再投资法》等财政法案,以及美国环保署制定的《贷款人责任规则》等相关规定中。制定法和在司法实践中形成的判例法,共同使超级基金法创立的环境责任制度不断趋向完善。

美国超级基金法的主体构架由四项机制构成,即针对异常危险活动的应急反应机制,环境损害后的修复机制和基金制度,建立在环境干预主义立场上、体现分权制衡思想的行政授权和监督机制,以及基于侵权责任制度框架建立的严格、回溯、连带的环境责任及配套的惩罚机制。1980 年通过的《综合环境反应、赔偿与责任法》以污染者付费原则为基础,建立起了侵权法上的损害赔偿责任制度。这一制度将环境责任主体设定为潜在责任人。超级基金法设立严格责任的原因在于,异常危险活动可能对生态环境和社会生活造成重大风险,为保障公平正义应该对责任主体进行扩张,由与危险活动相关的所有者、经营者等潜在责任人承担环境损害成本,而不是由政府或社会公众承担责任。根据潜在责任人的标准,商业银行作为贷款人存在参与污染设施或场地的管理或其他特定情形,被视作所有者和经营者,从而被认定为潜在责任人,纳入环境责任的主体范围,潜在责任人责任延伸为商业银行的环境法律责任。除了国会的立法以外,美国法院在司法实践中也支持向潜在责任人追责。在1986年的马里兰银行案中,美国法院以污染企业的厂房为银行的抵押品为由判定马里兰银行应当承担清理污染土地的责任,从而以司法判例的形式确立了商业银行的环境法律责任。

美国国会于1996年制定《资产维持、贷款人责任和存款保险保护法》,对商业银行环境法律责任的内容进行了进一步限定,设定了"安全港条款"(Safe Harbor Provision),将参与管理的事实列为商业银行承担环境法律责任的要件。为了促进棕地开发,美国国会于2002年制定了《小企业责任救济与棕地再生法》,进一步为污染财产的所有者减轻责任。至此,几经修订后,超级基金法逐步确立了明确具体和较为稳定的商业银行环境法律责任框架,降低了责任的不确定性,为商业银行提供可预期的行为指引。

回顾超级基金法的立法历程,尽管法案制定之初具有应急性,潜在责任人等规定不严谨,且修订过程中由于银行集团的游说,责任标准从严苛逐步走向宽松,但是瑕不掩瑜,美国超级基金法依然不失为有参考价值的环境硬法。它第一次建立起了有法律约束力的贷款人环境责任,通过侵权法的归责原则建立起了明确的责任标准,将商业银行等金融机构纳入环境损害赔偿责任的法律框架中来。

4.2.2.2 超级基金法下环境治理的规则模式

相比于软法,硬法的优势在于其规则体系中具有确定的权利义务结构和明确的法律后果,从而具有更高的确定性、约束力和可预期性。环境责任法律化的意义在于使商业银行承担具有约束力、可救济的法律责任,将商业银行环境责任置于法律体系中进行规范化,从而真正实现其价值功能。检视以美国超级基金法为代表的域外环境硬法,其商业银行环境责任法律化的结果是最终确立了商业银行环境损害赔偿责任。申言之,美国超级基金法的环境责任立法思路是以责任主体为中心进行立法规制,扩大责任主体范围,确保环境责任最终能追诉至具体的私人主体。

商业银行环境责任的法律规制是一个横跨环境法、金融法和侵权责任法的综合性法律问题。对应地,在立法体例的选择上,理论上就存在环境法、金融法和侵权责任法几种不同的切入点。美国未采用纯粹的金融法角度为商业银行环境责任制定专门性法律,而是在环境法中对商业银行环境法律责任进行规制。美国立法在以超级基金法为主的环境单行法中按照侵权责任制度框架设立了更为明确具体的商业银行环境责任,并辅以必要的行政规制手段实现环境治理的目标。

在按照超级基金法进行环境治理的过程中,政府也扮演了重要角色。执行超级基金项目的主要政府机构是美国环保署。当出现异常危险活动或重大环境风险时,环保署对环境事件迅速作出反应,要求责任人开展清理活动或一定条件下直接开展清理,单独进行处置或联合其他联邦机构开展环境治理合作。在这一过程中,环保署被授予了较为宽泛的行政权,包括调查案件、收集环境信息、签发行政命令、申请法院禁令,以及在政府实施反应行动之后向潜在责任人追偿相关反应费用等。超级基金法案件可能在行政程序中就得以解决,也可能进入司法程序。如果是后者,就需要美国司法部的加入。也就是说,环保署作出通过诉讼向责任人追偿的决定后,将案件移交司法部,最终由司法部代表联邦政府提起追偿之诉。向潜在责任人追偿的具体费用包括反应活动费用、自然资源损害赔偿以及公众健康评估费用等。必须说明的是,追偿范围不包括私人主体因环境污染而遭受的财产或人身方面的损害,因为这属于传统的民事侵权之诉的范围。为了提高环境行政规制的反应速度、防止潜在责任人通过诉讼的形式拖延清理行动,超级基金法还规定了不受司法审查的情形,即行政机关有权对不符合轻微违法豁免或者免责的情形进行认定并处罚,并有权决定与潜在责任人和解。为防止行政规制被滥用,超级基金法还对环保署的权力进行了限制和制衡,如国会通过行使立法权对行政权进行控制,通过行使向基金拨款的财政权来影响超级基金项目的执行,要求环保署定期向国会提交报告等。此外,法院还有权对超级基金项目进行司法审查,社会公众也有权对行政活动进行监督,以确保政府行政执法权不被滥用。

在1980年超级基金法首创潜在责任人制度之后,由于受到工商业和银行业的反对,后续的修正案和司法判例对责任主体的范围有所限制,增设了相应的抗辩事由和减责、免责条件,认定责任主体所要满足的条件逐渐增多,责任机制从严格趋向缓和。除此之外,为提高行政效率、降低诉讼成本,后续立法还不断简化对污染场地和污染物质的处置程序,设定了统一的清理和修复标准,进一步减少了制度成本;同时加大了州政府在污染处置和责任追偿程序中的参与度,通过促进社区参与等方式增强公众在环境治理中的作用。20世纪90年代中期,因未能争取到国会授权,信托基金的资金来源一度减少,基金项目的执行近乎停滞。之后美国政府加强了对于棕色地块的开发,国会还通过了《恢复与再投资法》等法案,授权环保署继续将大量资金投入场地修复,并提高政府财政拨款比例,增加相关税收,创新资金投融资机制,维持和扩大超级基金规模。

超级基金法通过潜在责任人制度明确了商业银行环境责任成立的法律逻辑。法案问世已有四十余年,其确立的责任制度取得了有目共睹的成效,带来了巨大的社会效益。超级基金法对生态环境和自然资源损害采取"环境行政执法+侵权损害赔偿"的救济方式,作为具有法律约束力的硬法,与硬法相配套的一系列法律救济机制为超级基金法提供了有效的救济途径。超级基金法采取的是环境侵权救济路径而非单一的行政规制路径。这种严格的环境责任机制和明确的反应费用追偿机制突破了环境法的责任体系和规制模式,成为四十年来美国环境公共治理中最有力的法律政策工具,不仅对美国的环境法律政策产生了深刻的影响,也对其他国家的环境立法产生了示范效应。

4.3 比较分析与路径选择

4.3.1 两种路径的比较分析

以赤道原则为代表的软法和以美国超级基金法为代表的硬法是两种典型的法律规制路径。在环境治理中,这两种路径具有共同点:都强调制度在环境治理中的作用和重要性,都从外部性出发进行制度设计。不过两种路径更多的是不同点,代表的是两种不同的环境治理思路。

以赤道原则为代表的软法规制路径,其经济学基础是自主治理理论。这一理论认为,人们在一定条件下能够为了集体利益而自发组织起来采取集体行动。[138]自主治理理论的代表人物,2009年诺贝尔经济学奖获得者奥斯特罗姆提出,传统治理理论的缺陷在于过分强调了政府作为外部治理者的作用。政府主导的环境治理模式无法解决资源退化问题,甚至有些政府的政策还加速了资源系统的恶化。面对环境治理危机,我们应该更加关注资源使用者自主组织的治理模式,即资源使用者通过自我组织、自主治理更有效地使用资源。这一理论为环境治理提供了第三条道路,即环境政策的制定应该从政府、社群和资源使用者的相互补充与合作中去进行定位,通过不同主体的互动确定政策边界和开展制度创新。根据奥斯特罗姆的自主治理理论,集体行动需要解决三个问题:制度供给问题,承诺信任问题,以及相互监督问题。即谁基于何种动机来设计制度,制度如何通过集体行动得以施行,以及自治组织如何实现相互监督。在环境治理领域,自主治理理论的论证重点在于行为导向和动态调整。行为导向问题是指通过采取鼓励、支持、推动、示范等多种措施改变参与者的行为和态度,使其形成有利于环境保护的偏好和行为模式。动态调整则是在实施环境治理的过程中,环境政策随着主体的行为变化而进行调整。除了有限度的经济激励和惩罚措施外,自主治理还着眼于制定提高个人行动可能性、提升公众参与度的措施,并通过发挥行业领导者的示范作用推行这些措施。

以美国超级基金法为代表的硬法规制主要体现了环境干预主义立场。环境干预主义学派认为,基于环境的外部性,政府干预是必要的;在干预的方式上,主要通过立法的手段来保护环境。[139] 一般认为,环境干预主义是"命令—控制"型政策工具的理论基础。"命令—控制"型政策工具强调政府作为公民的代理人选择法律或政策的形式制定环境质量标准,通过法规或禁令等硬法规制手段来限制危害环境的活动,对违反者进行必要的法律制裁。

对于环境治理,环境干预主义强调政府对于环境风险的管理具有统一融贯的知识,能够将外部性内在化。用国家干预的方法开展环境治理,建立在以下假设的基础上:政府是有效的,并且有能力找到解决环境问题的办法,因此应该以政府为主导通过行政命令及相关的政策实现环境治理。[140] 其典型代表是政府制定的各类环境标准。对于环境问题所带来的外部性,自主治理则从制度供给、可信承诺及相互监督等入手使其内部化。传统的政府治理模式无法解决资源退化问题,而资源使用者自主治理能解决这个问题。

可以看出,环境干预主义学派侧重于从法律层面进行制度设计,自愿环境行为学派则是从协议入手,主要依靠企业内生性的自律机制辅以外源型的监管,最终形成相应的制度合力。从实施环境治理的手段及绩效来看,从单一的行政管制向多元治理转变是一种必然趋势。前者强调政府的作用,企业消极应对环境风险,后者激励多元主体尤其是企业积极主动地采取保护环境行动。这种变化不仅预示着一种理论研究方向的转变,而且还涉及环境治理政策和发展思路的转变。尤其是从环境规制对企业造成负面影响的认识,转变为环境规制与企业技术创新和提升竞争力并不矛盾的认识,是企业发展领域的一场重大变革。因此,公共政策制定应该从政府、社群和资源使用者的相互补充与合作中去寻找自身的定位,确定政策边界和制度创新。不同的规制路径并不是相互排斥的,而是相互补充的,应根据不同情况、不同条件,分别采取不同的机制。

4.3.2 我国商业银行绿色信贷法律规制的路径选择

商业银行是环境责任法律规制的特殊对象。将商业银行纳入主体范围,对环境责任主体进行适度扩张,不仅是对救济机制的完善,还可以起到监督"监督者"的法律规制功能,降低政府监管和社会监督降低成本、提高绿色信贷法律规制的效率。

商业银行绿色信贷法律规制应通过民法、金融法、环境法的协动的路径展开,通过金融法律规制实现环境议题上的多元主体自主治理,其基础是建立一个法律化的责任体系。我国商业银行绿色信贷的法律规制首先应遵循环境责任法律化的路径,通过建立商业银行环境损害赔偿责任推动绿色金融法治体系的完善。商业银行作为金融机构具有的公共性、金融服务的特殊性决定了商业银行在环境损害中承担特殊的义务,这种义务源于金融企业社会责任,表现为绿色信贷义务。绿色信贷义务是商业银行绿色信贷法律规制的法理基础。即商业银行对借款人的资质、偿还能力、信用状况、借款用途、项目的环境风险等应该有注意义务和预见能力,应该对借款人的行为进行信贷管理,对贷款可能产生的损害后果有所预见。当商业银行未能履行绿色信贷义务发放贷款,借款人作为直接行为人使用贷款造成环境损害,就构成了侵权法上的客观意思联络,形成有意思联络情况下的共同侵权。商业银行的借贷与借款企业所造成的环境损害结合在一起,共同造成了环境侵权的发生。借款企业是直接侵权人,商业银行没有尽到绿色信贷注意义务,客观上资助了企业的环境损害,商业银行的行为与环境损害之间存在间接原因力,商业银行应与借款人承担连带责任。商业银行的特殊性还体现在其参与环境侵权事件中的复合型结构,即由商业银行的金融信贷业务和直接行为人的环境损害行为叠加而成,商业银行的环境责任是间接责任。这种特性一方面决定了对商业银行绿色信贷进行法律规制具有正当性,同时也在一定程度上决定了其环境责任的内涵、性质、范围以及法律规制的路径选择具有特殊性。如前所述,以美国超级基金法为代表的域外环境硬法为研究商业银行环境责任的法律化基础提供了研究样本。对其中的商业银行环境法律责任成立条件、性质、救济机制等进行规范化考察可以发现,通过侵权法上的环境损害赔偿责任对商业银行的环境责任进行法律规制是较为可行的法律化路径。

环境法治正在经历从行政监管到自主治理、公共治理的转型。我国商业银行绿色信贷法律规制还应在充分发挥金融市场作用机制的前提下,以推动金融机构自主治理为中心不断完善绿色金融法治体系。超级基金法的商业银行环境法律责任实质上是一种特殊的环境损害赔偿责任。在救济机制上,超级基金法作为具有法律约束力的硬法,配套的传统法律解决机制为超级基金法商业银行环境责任的法律后果提供了有效的救济途径。超级基金法采取的是环境侵权救济路径而非传统的行政规制路径,这一环境侵权救济机制为商业银行环境责任的法律化提供了一个参考范式。可借鉴美国超级基金法对商业银行绿色信贷进行硬法规制,通过民事侵权责任的路径建立有限度的商业银行环境损害赔偿责任。具体方式上,可通过将环境、金融的监管内容以违法性要件的形式渗透入侵权法,再结合侵权法中的责任性规则构建商业银行环境责任制度,实现民法规则和环境监管、金融监管的兼容。商业银行绿色信贷法律规制的具体规则应秉承适度性原则,在两个问题上保持平衡。一方面,督促商业银行在环境保护方面发挥作用,通过环境责任制度激励商业银行在贷款前对可能的债务人进行环境风险调查,将是否遵守环境标准作为继续向其提供资金支持的前提条件,并督促银行对债务人的危险物处置和环境政策进行充分监管。另一方面,商业银行本身并非环境监管部门,商业银行提供贷款的行为属于金融业务,客观上并不具备对借款企业的环境资质进行充分审查的能力,超出正常范围的绿色信贷注意义务无疑将加重商业银行的贷款成本。这不仅对商业银行有失公允,还会产生反向效应,反而使商业银行在授信问题上过于保守,因高昂的贷款成本和可能产生的环境责任风险而拒绝为企业提供贷款,不利于企业融资和经济发展。有鉴于此,商业银行绿色信贷的法律规制应控制在合理范围内,防止过严的责任制度形成反向激励,商业银行责任范围应以公共环境利益、环境信息的披露范围以及商业银行的信贷管理能力为限。

5 商业银行绿色信贷法律规制的国际经验及启示

近些年来,绿色金融在全球方兴未艾,金融可持续发展与环境、社会治理问题已成为一个不可忽视的新趋势。各国在绿色金融法治方面积累了丰富的经验,值得我们借鉴。

5.1 商业银行绿色信贷的域外实践与启示

5.1.1 域外绿色信贷的发展历程

绿色信贷的发展历史,可以追溯到20世纪70年代。1974年联邦德国成立了政策性环保银行生态银行,专门负责为环境项目提供优惠贷款。20世纪90年代,美国金融业推出各类绿色金融工具和绿色金融评价标准,金融创新与环境因素开始融合。2003年6月,赤道原则横空出世,创建了金融机构提供融资时应考虑环境因素的国际金融行业基准。此后,绿色信贷在全球蓬勃发展。截至2020年9月,全球有38个国家共110家金融机构接受赤道原则。

绿色信贷的发展始终与可持续发展理念交织在一起。自1987年世界环境与发展委员会确立了可持续发展的理念,人们的绿色意识不断增强,并开始以可持续发展的标准审视经济活动。可持续发展可以左右投资收益,金融投资也可以反过来影响可持续发展,促进可持续发展的金融投资被称为可持续金融。2000年,绿色金融被《美国传统词典》(第四版)定义为环境金融(environmental finance)或可持续融资(sustainable financing)。2015年9月,联合国可持续发展峰会正式通过17个可持续发展目标(sustainable development goals,SDGs),进一步推动全球经济向绿色可持续转型,解决社会、经济和环境三个维度的发展问题。

随着资本市场交易活动和金融工具更多地植入环境治理因素,发达国家的环境治理投资理念带动其他国家在绿色信贷等领域的发展,共同推进可持续发展目标的实现。根据全球可持续投资联盟2018年度趋势报告,全球共有30.68万亿美元可持续投资,这些投资在资产组合和管理模式中嵌入了环境治理因素。施罗德集团(Schroder Group)2019年全球投资者研究结果显示,全球75%的投资者认为环境治理在未来五年投资决策中将扮演更加重要的角色。随着人工智能和大数据的广泛应用,环境治理投资面临的数据难题也将逐步被突破,环境治理有望成为推进可持续金融的主战场。

为了鼓励投资机构将企业在环境保护、社会责任和公司治理等方面的表现纳入投资决策中,推动责任投资理念的推广和实践,联合国前秘书长科菲·安南于2006年牵头发起创建负责任投资原则(principles for responsible investment,PRI),其宗旨是认识环境、社会和治理问题对投资的影响,并支持签署方将环境治理问题纳入投资和所有权决策,帮助投资者更好地实现风险管理,提高资本市场、经济个体乃至社会整体的可持续性发展质量及长期投资回报。这类投资也常被称作环境治理投资。PRI具有强大的国际影响力和号召力,截至目前,全球已有超过2 900家机构签署了PRI六项原则,共计管理约90万亿美元的资产。

在过去十年中,绿色金融产品在其品类、数量和资产规模等方面都有大幅度增加。根据联合国贸易和发展组织《2020年世界投资报告》的分类统计,全球环境治理类投资或与SDGs直接关联的投资规模在1.2万亿~1.3万亿美元,其中包括绿色债券近2 600亿美元,可持续发展主题权益基金约9 000亿美元;与可持续发展相关的责任投资规模达到29万亿美元。全球交易绿色债券最多的20家证券交易所中,中国上海证券交易所位列第18名;全球3 100家可持续基金中,中国有95家,2019年资产管理规模达到7亿美元。

5.1.2 域外实践的主要特点

近几十年来,各国在绿色金融实践中积累了丰富的经验,值得我们借鉴。

5.1.2.1 推动绿色金融法律建设

美国在绿色金融领域起步虽晚,但注重运用法律制度的强制力促进绿色金融的发展,保证绿色金融有法可依。自20世纪70年代至今,美国联邦政府先后颁布了26部环保法律,绿色金融理念在这一系列环保法律中不断得到体现和强化。1936年颁布的《公共汽车尾气控制法》可以说是美国绿色金融理念付诸法律实践的最初表现。1970年颁布的《国家环境政策法》作为环保基本立法,突出体现了可持续发展理念。而1970年和1972年分别实施的《清洁空气法》和《清洁水法》两部法律,加强了对空气和水资源的立法保护,其中涉及的金融机构环境责任内容是绿色金融立法的具体实践。1980年,美国的超级基金法案要求企业必须为其引起的环境污染承担责任,贷款银行也负有法案中规定的净化责任,法案直接催生了绿色信贷和绿色保险制度,是美国绿色金融立法发展的里程碑。

5.1.2.2 制定绿色金融具体发展战略

英国是全球领先的绿色金融中心,英国政府、公共智库、学术机构、非政府组织在绿色金融政策研究方面全球领先,曾出台多项全球第一的激励和监管政策。2019年7月英国政府颁布了《绿色金融战略》,总结了自2001年以来英国发展绿色金融的路线图,并规划了至2022年的计划,设定了2050年温室气体零排放的目标,号召全社会自下而上地进行低碳能源转型。该战略包括三大核心内容:金融绿色化,即推动本国和全球金融体系的绿色化发展;投资绿色化,即推动绿色投融资,鼓励更多的私人资本流向清洁能源和环境友好型的投资行业或项目;紧握机遇,即建立英国绿色金融学会加强国际交流合作,推动英国成为绿色金融创新产品、数据及分析的前沿。英国在绿色金融国际合作中一直较为活跃。英格兰银行加入了中国人民银行参与发起设立的央行与监管机构绿色金融网络(Central Banks and Supervisors Network for Greening the Financial System,NGFS),以及中国和欧盟等经济体共同发起的可持续金融国际平台(International Platform of Sustainable Finance,IPSF)。2021年10月,在英国主办的第26届《联合国气候变化框架公约》缔约方大会上,绿色金融被作为大会的重要议题,主要发达国家对气候融资作出新的承诺,多边开发银行也承诺将扩大绿色目标。作为大会的主办方,英国还领导成立了格拉斯哥净零排放金融联盟(Glasgow Financial Alliance for Net Zero,GFANZ)。在中英两国合作方面,伦敦金融城和中国绿色金融委员会联合发起了中英绿色金融中心,举办中英经济和金融对话(UK-China Economic and Financial Dialogue,EFD),两国绿色金融工作组在"一带一路"投资环境风险管理、绿色资产证券化、环境信息披露以及环境、社会和公司治理研究等方面开展了一系列合作。

5.1.2.3 借助财政政策扶持绿色金融发展

政府通过财政政策支持绿色金融,不仅能充分发挥政府政策的指导作用,还能以财政资金为杠杆"撬动"更多的民间资金。美国能源部的贷款担保计划是政府为绿色贷款提供担保支持的典型案例。2005年《能源政策法案》授权美国能源部为新兴能源贷款提供政策担保。能源部为参与该计划的每一笔贷款提供信贷补贴资金,该资金不是直接给贷款企业或金融机构,而是作为贷款损失准备金。当贷款发生坏账时,金融机构可以申请以准备金弥补坏账损失。由于贷款担保计划的补贴比例一般为6%~10%,扶持资金周转一次的杠杆率即可达10%~16%。贷款到期且没有发生坏账损失时,信贷补贴资金还可循环使用,使扶持资金的杠杆率更高。

5.1.2.4 建立专业从事绿色金融的金融机构

为加速英国经济向绿色经济转型并建设可持续的金融机构,英国在2012年成立了全球第一家专业从事绿色金融的政策性银行——绿色投资银行(Green Investment Bank,GIB),其主要业务领域集中在四个方面:离岸海上风电、在岸可再生能源、废物和生物能源产业和能效产业。2013—2016财政年度,GIB在英国绿色投资中的市场份额占比为48%。为扩展融资渠道,吸引更多私人资本进入绿色投资领域,2017年8月GIB被出售给澳大利亚麦格理集团,并更名为绿色投资集团(Green Investment Group,GIG)。在进行私有化改革后,GIG利用麦格理集团全球业务平台,积极拓展海外业务,加紧在东南亚、南亚、欧盟地区布局设点,绿色金融服务地域和范围得以拓展。

5.1.2.5 开发环保评级融资服务系统

通过开发和建立绿色评级系统,引导资金进入绿色行业,减少对环境不友好企业的投资。2004年,日本政策投资银行(Development Bank of Japan,DBJ),开发了全球第一个基于环保评级的融资服务系统——环境评级贷款项目,将环境评级融入融资程序。这一项目有以下特点:①根据环境评级结果确定不同水平的贷款利率;②根据全球环保标准进行公平和系统的评估;③通过与客户直接接触进一步优化评级结果;④将评级结果广泛推广运用;⑤适合不同规模的企业。在DBJ的评级系统中,对贷款流程中的环境评估分为初次评估、实地考察和二次评估。初次评估是对企业在环境方面努力的公开信息进行研究;实地考察是为了得到被公开的信息;二次评估是相关工作人员共同对其进行公平的审议,最后得出环境评估的结果。此外,DBJ还成立了环境评级顾问委员会,负责收集外部专家的建议,并且每年对评分项进行更新。

5.1.3 域外绿色信贷实践的经验与启示

发达国家在绿色金融政策理念、产品创新和业务管理方面的实践经验,对于我国充分把握绿色金融发展契机,贯彻绿色金融理念,创新绿色金融产品与服务,完善内部环境管理体系,做好自身绿色运营管理并积极应对环境新挑战,有着很好的借鉴作用。

基于上述分析,未来我国在推进绿色金融政策、开展绿色金融实践过程中应从以下几个方面加以完善:一是加强绿色金融的制度化建设,通过建章立制保障绿色金融的发展;二是制定绿色金融发展战略,通过国家层面的绿色金融发展战略及行业层面的具体路线图,号召及指引全社会向可持续化方向发展;三是加快绿色金融产品的开发和创新,推动环境治理投资理念的研究和实践,使中国投资者在可持续发展过程中承担更多的社会责任;四是强化财政政策和金融政策对绿色金融的扶持力度,充分发挥其对市场的指导作用和市场资源配置作用,运用金融和财政扶持资金的杠杆作用,鼓励更多民间资金进入绿色行业;五是推动绿色金融国际交流与合作,争取在绿色金融创新产品、数据及分析等领域获得国际竞争力。

5.2 绿色金融法律规制的域外经验及启示

5.2.1 金融法律规制的国际经验及启示

5.2.1.1 美国金融法律规制概况

审视美国的金融法律制度发展历程,会发现其呈现出明显的"危机应对"特征,或者说,美国金融法不是建立在理性和逻辑基础之上的事前制度设计,而是金融危机后基于经验、教训和技术的总结与矫正。从20世纪70年代开始,美国经济陷入了滞胀的困境,政府以新自由主义代替凯恩斯主义作为理论指导,重构了金融法律制度。以美国1999年《金融服务现代化法案》为代表,世界主要发达经济体先后放松了金融监管。新自由主义的金融监管法律制度直接导致了金融商品过度创新、金融机构行为扭曲、金融市场失灵的后果,并进而演变为一场席卷全球的金融风暴。金融危机之后,世界各国纷纷对金融监管法律制度进行改革。2010年7月,美国国会通过了《多德-弗兰克华尔街金融改革和消费者金融保护法案》,重新建立起旨在加强金融监管的法律制度。在美国金融法发展的过程中,鲜有系统的金融立法对金融机构的社会责任进行法律规制,而是主要运用金融市场的力量激励金融机构履行社会责任。

5.2.1.2 日本金融法律规制概况

二战以后,日本由战败国一举成为世界第二大经济强国,一个重要原因是政府指导和干预下的金融政策为日本实现战后近30年的高速经济增长打下了坚实基础。日本是后起工业国家,其金融体系是典型的政府主导型的金融体系,以银行为主的融资模式在经济发展中占主要地位。后起工业国家在经济起步初期缺乏发展资本,又面临着金融体系不完整、金融法规不健全、信用制度不发达等诸多问题,也不具备管理和监督资本市场的知识经验积累,因此日本采取的是政府直接干预、指导的产业金融政策,由政府主导金融资源分配,将有限的资源运用到优先发展的产业中去。日本实行信贷倾斜政策,支持重点产业的发展,一度实行低利率政策,满足产业发展的融资需求,并建立规模较大的被称为"第二财政"的政策金融体系。

5.2.1.3 美国经验与日本经验的比较与启示

作为市场经济国家,美国与日本的金融法律规制都是在市场经济体制基础上设立的,但在金融系统的运行机制等方面仍有显著差异。第一,从制度模式上看,美国更加注重市场机制在金融资源分配中的基础性地位,赋予了金融市场在金融发展中主导性的地位。日本则更加依赖银行体系,在政府控制银行体系的大背景下,形成了政府主导的以间接融资为主的金融制度。第二,从运作方式上看,美国以间接手段为主,尊重市场的选择,通过担保、资产证券化而非直接注资的方式,由资本市场为产业发展提供所需的资金。政府的作用主要体现在反垄断和消除不平等竞争等方面,以创造公平的市场环境。日本的产业金融运作则更多倾向于向特定产业和企业直接提供信贷支持。

此外,美国还是世界上最早就商业银行环境责任进行立法规制的国家,美国超级基金法是最有代表性、最有影响力的商业银行绿色信贷法律规制的域外立法。不过,美国并未在金融法中进行商业银行环境责任规制,而是在环境法中按照侵权责任制度的模式进行了立法。尽管美国超级基金法下的环境治理也有政府部门(主要是美国环境署)参与,但这并不是纯粹的行政规制,而是由政府实施反应行动后通过司法救济的手段向潜在责任人追偿。以政府所起的作用为标准进行检视,美国金融法和环境法的规制模式有相似之处。如果说美国传统的金融法律规制强调市场的选择,那么以超级基金法为代表的绿色金融法律规制则强调司法的救济功能,在这两种模式下政府的权力都受到了一定的限制。本书的比较法研究主要以美国超级基金法为例,分析和考察商业银行环境责任理论的发展历程和制度的形成过程,从而把握其演变发展规律。在此基础上探讨借鉴美国超级基金法构建我国商业银行绿色信贷法律规制体系的可行性。

5.2.2 公众参与法律规制的国际经验及启示

5.2.2.1 域外公众参与的环境立法

在国际法层面,公众参与环境问题的原则性倡议最早出现在

1992年《里约环境与发展宣言》(以下简称《里约宣言》)中。《里约宣言》原则10明确了公众参与环境事务的重要性:"环境问题最好是在全体有关公民的参与下在有关级别上加以处理。""各国应通过广泛提供资料来便利及鼓励公众的认识和参与。"2002年南非约翰内斯堡峰会提出原则10的目标,以推动《里约宣言》的实施。

区域性公约设计了环境领域公众参与的具体制度。1998年,联合国欧洲经济委员会通过了《在环境问题上获得信息、公众参与决策和诉诸法律的公约》,即《奥胡斯公约》,设定了公众参与的三大支柱,即环境知情权、环境治理参与权和环境救济权。《奥胡斯公约》具有广泛的影响力和立法示范效果。联合国欧洲经济委员会随后制定了后《奥胡斯公约》,包括《〈奥胡斯公约〉执行指南》《基辅议定书》以及《阿拉木图宣言》,成立了"奥胡斯公约遵守委员会"以保障公约履行。

2003年欧盟发布了《欧盟关于公众获取环境信息的指令》(DIRECTIVE 2003/4/EC),要求各国政府强化民众取得环保信息的权利。《欧洲人权公约》(以下简称《公约》)中也包含与公众参与环境治理相关的内容。欧洲人权法院认为《公约》第2条生命权的规定延伸出政府的一项积极义务,即关于严重风险的主动通知义务,《公约》第8条关于"私人生活、居所和家庭"权利涵盖了获取环境信息的权利。在"盖拉等诉意大利案"(Guerra and Others v. Italy)案中,欧洲人权法院认为公共机构负有积极义务,向居住于工厂附近的居民提供环境风险信息,强调当一国政府涉及环境风险活动时,公众获取清晰和完整信息的权利是一项基本人权。

综上,在公众参与的问题上,域外立法走完了理论构建、凝聚共识的过程,已进入到制度设计阶段。以《奥胡斯公约》为代表的法律将公众参与这一概念进行了广义解读,将制度设计延伸到构成公众参与基础的信息获取和公众参与救济的环境诉讼。在这一链条中,尤为重视环境信息知情权的制度设计。这对于我国完善公众参与的环境立法具有重要的参考意义。

5.2.2.2 域外公众参与法律规制的启示

第一,为公众参与赋权,完善公众参与的环境法律机制。

在环境立法领域,我国制定了旨在推动公众参与的一系列法律法规,包括《环境保护法》《环境影响评价法》《城乡规划法》《环境信息公开办法》等法律法规及技术标准。但从权利位阶看,宪法中的环境权利缺位,需要从基本人权的高度重新审视环境权利并重构权利体系,为整个公众环境参与机制的构建提供宪法基础。从规则体系看,公众参与的主体界定、参与方式、救济途径等缺乏具体规定。应立法赋权培育公众的主体意识与参与自信,针对不同类型公众设定规则,确保利益相关者都有机会影响环境治理,最大化公众参与的效益。

第二,加强公众的话语权。

在环境治理中形成开放的知识论,实现话语权的平等分享,打破由政治精英和知识精英联手形成的"知识—权力"垄断体制。公众也是重要的知识主体。公众虽然对环境治理缺乏充分的知识和信息,但是每个人都是自己利益的最佳判断者,明确公众对利益的关注以及价值判断也是环境治理中知识的构成要素,尊重公众的价值偏好、情感等诉求。

第三,建立公众参与的协商民主程序。

建立社会组织的集体协商机制,构建环境协同共治关系。作为个体的公民很难真正参与到环境治理的过程中,即使参与也因其参与的低效而降低话语权。这就需要发挥出社会中介组织的作用,形成组织化的公民,建立集体行动的模式,所有人都是环境风险的利益相关者,都应被纳入进决策过程。环境治理需要充分实现决策过程的公共协商功能,实现环境治理结果的公共利益属性。

5.3 商业银行绿色信贷法律规制的域外经验及启示
——以美国超级基金法为例

美国超级基金法是最有代表性和影响力的商业银行环境责任域外立法,为研究我国绿色信贷法律规制提供了经验和启示。

5.3.1 美国超级基金法的立法背景与发展历程

美国超级基金法产生于美国工业化进程中,催生于严重的环境危机背景之下。1962年,美国海洋生物学家Rachel Carson出版了《寂静的春天》一书。作为唤起美国公众环境保护意识的启蒙之作,这本书描述了杀虫剂等化学品对环境的危害,使美国公众第一次正视环境这一在国家法律和公共政策中从未出现过的新事物。越来越多的公众意识到环境危机的严重性,并发起了保护环境的公众运动。愈演愈烈的环境保护运动推动美国政府加快开启环境立法计划,成立了对环境保护和污染控制实施监督管理的独立行政机构——美国环境保护署(EPA),推进了美国环境立法的进程。

20世纪70年代,危险废弃物的处理是美国最受公众瞩目的环境问题之一。根据美国参议院环境与公共事务委员会的审议报告,截至1980年,美国每年产生的危险废弃物数量大约在570万吨,其中超过90%的危险废弃物在未考虑环境安全的情况下进行了处理,造成了一系列因危险废弃物泄漏而危害公众健康和环境安全的污染事件。以1978年"拉夫运河事件"为例。[141] 20世纪40年代,Hooker化学公司在拉夫运河(Love Canal)中倒入了两万余吨工业废物,并用泥土对存有工业废物的区域进行了填埋覆盖。随后,该地块被Hooker公司以一美元的价格出售给当地教育机构,并逐渐建成学校和居民区。到70年代中期,化学物质开始渗入居民住宅地下室,并释放有毒气体,给当地居民的生命健康和财产造成巨大损害。1978年8月,纽约州卫生署宣布拉夫运河污染为公共卫生突发事件,并动用联邦资金向受害居民提供救助。虽然这一事故得到了解决,但随后的调查显示,美国境内还有大量类似的危险废弃物填埋场,严重威胁公众健康和生态安全。拉夫运河事件使美国公众直观地认识到危险废弃物污染带来的危害,针对危险废物污染进行立法的呼声不断加强。

在"拉夫运河事件"发生后,美国国会回应社会呼声,于1980年通过了《综合环境反应、赔偿与责任法》(Comprehensive Environmental Response, Compensation, and Liability Act)。这一法案是国会针对危险物质处置过程中引起的场地污染和自然资源损害问题所进行的联邦层面的环境立法,旨在推动污染场地的清理和自然资源的恢复,并向可能的责任人进行追偿。《综合环境反应、赔偿与责任法》中设立了专门的信托基金用于支付清理受污染场地的费用,并以污染者付费原则为基础,建立起了侵权法上的损害赔偿责任机制,为包括商业银行在内的主体设立了严格的、回溯既往的、连带的环境责任,使其作为潜在责任人承担清理和修复费用。但是,由于《综合环境反应、赔偿与责任法》使商业银行暴露在严格、连带、可溯及既往的环境法律责任的风险中,且该法案部分条款缺乏明确指引,可能导致责任扩大化,无疑给商业银行悬上了达摩克利斯之剑,这引起了银行业的强烈抗议。在这一背景下,美国后续制定了1986年《超级基金修正案和再授权法》、1992年《贷款人责任规则》等一系列法案,对《综合环境反应、赔偿与责任法》进行了修订与补充。其中美国环境保护署制定的《贷款人责任规则》对潜在责任人环境责任作出了较大的调整。《贷款人责任规则》是美国环境保护署对银行界妥协的产物,对《综合环境反应、赔偿与责任法》中涉及潜在责任人环境责任的条件和范围(如参与管理、基于保护担保利益而拥有所有权标记等)进行了限定。但是,美国环境保护署的这一努力却饱受质疑。银行界对《贷款人责任规则》的效力提出了批评,认为立法属于国会的权力,环境保护署只得到了国会的授权来采取适当方法执行超级基金法,无权立法修改超级基金法。在实践中有司法案例也不认可环境保护署的权力和《贷款人责任规则》的效力。而且,《综合环境反应、赔偿与责任法》是国会制定的联邦统一法令,而环境保护署规则并非联邦法案,只是行政机关颁布的规章,各州是否采用环境保护署规则由各州自行决定,权力依然保留在州层面,缺乏稳定性,可能受到政治干扰。超级基金责任的支持者也对环境保护署制定的新规则表达了不满,他们认为,美国环境保护署《贷款人责任规则》扩大了免责范围,使潜在责任人的环境法律责任在实践中难以被追诉。如果潜在责任人的环境责任减轻,在借款人无力经营或破产的情形下污染场地的清理无人承担,最终超级基金法的立法目的将无法实现。[142]

在美国环境保护署《贷款人责任规则》的基础上,美国国会于1996年制定《资产维持、贷款人责任和存款保险保护法》,对商业银行环境法律责任的内容进行了进一步明确,设定了"安全港条款",将参与管理的事实列为商业银行承担环境法律责任的要件,并进行了限定。据此,超级基金法将仅获得借贷利益的名义所有人排除在潜在责任人范围之外,在商业银行作为抵押权人成为污染物质的名义所有人的情况下,商业银行没有实际参与到经营中,仅仅维护其借贷利益,则不承担环境责任;或者当商业银行撤销受污染财产上的抵押品赎回权,并在合理期限内通过合理方式出售、转让该财产或采取其他旨在保护其担保利益而非投资利益的行为时,将会获得责任豁免。为了促进棕地开发,美国国会于2002年制定了《小企业责任救济与棕地再生法》,进一步为污染场地和物质的所有者和经营者减轻责任。基于这一改变,如果已撤销抵押赎回权的贷款银行再以公允方式取得财产,并满足诚信购买者的相关条件,就可能豁免责任。至此,几经修订后,超级基金法逐步确立了明确具体和较为稳定的商业银行环境法律责任框架。

5.3.2 美国超级基金法商业银行环境责任的内容

5.3.2.1 潜在责任人制度

在责任主体的认定问题上,美国超级基金法确立了潜在责任制度，以主体的法律身份而非行为作为标准判断其是否承担环境责任。即如果相应主体符合超级基金法所界定的潜在责任人（potential responsible persons）的法律身份，即使该主体与危险物质处置过程中引起的场地污染和自然资源损害问题不存在直接联系，也会产生超级基金法上的环境责任。

超级基金法上的潜在责任人是指当场所、船舶或设施上发生危险物质释放或存在释放威胁时承担赔偿责任的主体。超级基金法在第107(a)(1)~(4)节中规定了四类潜在责任人：①场所、船舶或设施的当前所有人或经营人，即发生危险物质释放或释放威胁时的所有人或经营人；②前所有人或经营人，即在危险物质处置期间的所有人或经营人；③危险物质处置安排人或危险物质产生人，即通过协议或其他方式，借助第三人拥有或营运的设施安排危险物质的处置或处理，或为处置本人或其他主体拥有的危险物质安排运输的人；④为处置危险物质而负责运输的运输人，即将危险物质运输到其本人选择的用于进行危险物质处置、处理的设施、船或其他场所的人。值得一提的是，超级基金法对潜在责任人的认定方式，解决了环境侵害尤其是环境共同侵权中责任主体认定困难的问题，使证明标准从关于侵权行为的证明转变为对于相应主体潜在责任人这一法律身份的证明。在1986年的马里兰银行案中，美国法院以污染企业的厂房为银行的抵押品为由判定马里兰银行应当承担清理污染土地的责任，从而以司法判例的形式确立了商业银行的环境法律责任。在后续司法判例中，联邦法院还根据法律身份标准对潜在责任人进行了扩张性解释，进一步拓展了超级基金法的责任主体范围。

在超级基金法第107(a)(1)~(4)节关于潜在责任人的法条中，尽管并未明文列出商业银行，但是根据所有人或经营人的定义推导其外延范围，以及根据司法实践中出现的实际判例，商业银行往往因其贷款人身份而被涵盖在所有人或经营人的范围内，从而承担承担超级基金法上的环境损害赔偿责任。根据超级基金法第101条(20)(A)对所有人或经营人这一概念的界定,所有人或经营人指:①对于船舶,是指所有、经营或承租该船舶的人。②对于陆地设施或离岸设施,是指所有或经营该设施的人。③对于因破产、实现抵押权、拖欠税款、遗弃或类似方式将所有权或控制权转让给州或地方政府的设施,是指设施所有权或控制权转让之前所有、经营或以类似方式控制与该设施有关活动的人。但上述所有人或经营人不包括未参与船舶或设施管理,主要为保护其担保利益而拥有船舶或设施所有权标记的人。根据这一定义,超级基金法中的所有人或经营人认定条件已经打破所有或经营的一般性含义,而引入了所有权标记和参与经营管理的新标准,并通过设置担保权益免责条款将那些主要为保护船舶或设施上担保利益而拥有所有权标记、但未参与船舶或设施的管理的人排除在所有人或经营人范围之外。这一规定从事实层面上明确了,当商业银行为担保利益拥有设施所有权标记并参与经营管理时,就将作为所有人或经营人承担超级基金法上的环境责任。

具体而言,超级基金法下商业银行的环境损害赔偿责任包括两种类型:第一,当债务人未能按期偿还贷款时,银行行使抵押权(foreclosure)从而事实上成为场地或设施的所有人,此时商业银行的环境责任名为贷款人责任,实为所有人责任。第二,在商业银行行使抵押权之前,因拥有场地或设施的担保权益、并参与了债务人的运作和管理构成参与经营管理,则可能产生超级基金法上的另一类环境责任,即经营人责任。也就是说,商业银行对贷款项目事实上存在一定程度的管理控制权,那么这种权力就可能明确或隐含地延伸到债务人的环境侵权行为中,从而构成商业银行承担责任的基础。在1980年超级基金法的设计中,商业银行如果有能力影响其拥有所有权标记的场地或设施的经营,即使没有使用该能力,也需承担超级基金法下的环境责任,这一规定使银行面临极为严苛的环境责任。此外,法律文本对何为参与经营管理表述模糊。商业银行在正常信贷业务中要求债务人履行法定义务、提供财政建议、监督设施经营,或者其他在财务、管理和经营方面影响债务人业务的活动是否构成参与经营管理,在司法中存在不确定性。

针对1980年超级基金法在司法中出现的问题,美国国会于1996年通过了《资产维持、贷款人责任和存款保险保护法》。该法案对1980年超级基金法中的贷款人环境责任作出了修订,增加了第101条(20)款E、F、G项,设定了"安全港条款",将参与经营管理的事实作为承担环境法律责任的条件之一。参与经营管理条款明确了责任主体必须有实际参与经营管理、承担经营职能的事实,从而将那些拥有影响、控制的能力但并未使用该能力的情形排除在外。对于商业银行而言,参与管理是指商业银行事实上对贷款项目具有一定程度的管理权甚至控制权,这种管理和控制实质上影响了借款人所实施的环境损害行为,因此构成了商业银行承担责任的合理理由。根据新修订的法案,参与经营管理的情形包括:第一,在借款人占有存在担保利益的船舶或设施的情况下,贷款银行对按照环境法规处理或处置危险物质进行决策控制;第二,贷款银行实施了与船舶或设施管理人相类似的行为,即在环境管理方面对船舶或设施进行全面日常管理决策,或掌控船舶或设施除环境管理之外的全部经营职能或实质性经营职能。新修订的法案也明确列出了不视作参与经营管理的情形,如持有、放弃或解除担保利益;将关于环境管理的约定列入信用扩展协议或担保协议中;监控或执行信用扩展或担保利益的条款;监控或负责对船舶、设施进行检查;信用扩展的条件成立前后或终止时,要求采取反应行动或其他处理涉及船舶或设施的危险物质释放或释放威胁的法律方式;为减轻、预防或整治违约或船舶、设施的价值减损而进行的财务建议;变更或暂停信用扩展、担保权益条款;对违反信用扩展或担保协议实施救济措施等。通过明确参与经营管理的标准及除外情形,超级基金法事实上降低了商业银行成为潜在责任人承担环境责任的标准。

在1996年超级基金法修订前,商业银行如果有能力影响其拥有所有权标记的财产的经营,即使没有使用该能力,也需承担环境责任。因为根据潜在责任人制度,商业银行基于所有者和经营者的法律身份成为环境损害赔偿责任的责任人,这一法律身份建立在商业银行与直接造成环境损害的主体存在特定关系的基础上。虽然1980年超级基金法就创设了潜在责任人制度,但是其最初的文本并没有对其中的关键概念进行界定,在后续涉及商业银行的司法判例中,对于如何认定潜在责任人,如何判定贷款人责任,司法判例中出现了不同的标准,引起了一定的混乱。我国立法应当借鉴美国贷款人环境责任制度中的潜在责任人制度,并对所有者、经营者、贷款人等法律身份进行明确定义,在此基础上明确界定商业银行环境损害赔偿责任的性质和范围。

5.3.2.2 严格、连带、可溯及既往的责任

1. 严格责任

根据美国超级基金法,潜在责任人基于严格责任的归责原则承担环境损害赔偿责任,而这一归责原则是以引致条款的形式确立的。超级基金法的责任条款(第101条(32)款)并未直接规定严格责任,而是规定采用《清洁水法》第311条的归责原则。该法采用严格责任,且相关司法判例支持严格责任。可以说,超级基金法以引致条款的形式确立了严格责任的归责原则。

英美法系的严格责任原则与异常危险活动紧密相连。在美国侵权法中,异常危险活动一般是指那些在特定时间、地点和环境下被认为是不寻常、很危险的行为,不管行为人多么谨慎,都不可能排除它给人类或财产带来严重伤害的可能性的活动。[143]异常危险活动之所以会产生严格责任,在于其活动本身所具有的高风险。异常危险活动的严格责任原则起源于1860年英国的Rylands诉Fletcher案确立的Rylands规则,即侵权行为的成立不要求被告存在过失或缺乏注意,或具有不当目的。美国侵权法对异常危险活动中的严格责任进行了发展。《美国侵权法重述》(第一次)中的严格责任是在Rylands规则的基础上修改而成的,增加了严重损害风险和尽到合理注意义务仍然无法

消除风险两个条件,对 Rylands 规则进行了一定程度的限制。《美国侵权法重述》(第二次)重申了严格责任适用于异常危险活动。

一般而言,严格责任不以行为时的主观状态为标准,当出现特定损害时,即使行为人已经尽了最大的注意义务防止损害的发生也应承担责任。根据超级基金法的规定,只要贷款银行被认定为所有人或经营人,即介入了借款人的日常经营管理,或者经由抵押获得了借贷公司的设施设备,且被证实对借款人处理废弃物造成影响,那么贷款银行就可能承担严格责任。在1986年的马里兰银行案中,美国法院以污染企业的厂房为银行的抵押品为由判定马里兰银行应当承担清理污染土地的责任,从而以司法判例的形式明确了贷款银行承担严格责任。

对潜在责任人科以严格责任,客观上加大了商业银行贷款中的环境法律风险,导致了商业银行向存在环境风险的企业提供金融服务的积极性下降。有鉴于此,1996年美国国会制定《资产维持、贷款人责任和存款保险保护法》,明确了商业银行在贷款中的免责条款,即"安全港条款"。根据"安全港条款",商业银行在参与管理的情况下才承担环境法律责任,从而排除了出于保护担保权益而持有所有权标记,没有参与管理场所、船只或设施的主体。据此,在最初超级基金法所规定的四类潜在责任主体中,有部分被排除在责任范围以外,那些为了获得借贷利益的名义所有人如果没有参与危险设施的管理就可以免责。对于商业银行而言,如果其成为污染物质名义所有人(如抵押权人)的原因是保护自身的担保利益,而未实际参与经营,则不承担环境责任。另一种情形是,商业银行可能因为对抵押设施进行管理或者参与借款人的经营而被认定为经营者承担责任。早期,认定经营者参与管理缺乏相应标准,法院对商业银行承担环境责任往往要求严格。1996年的《资产维持、贷款人责任和存款保险保护法》指出了作为经营者参与管理的具体情形:①对借贷人的环境行为实施了决策控制权;②作为经营者的控制权与设施管理者的权利相同,对涉及借贷人的环境行为,或设施的运作实施了全面、实质的日常决策权。通过具体规定经营者参与管理的情形,事实上美国对商业银行环境责任的把握趋于宽松。

2. 连带责任

美国超级基金法在最初制定时曾明确规定潜在责任人承担的是连带责任,但是后来美国国会删除了这一条款。不过,这并不意味着连带责任制度因此而被废除。检视美国的司法实践,潜在责任人的连带责任以判例法的形式被司法机关保留了下来。联邦法院认为,立法机关删除这一条款的目的是将判断的权力留给了法院,由法院在司法裁判中根据普通法的规则决定是否适用连带责任。基于这一原因,美国逐渐形成了以判例法为基础的潜在责任人连带责任制度。

根据该原则,任一潜在责任人应当与其他潜在责任人共同对全部反应费用承担连带责任。1983 年的美国诉化学-达因案(以下简称Chem-Dyne案),是美国联邦法院关于潜在责任人连带责任的重要判例。[144]审理该案的法院对超级基金法的立法历史进行了审查,重点审查了美国国会在最后通过超级基金法时删除连带责任强制适用条款的原因,然后作出如下论述:国会删除连带责任强制适用条款,其目的在于避免这种适用于所有情况的强制性原则在某些情况下产生不公平的后果。删除上述条款的目的并不是否定超级基金法连带责任的适用,而是希望由联邦法院以个案的方式对连带责任适用的适当性进行评估,并根据普通法的传统和规则逐渐形成一个普通法上的连带责任适用标准。在潜在责任人连带责任的具体适用标准问题上,司法机构以《美国侵权法重述》(第二次)为依据作出了判决,确定了如下标准:如果两个或两个以上的潜在责任人共同违反超级基金法,一般应承担连带责任,只有在全部损害可以按比例分配,且潜在责任人能证明损害分配比例的情况下才可以主张对其责任的限制。申言之,连带责任是一般原则,按份责任是特殊和例外,潜在责任人对满足按份责任的条件承担证明责任。

关于潜在责任人连带责任的另一重要判例是 1984 年 A & F Materials案,该案确立了"戈尔准则"。[145] A & F Materials 案法院同意 Chem-Dyne 案关于美国国会的立法意图的意见,由联邦法院确立普通法上的连带责任适用标准,也同意《美国侵权法重述》(第二次)所述原则有助于在司法中查明和适用超级基金法连带责任。但该案法院认为,完全按照《美国侵权法重述》(第二次)所述方式适用连带责任并不合适,也就是说,在连带责任适用标准上,两案法院的观点存在分歧。该案法院认为,超级基金法的立法历史表明国会认为应使现代普通法中有关连带责任的适用标准变得更加宽松、适用范围变得更加狭窄,尤其对那些对超级基金法设施污染起很小作用的被告不应适用。当符合下述准则时,即使作为被告的潜在责任人没能满足《美国侵权法重述》(第二次)中所要求的证明责任,法院也可以拒绝对潜在责任人适用连带责任,转而在潜在责任人之间按比例进行责任分配。根据"戈尔准则",法院在决定是否适用连带责任时主要考察下列六种因素:①各主体证明其排放、释放或处置危险废弃物的份额可以进行区分的能力;②所涉及的危险废弃物的数量;③所涉及的危险废弃物的毒性的强弱;④各主体涉及产生、处理、运输、储存、处置危险废弃物的程度;⑤在考虑了该危险物质的特点后,各主体对相关的危险废弃物所尽到注意义务的程度;⑥各主体与联邦政府、各州或地方政府为防止对公共健康和环境造成损害而进行合作的程度。尽管"戈尔准则"最终并未被纳入超级基金法法案,但 A & F Materials 案法院依然认为根据超级基金法的立法历史,"戈尔准则"更符合国会关于连带责任的立法意图。

以上超级基金法的早期判例显示,在确定超级基金法潜在责任人连带责任的问题上,美国司法机构曾有过争论,确立了两个截然不同的原则。一个是 Chem-Dyne 案确立的连带责任。这一责任极为严格,建立在损害可分割和举证责任倒置的基础上,根据这一责任标准,潜在责任人如果想避免承担连带责任,需要对其所造成的损害的可分割性承担证明责任。如果潜在责任人未能承担该证明责任,就要对所有反应费用承担连带责任。第二个原则是"戈尔准则",由 A & F

Materials 案确立。本案法官认为,《美国侵权法重述》(第二次)中的原则仅是确定超级基金法潜在责任人连带责任的一个起点。与 Chem-Dyne 案所确定的"损害可分割和举证责任倒置"标准不同,根据"戈尔准则",即使潜在责任人没能履行《美国侵权法重述》(第二次)所要求的证明责任,法院仍然可以按一定的方式对潜在责任人的责任进行分配。很明显,这一标准远较前一标准为轻,不过未获普遍认可。

在超级基金法及相关法律修订过程中,联邦法院一直致力于探讨如何将《美国侵权法重述》(第二次)中关于连带责任的规定在超级基金法案件中予以适用的问题。在 1988 年的美国诉孟山都案(以下简称 Monsanto 案)中,联邦上诉法院第四巡回审判庭遵循 Chem-Dyne 案的原则,根据《美国侵权法重述》(第二次)规定,建立了相对统一而适当的超级基金法潜在责任人连带责任的适用标准:如果潜在责任人能够证明损害是可分割的,或能提供合理依据判断其行为对损害的原因力比例,就可以主张在潜在责任人之间对反应费用按比例进行分担,而不用承担连带责任。但在适用超级基金法的过程中,按照 Monsanto 案的规则确定潜在责任人的连带责任又发现了新问题,还面临着一些困境。根据《美国侵权法重述》(第二次)规定,各主体的责任成立都是建立在其行为与损害结果具有因果关系的基础之上。《美国侵权法重述》(第二次)还规定,如果两个或两个以上侵权行为共同给原告造成损害,那么任一行为人只有证明损害是可分割的才可以免于承担连带责任。被告在对损害的可分割性进行举证前,由原告承担初步的证明责任,证明被告的行为与原告的损害结果之间存在因果关系。但在超级基金法责任制度下,潜在责任人的环境责任首先是一种严格责任,即联邦法院已经认可,潜在责任人责任的成立是不以其行为与损害后果(导致危险物质的释放或释放威胁进而发生反应费用)之间存在因果关系为条件的。基于这一因素,在适用"戈尔准则"确定潜在责任人的连带责任时,必须要考虑严格责任和连带责任在举证方面的协调问题,前者涉及构成责任的各要素之间的因果关系,后者则涉及责任的可分配性和比例。在明确潜在责任人连带责任的分担问题之前,要考虑是否应该由原告提供初始证据(prima facie)来证明责任的成立。初始证据是指形式上足以证明当事人请求从而发起诉讼所依据的事实,但对方当事人可以在诉讼中提出反证加以反驳。上述案例没有涉及初始证明责任的问题,在后续的司法中这一问题存在一定争议性。

对于联邦法院在 Monsanto 案中没有解决的问题,联邦上诉法院第一巡回审判庭在 O'Neil 诉 Picillo 案(以下简称 O'Neil 案)的判决中予以了澄清。第一巡回审判庭认为,在论及潜在责任人的责任是否具有可分配性之前,我们首先要解决的是原告在潜在责任人责任成立上的证明责任问题。本案潜在责任人作为上诉人,引用了《美国侵权法重述》(第二次)的规定,主张作为原告的联邦政府在责任是否成立的问题上,需要就潜在责任人的行为与损害结果之间具有实质性因果关系承担证明责任。如果联邦政府不能证明这一点,潜在责任人就不需要承担超级基金法责任。在不存在超级基金法责任的情况下,潜在责任人自然也就不需要证明责任具有可分割性。对上诉人的这一诉讼主张,法院没有采纳。法院认为,在没有普通法判例支持的情况下,即使被告关于美国侵权法的理解是适当的,法院也依然可以拒绝判定由原告对潜在责任人责任的成立承担因果关系上的证明责任。法院认为,国会关于超级基金法连带责任的立法意图在于由联邦法院在司法实践中形成一个统一的普通法上的适用标准,《美国侵权法重述》(第二次)只是联邦法院进行上述行为的参考标准之一。对于那些与超级基金法内容和宗旨不一致的原则,联邦法院在确定连带责任标准时可以不遵守。各联邦法院已经在司法判例中确认,潜在责任人责任的成立是不以潜在责任人行为与损害结果之间存在因果关系为条件的。只要相关主体属于超级基金法规定的潜在责任人的四种类型之一,该主体的责任就已经成立。如果在潜在责任人的连带责任问题上要求原告承担这样的证明责任,将与联邦法院先前的裁决不符。最后,O'Neil 案法院采纳了《美国侵权法重述》(第二次)关于由被告对责任的可分配性承担证明责任的规定,但没有参照其中关于原告就责任的成立承担因果关系证明责任的规定。

尽管 O'Neil 案法院明确驳回了由原告对潜在责任人责任成立上的因果关系承担证明责任的主张,但法院没有进一步明确原告的初始证明责任具体应该是什么。显然,潜在责任人是否承担责任和潜在责任人是否承担连带责任是两个不同的法律问题。但是,绝大多数联邦法院的裁决都认为,潜在责任人责任成立的证据同时构成潜在责任人连带责任成立的初步证据,此时证明责任转移至被告,由被告对其责任的可分配性进行举证。[145]

3. 回溯责任

超级基金法具有追溯效力,其创设的环境责任具有可溯及力。虽然在超级基金法条款中并没有关于溯及效力的明确规定,但联邦法院已经在司法判决中予以了明确,将超级基金法解释为可溯及既往的适用于法案生效前危险物质的不当处置行为的责任制度。这意味着超级基金法的责任主体需要对超级基金法生效前发生的危险物质处置行为承担严格责任和连带责任,即使其行为在发生的当时并不违法。

在 20 世纪 70 年代早期,美国几乎没有关于危险物质处置的环境立法,大量的危险废弃物通过简单填埋的方式进行了处置。这种处置方式留下了大量的环境安全隐患,一旦这些填埋的危险物质发生泄漏,将会对环境和人类健康带来严重损害。超级基金法的立法初衷就在于对多年来积累的危险废弃物场地进行清理和恢复。因此,其在责任设置上并不考虑处置行为何时发生甚至发生与否,只要设施上存在危险物质释放或释放威胁,就会触发超级基金法上的责任审查机制。联邦法院引用成本内化理论支持超级基金法溯及既往的责任机制。根据成本内化理论,从超级基金法生效前实施的不当处置行为中获得利益的主体,应当对其不当处置行为产生的损害后果承担责任,即承担清理责任及全部清理费用。超级基金法溯及既往的法律责任机制,作为鼓励人们修正其行为的一种手段,可以促使人们采取更加安全有效、更有远见的方式进行危险物质处置,进而预防危险物质引起的环境风险。

5.3.2.3 抗辩条款

1. 美国超级基金法上的一般抗辩条款

超级基金法中的一般抗辩条款规定,如果潜在责任人能够通过优势证据证明,危险物质的释放或释放威胁是由不可抗力、战争或第三人(不属于潜在责任人的雇员、代理人或与责任人之间存在合同关系的合作方)的作为或者不作为造成的,而且该潜在责任人也尽到了相当注意义务,对第三方的作为或不作为采取了适当的预防措施,那么潜在责任人就可以免除超级基金法上的环境责任。

司法实践中,最具争议的是有关第三人行为抗辩的规定。在 United States 诉 Hooker Chems. & Plastics Corp 案中,法院认为,被告在取得土地时明知该土地上存在危险物质,但是在将土地卖与他人时,没有就存在危险物质的事实向买受人发出警告,因此被告并未尽到相当的注意义务。同时被告与第三人(土地购买者)之间存在合同关系,因此其不能援引第三人行为抗辩条款作为抗辩理由主张免责。在对超级基金法进行修订的过程中,美国国会加入了善意所有人抗辩条款,将善意所有人排除在第三人行为抗辩所要求的不存在直接或间接合同关系的要求之外,对严格的第三人行为抗辩进行了一定程度的修正。善意所有人是指在购入土地时不知道所购土地已被污染的土地所有者。潜在责任人要想被认定为善意所有人,首先需要满足时间标准,即在危险物质处置后才获得设施所有权,同时还要符合下列条件之一:①在购买土地时不知道污染的存在也无法获知该污染的存在,即购买人事实上不知道且没有理由期待他知道;②被告是政府机构,且通过没收、强制转让、征用等手段获得所有权;③被告因继承获得所有权。在满足上述条件时,潜在责任人才能援引善意所有人规则进行抗辩。司法实践中,很多法院对善意所有人抗辩采取了较为严格的审查标准。善意所有人应该就其在取得土地时不知道该土地上曾处置过危险物质承担举证责任,这就需要善意所有人在取得该土地前进行充分的调查。为证明自己不知道且没有理由知道污染的存在,购买人必须尽到适当问询的义务(all appropriate inquiry),向财产的前所有者和使用者查询所有权关系及财产使用情况,以证明其履行了尽职调查的义务。但对于如何认定调查尽职、购买人已经尽到适当问询的义务,司法机构没有建立明确、适当的标准,环保署曾参照美国测试与材料协会的行业标准进行执法。由于潜在责任人很难对购买时曾开展过尽职调查进行举证,因此其提出的属于善意所有人的抗辩理由很难获得法院支持。司法实践中,一旦出现购买人于购买之时没有发现污染、获得所有权后才发现污染的情形,法院就会倾向推定购买人没有作尽职调查,不能适用抗辩条款,应该承担超级基金法下的环境责任。[146]

2. 基于担保利益的责任免除

如上所述,超级基金法在其关于潜在责任人的定义中,将下列人员排除在设施所有人或经营人之外:未参与污染设施的管理,保护其设施上担保利益而拥有所有权标志或迹象的人。该规定又被称为有担保债权人的担保利益豁免。根据超级基金法的上述规定,确定有担保债权人责任免除适用标准的关键在于对所有权标志、保护担保利益和参与管理等核心概念进行解释。美国环保署制定的《贷款人责任规则》规定了担保利益豁免(security interest exemption)规则,并详细列举了为维护担保利益而不会被认定为参与管理的行为,这种建立在事实判断基础上的明确、客观的免责标准可以为我国商业银行环境责任立法提供参考。

(1)所有权标志。超级基金法条款中并没有关于所有权标志的明确定义。为了澄清担保利益豁免的具体含义,减少法律适用上的不确定性,1992年环境保护署发布了《贷款人责任规则》对所有权标志、保护担保利益和参与管理的具体含义进行了界定。不过,由于《贷款人责任规则》只是环境保护署的执法政策而非制定法,美国国会并没有授予其解释环境责任问题的权力,在1994年Kelley诉美国环境保护署案中哥伦比亚上诉法院拒绝适用《贷款人责任规则》,因此这一规则仅被作为环保署与司法部的执法政策使用,其对所有权标志、保护担保利益和参与管理所做的解释对于联邦法院没有法定的约束力。根据《贷款人责任规则》的定义,所有权标志是指存在于一项不动产或私人财产上的,为贷款或债务履行进行担保的担保物权上的证据,或是对一项担保物权享有权益的证据,包括任何通过抵押和其他担保方式获得的普通法或衡平法上所有权的证据。根据该定义,拥有所有权标志并不要求实际拥有所有权,所有权标志只是作为有担保债权人担保利益或取消赎回权所获财产的证明,它包括但不限于抵押、质押等为保护担保利益而在财产上作出限制的形式。因此,即使有担保债权人因为实现抵押权而实际取得设施或场地所有权,只要其他条件满足,该有担保债权人仍有可能享有超级基金法的担保利益豁免。

(2)保护担保利益。在最初的超级基金法中,并没有对保护担保利益的具体含义作出解释,1992年环境保护署制定的《贷款人责任规则》中将主要保护担保利益解释为:根据有担保债权人的动机确定其持有所有权标志的目的。如果其持有所有权标志的动机主要是为了保护担保利益,则即使其还有次要目的——获得投资利益或其他收益,仍不会丧失有担保债权人免责保护。如果有担保债权人通过出售抵押物行使抵押权,只要有担保债权人不是基于投资目的并尽合理的努力出售该抵押物,就可以保有设施权利十二个月而不丧失担保利益免责保护。对于如何判断尽了合理的努力,《贷款人责任规则》提供了如下检验标准:有担保债权人一定时期内将待售财产列于出售清单上,并在合理公平的条件下接受购买人的发价,只要符合此标准有担保债权人就将自动适用担保利益免责。在司法实践中,虽然联邦法院没有直接援引《贷款人责任规则》中设置的检验标准判断有担保债权人是否以保护担保利益为目的,但仍可以看出《贷款人责任规则》对联邦法院的影响。在美国诉美联银行案(United States v. Wachovia

Bank & Trust)中,购买人从美联银行处购买了其获得的已丧失抵押品赎回权的土地,随后环保署发现该土地上存在污染,要求购买人承担清理费用。购买人认为这是美联银行的责任,理由是美联银行从获得抵押土地所有权到将这些污染土地出售仅间隔几个月时间,这一做法不符合商业上的合理惯例(commercially reasonable manner),因此应由美联银行承担超级基金法上的贷款人责任。在联邦政府与美联银行的诉讼中,联邦上诉法院最终作出了有利于美联银行的判决。法院认为,被告作为取消赎回权拍卖中的唯一投标人获得抵押物并迅速出售抵押物,其行为符合商业上的常规做法,美联银行的上述行为全部都是保护担保利益的合理行为,而且在出售抵押物之后土地污染才被发现,所以应该受到免责保护。虽然在此案中,法院没有依据《贷款人责任规则》作出判决,但是可以看出《贷款人责任规则》对法院的影响。

(3) 参与管理。超级基金法有担保债权人免责的另一个条件是债权人必须避免参与相关设施的管理。债权人为保护在设施上的担保利益而持有所有权标记,只要没有参与设施的管理,就不会被作为潜在责任人承担责任。对于何为参与管理,美国联邦法院在缺乏明确解释的情况下作出了许多相互冲突的司法判决。在美国诉 Mirabile 案(United States v. Mirabile)中,图尔科涂料公司曾向吉拉德银行申请抵押贷款。为了确保信贷资金的安全,吉拉德银行委派信贷专员进入图尔科涂料公司的顾问委员会,并直接参与企业的生产经营管理。后该公司造成污染事故引起提起诉讼。法院认为,贷款人吉拉德银行对污染场地的具体经营细节行使了控制权,因此被判承担责任。本案的司法判决回答了贷款人因参与企业生产管理是否丧失其对担保贷款利益的豁免权的问题,认为参与纯粹的金融管理不足以产生超级基金法上的环境责任。要使债权人承担责任,必须最低程度参与日常经营与管理(day-to-day participation in the management or operation)。在美国诉 Fleet Factors 案(United States v. Fleet Factors Co.)中,第十一巡回审判庭推翻 Mirabile 案的判断标准。Fleet Factors 公司曾以应收账款为担保向布料印染工厂发放贷款,尽管污染发生时借贷关系已经终止,贷款人并未实际参与该工厂的经营,但是仍然因其对工厂的资金往来和经营活动具有控制能力而被判定承担污染治理和赔偿的责任,这一责任追溯到借贷关系存续期间。法院认为,只要债权人有能力影响(capacity to control)债务人危险物质的处置,就足以产生超级基金法上的环境责任,而不论其是否实际行使了这种能力。该判决大大缩小了有担保债权人免责的范围。在 Bergsoe Metal Corp. 诉 East Asiatic Co. 案中,第九巡回审判庭又推翻了第十一巡回审判庭在 Fleet Factor 案中的意见,认为债权人只是有能力影响债务人决策并不会导致超级基金法责任,只有债权人在处置危险物质的过程中实际行使了管理权,才会丧失有担保债权人免责的保护。[147]

鉴于司法判决上的混乱,《贷款人责任规则》对相关术语进行了严格的定义,明确摒弃了 Fleet Factors 案确立的标准。根据《贷款人责任原则》的规定,参与管理是指有担保债权人实际参与设施的管理或经营事务,并不包括仅仅有能力影响设施的经营,或者对设施拥有未行使的控制权。只有在有担保债权人对债务人履行环境义务的行为进行了决策控制,或者以相当于设施管理者的身份行使控制权,才被视为在抵押权实现之前参与了设施的管理。美国国会 1996 年制定《资产维持、贷款人责任和存款保险保护法》沿用了《贷款人责任规则》对参与管理的解释,并具体列举了参与管理的情形,设定了"安全港条款"(safe harbor provision)。参与管理的九类情形是:享有、转让或放弃担保利益;在担保协议或信贷展期协议中纳入环境义务遵循的约定、保证或其他与环境有关的条件;监督或执行担保协议、信贷协议中的条款或条件;监督或检查抵押物;要求债务人对危险物质释放采取措施;为减轻、预防担保物贬值提供金融等方面的建议;修改、重新协定担保协议或信贷协议的条款或条件;根据相关法律对违反担保协议或信贷协议进行救济;根据《国际应急计划》或在协调员现场指导下,为联邦政府的反应行动提供合理的协助或支援。

2007年纽约州诉汇丰银行案(New York v. HSBC)案是《资产维持、贷款人责任和存款保险保护法》增设"安全港条款"后发生的一起典型案例。西木化学公司(Westwood Chemical Co.)向汇丰银行申请抵押贷款后未按时还款,汇丰银行通过实施一项名为"银行保险箱"(Lock Box)的金融计划对西木化学公司进行财务监督,包括审批支付请求、审查经营费用等,并拒绝为公司装运、处置化学产品和关闭工厂的行为提供资金。后西木公司关闭了工厂,其遗留的化学品等危险物质发生泄漏引发环境污染。汇丰银行在长达数月的时间里通过资金保险箱参与借款人的日常经营管理,拒绝为关闭工厂提供资金支持,且没有向州政府报告危险物质的环境风险,其参与管理的程度已超过了安全港条款的保护范围,最终汇丰银行与纽约州环保局达成了和解协议。根据和解同意令(Consent Decree),汇丰银行支付了巨额反应费用和罚款。从这些案例可以看出,有担保债权人参与债务人与环境无关的金融管理事务一般不会成立超级基金法所有人或经营人责任,而一旦参与了与环境有关的管理和决策,特别是有关废弃物处置的管理和决策,就极易将自己暴露在法律风险面前。虽然修正后的超级基金法为判断参与管理提供了标准,但在司法实践中,还需要联邦法院对具体案件进行具体适用。从美国近年来的判例上看,法院对待此类案件的态度趋向缓和,给有担保债权人提供了比较宽松的免责保护范围。[148]

除了上述主要抗辩规定,超级基金法及后续修订法案还新增了部分免责条款。1999年《超级基金回收平衡法》规定了回收利用行为抗辩,2002年《小企业责任救济和棕色地块振兴法案》为善意潜在购买人、轻微责任人、毗邻不动产所有人以及产生城镇固体废物的主体设置了责任免除条款,在特定条件下这些主体也不承担超级基金法上的环境责任。

5.3.2.4 损害赔偿范围

1. 反应费用恢复权

超级基金法上的损害赔偿建立在法律明示或默示规定的反应费用恢复请求权的基础上。在美国法中,发起诉讼首先要具有起诉资格(standing),如果联邦立法没有明确为主体设定诉权,则该法院就应该对诉权是否存在默示规定作出裁决。在司法实践中,实施了清理行动的潜在责任人是否可以提起反应费用恢复诉讼存在一定争议。这一问题涉及已经破产或解散的潜在责任人的份额如何分担,即"孤儿份额"(orphan shares)的分担问题。联邦法院曾一度将作为私人主体的潜在责任人排除在反应费用追偿诉讼以外,认为允许其提起追偿会使其获得额外利益。后来部分法院改变看法,认为允许自愿实施了清理行动的潜在责任人向其他潜在责任人追偿有利于激励其及时、积极、快速地对污染场地作出反应。目前,根据司法判例,潜在责任人享有反应费用恢复请求权,可以作为主体对其他潜在责任人提起反应费用恢复诉讼。申言之,在超级基金法法律框架内,实施了适当清理行动的潜在责任人就获得了针对其他潜在责任人的反应费用恢复请求权。在潜在责任人对其他潜在责任人发起的反应费用恢复诉讼中,作为被告的潜在责任人需要对作为原告的潜在责任人发生的所有反应费用承担连带责任。[149]

超级基金法没有对"费用"一词进行界定,只是对反应行动(response)作出了界定。反应行动泛指对危险物质释放或释放威胁采取的消除、清除、救济或救助行动,其基本含义就是清理行动(cleanup)。因此,反应费用的基本含义就是在实施消除、清除、救济或救助行动即清理行动时所发生的费用。因此,反应费用恢复请求权设置的目的在于允许实施了清理行动的主体将已经发生的反应费用转移给其他主体,而不是允许应承担责任的主体就其已承担的责任向其他潜在责任人主张分摊。联邦地区法院在 United States 诉 Taylor 案的裁决中对这种区别进行了解释:如果潜在责任人没有亲自实施清理行动,就不会发生反应费用,此时潜在责任人的责任类似于侵权行为人对医生账单所承担的责任。侵权行为人支付医生账单并不意味着侵权行为人亲自实施治疗并因治疗行动发生医疗费用。除此之外,超级基金法还为实施了适当清理行动的私人主体提起反应费用恢复诉讼设置了联邦法院的上诉权。根据超级基金法,潜在责任人应当为下列费用承担责任:第一,联邦政府、州政府实施的不违背《国家应急计划》规定的反应行动所发生的费用;第二,任何私人主体实施的符合《国家应急计划》的反应行动所发生的必要费用。为此,实施了清理行动的联邦政府和私人主体可以依据该节规定的反应费用恢复请求权,向潜在责任人提起反应费用恢复诉讼(cost recover action),就相应的反应费用进行追偿。

2. 反应费用分摊权

潜在责任人承担连带责任意味着需要在责任主体内部确定责任份额的问题。1980年最初的超级基金法条款没有规定反应费用分摊权。从判例来看,超级基金法是否能推定出默示的反应费用分摊诉权,在司法中还有不同裁决。鉴于1980年超级基金法关于反应费用分摊权的不明确以及联邦法院意见上的分歧,美国国会在修订超级基金法时增设了潜在责任人反应费用分摊权(contribution),即在反应费用追偿之诉中承担了相应责任的潜在责任人要求其他潜在责任人分摊责任份额的权利。相比于反应费用追偿权,反应费用分摊权解决的是各责任人之间的责任分摊问题。如果说前者将潜在责任人视为一个整体,强调其对外的共同责任、整体责任,那么后者就聚焦于潜在责任人内部,强调个体责任。在反应费用追偿之诉中,按照严格责任原则和相应的举证要求,原告只要证明了被告属于潜在责任人就完成了初始证明责任,而在反应费用分摊之诉中,原告需要对各潜在责任人的责任份额承担证明责任。

5.3.3 美国超级基金法商业银行环境责任制度的借鉴意义

从绿色信贷法律规制的域外经验中不难发现,商业银行环境责任最终要依靠国内立法,通过在国内法中构建绿色信贷法律规制体系,最终驱动金融机构主动履行环境责任。

5.3.3.1 责任制度的功能

回顾超级基金法的立法历程,尽管法案制定之初具有应急性,潜在责任人等规定不严谨,且修订过程中由于银行集团的游说,责任标准从严苛逐步走向宽松,但是瑕不掩瑜,美国超级基金法依然不失为一次有参考价值的环境硬法。它第一次建立起了有法律约束力的贷款人环境责任,通过侵权法的归责原则建立起了明确的责任标准,将商业银行等金融机构纳入环境损害赔偿责任的法律框架中来。

美国国会在制定超级基金法时希望实现双重立法目的:第一,治理作用,即通过超级基金法的实施,推动危险废弃物和场地的清理修复,并严格按照污染者付费的原则要求对场地污染负有责任的主体承担清理和修复费用。第二,预防作用,即通过超级基金法严格的责任机制,促进整个社会以更谨慎的方式进行危险物质的处理和处置。

超级基金法确立的环境责任在督促商业银行参与环境保护方面发挥了积极的作用。超级基金法颁布后,美国联邦和地方政府对于环境损害的反应速度、行动能力和治理效果都有了显著提升。根据美国环保署的数据,在超级基金法生效后的二十年中,美国环保署进行了6 000余次清理行动,修复了大量受污染的场地。商业银行面临具有约束力的硬法责任,在贷款前必然更为审慎,对借款人进行环境风险调查,将是否遵守环境标准作为继续向其提供资金支持的前提条件,这一责任制度督促银行对借款人的环境政策进行充分监管,以商业银行的金融决策为传导,将环境标准转化为授信条件,进而影响社会经济活动,最终提高了解决环境污染问题的效率。可以说,宽严适度的硬法规制也是一项有效的环境激励制度。

超级基金法创立的潜在责任人制度明确了商业银行承担环境责任的法律逻辑,认定在借款人造成场地污染而商业银行事实上参与管理的情况下,商业银行实质上与直接的行为者共同实施了环境侵权行为,商业银行应当承担环境责任。根据环境法上的污染者付费(polluters pay)原则和侵权责任法的归责方法,通过所有者和经营者两种模式将作为贷款人的商业银行纳入环境法律责任的主体范围。这一责任制度突破了传统民商法的责任体系,通过潜在责任人制度使商业银行等潜藏在生态环境事件的主体承担环境责任,突出社会公益性,从社会整体利益的视角重新定义环境问题,提高了填补环境损害的效率和社会整体福利。这种社会化视角避免了环境软法中商业银行自己为自己设立责任的弊端,克服了软法责任的正当性缺陷。

作为具有法律约束力的硬法,超级基金法还有与之相配套的传统法律解决机制,这也为商业银行环境责任提供了有效的救济途径。必须说明的是,超级基金法采取的是环境侵权救济路径而非传统的行政规制路径。在超级基金法的责任框架下,由美国环保署连同其他政府部门一起通过向法院提起环境侵权诉讼,按照侵权法上的严格责任、连带责任和回溯的原则向商业银行进行责任追究,这一责任保障机制为商业银行环境责任的法律化提供了参考范式。

5.3.3.2 责任制度的局限性

从立法过程可以看出,美国的超级基金法立法过程经历了多方利益主体的博弈,过程颇为曲折。超级基金法具有明显的应急性,设立之初是为了应对严峻的环境问题,从而将承担责任的主体范围直接扩大到该法通过前的场地所有人、经营人,以及那些并没有直接实施环境侵权而只是具有所有者身份和担保利益的主体,与环境侵权存在关联的主体尤其是商业银行暴露在巨大的赔偿风险之下,因此遭到商业银行的质疑和反对。在银行界的游说和影响下,后续立法在商业银行环境法律责任的设定上时轻时重,甚至畸轻畸重。宽严适度的硬法规制能激励商业银行积极参与绿色经济和环境保护,但畸轻畸重的责任制度则会对污染治理领域的金融信贷产生负面影响,其实际运行效果必然与立法和司法的初衷相悖。例如在 United States 诉 Fleet Factors 一案中,美国第十一巡回审判庭希望通过判决实现对商业银行的正向激励,但是由于超级基金法严格责任超出了原有的普通法上关于银行责任的要求,使商业银行面临较大的法律风险,这一风险带来的环境责任很可能会超出担保财产的价值,最终对商业银行产生了逆向激励,最终造成银行减少或避免向任何存在环境风险的企业贷款的结果。

美国超级基金法设立之初,潜在责任人环境责任制度存在一定的不确定性,在实践中这种不确定性又被进一步扩大。尽管后续立法中这一缺陷得到了一定程度的修正,但在实践中依然存在一定争议。法律的规范功能之一即为行为主体提供行为的指引和预测。不确定的环境法律责任会损害法律规范所具有的预测和指引功能。但由于超级基金法对概念的界定较为模糊,潜在责任人环境责任制度无法为商业银行提供明确的行为指引和预测,这种不确定性增加了银行贷款项目的成本和风险,并对污染治理领域的银行信贷产生负面影响,出现了与立法者和司法者预期相反的结果。

此外,超级基金法并非专门规制商业银行环境法律责任的硬法,也不是专司环境损害赔偿责任的法律,而是针对土壤治理、危险物质泄漏的制定的环境单行法。超级基金法的法律责任体系是在关于土壤防治的环境单行法中确立的,是环境立法的副产品。立法者在其费用负担部分提出了潜在责任人承担赔偿责任,又通过潜在责任人制度中的两个连接点——所有者和经营者将责任主体延伸至商业银行。可以说,商业银行环境法律责任是超级基金法立法的一个副产品,其立法重点不在于此,这也一定程度上解释了最初《综合环境反应、赔偿与责任法》立法中为何出现潜在责任人条件和范围不明确的问题。尽管后续立法中这一缺陷得到了修正,但在多方的博弈下,超级基金法商业银行环境法律责任时轻时重,在实践依然存在一定争议。

5.3.3.3 美国超级基金法对我国商业银行绿色信贷法律规制的启示

在商业银行环境责任成立的法理基础的问题上,超级基金法通过创设潜在责任人这一责任主体建立了贷款人和环境损害的连结点,明确了责任成立的法律逻辑。认定在借款人造成场地污染而商业银行事实上参与管理的情况下,作为潜在责任人的商业银行实质上与直接的行为者共同实施了环境侵权行为,商业银行应当承担侵权法上的环境责任。通过扩大环境法污染者付费(polluters pay)原则中污染者的范围,以侵权法中环境侵权的严格责任为基础,将作为贷款人的商业银行纳入环境法律责任的主体范围。申言之,超级基金法的商业银行环境法律责任实质上是一种特殊的环境损害赔偿责任。

在救济机制上,超级基金法作为具有法律约束力的硬法,有与之相配套的传统法律救济机制,因此超级基金法创立的环境责任也能通过这一机制得到有效的法律救济。超级基金法超越了传统的行政规制路径,通过民事侵权责任的路径进行环境救济。在实践中,超级基金法下的环境责任机制和传统的民事责任机制同时运行。当出现异常危险活动或重大环境风险时,美国环境保护署对环境事件迅速作出反应,并连同其他政府部门向潜在责任人提起诉讼,按照侵权法上的严格责任(strict liability)、连带责任(joint and several liability)和回溯的原则(retroactive liability)追究责任。潜在责任人包括商业银行,这一环境侵权救济机制为商业银行环境责任的法律化提供了一个参考范式。

关于法律政策的选择。商业银行环境责任的法律规制是一个横跨环境法、金融法和侵权责任法的综合性法律问题。对应地,在立法体例的选择上,理论上就存在环境法、金融法和侵权责任法几种不同的切入点。美国未采用纯粹的金融法角度为商业银行环境责任制定专门性法律,而是在环境法中对商业银行环境法律责任进行规制,即在以超级基金法为主的环境单行法中按照侵权责任制度框架设立了更为明确具体的商业银行环境损害赔偿责任。一般而言,环境单行法针对特定的环境领域,旨在解决该领域的环境问题。在我国环境治理的各领域中,土壤污染治理一直是重点和难点问题,将其作为制度试点建立商业银行环境责任,不仅有助于完善我国绿色信贷法律规制体系,也有助于解决土壤污染治理中的责任主体不清、资金支持不足等问题,具有金融法治和环境法治的双重意义。要求商业银行承担土壤污染治理中的环境责任并非照搬美国超级基金法上"deep pocket"的风险分配方式,而是出于对商业银行在环境安全保障义务上的要求和环境治理的现实需要。在我国实行抵押登记制度的情况下,作为土地使用者的工厂搬迁或企业破产不复存在时,即环境损害的直接行为人无处可寻时,作为土地管理人或抵押权人的商业银行在法律关系上更为稳定和便于确定。另外,也必须认识到,超级基金法作为针对土壤治理、危险物质泄漏而制定的环境单行法,由其设立的商业银行环境损害赔偿责任在适用领域上也有一定的局限性。这一责任能否推广到除土壤治理、危险物质泄漏外的其他环境领域,在更广泛的领域进行绿色信贷法律规制也是一个值得研究的问题。

综上,以美国超级基金法为代表的域外环境硬法为研究商业银行环境责任的法律化基础提供了研究样本。对其中的商业银行环境法律责任成立条件、性质、救济机制等进行规范化考察,可以发现,美国超级基金法对商业银行等利益相关方作出了明确的环境责任要求以及相应的责任追究、赔偿规定,对美国的环境经济政策产生了积极的影响,为美国从源头控制污染的各项政策提供了法律支持,其经验值得我们借鉴和学习。

6 商业银行绿色信贷法律规制的责任构成

6.1 商业银行绿色信贷法律规制的特殊性

研究商业银行绿色信贷中的责任构成,首先需要分析商业银行在环境侵权中发挥了何种作用,明确其在环境侵权法律关系中的特殊地位。

6.1.1 商业银行作为环境义务主体的特殊性

商业银行是环境法律关系中的特殊主体,其环境义务具有特殊性。一般而言,商业银行对环境的影响力体现在两个方面,即作为一般主体在日常运营过程中产生的生态足迹,以及作为金融组织发挥其金融功能合理配置资源参与环境治理所发挥的作用。前者当商业银行自身的生态足迹成为环境侵权的原因行为的情况下,商业银行承担的责任与其他社会主体并无二致,可以视之为公民层面的环境法律责任。本书所研究的是商业银行作为金融机构,因其发挥金融功能负有的特殊环境义务,以及由此承担的法律责任。

6.1.1.1 商业银行金融功能的特殊性

商业银行是现代经济体系中最重要的金融机构之一。银行作为一个术语起源于意大利语 Banca,在英语中转化为 Bank,在中文中"银行"一词最早出现在北宋年间,而银行作为表征金融机构的术语则在清末才逐渐使用,与我国近代银行业的兴起同时。一般认为,现代意义上的商业银行是指通过存款、贷款、汇兑、储蓄等业务，承担信用中介的金融机构，依法设立的吸收公众存款、发放贷款、办理结算等业务的企业法人，甚至多功能、综合性的金融百货公司。在我国，根据商业银行的规模和业务范围，参考国家金融监管总局的统计类别，商业银行分为大型商业银行、股份制商业银行、城市商业银行、民营银行、农村商业银行和外资银行。在经济体系中，商业银行承担着信用中介、资金融通、调节经济等职能，在金融系统和社会经济中处于重要地位。

传统金融法理论认为，商业银行是典型的理性经济人，以营利为目标，向经济主体提供金融产品和金融服务以获取利润，在开展金融业务时遵循意思自治、交易自由的民商法原则。如在信贷业务中，商业银行通过与借款人签订借贷合同形成私法上的民事法律关系。在对借款人资质进行了基本的合法合规审查后，商业银行不对贷款的使用情况承担额外的注意义务。商业银行的责任体现为合同责任，具有相对性，其他主体不能就使用贷款资金过程中导致的损失向商业银行追究责任。但是，从社会整体视角检视，商业银行有别于一般的私人企业，其承担的金融功能使商业银行在环境侵权中具有特殊性。

第一，金融产品的公共性决定了商业银行具有一定的公共性。商业银行主要经营金融资产和金融负债，其产品表现为货币和货币资本，通过资金融通的方式获取利润，其基本业务形态为吸收公众存款和向社会发放贷款。在这一过程中，商业银行的金融利润建立在金融产品的公共性上，并且与金融风险具有高度的正相关性。可以说，商业银行提供的金融产品本质上是一种风险管理机制，将金融资产与风险在社会各部门间进行转移和分配，具备一定的公共性。

第二，金融的中介功能决定了商业银行侵害环境的间接性和隐蔽性。商业银行对环境最主要的影响力并不是其作为一般主体在机构日常运营过程中产生的生态足迹，一般情况下，商业银行很少作为直接侵权人实施污染环境或破坏生态的行为。商业银行可能在其日常运营活动中存在轻微环境损害行为，如未使用节能环保产品、有少量资源浪费现象等,但是在此种情况下商业银行承担的环保责任与其金融功能无关。本书所研究的,是商业银行作为金融中介组织发挥其配置金融资源所实现的环境治理的功能。商业银行通过授信业务、股权投资等方式建立与资金使用人的法律关系,后者运用银行资金实施环境侵权行为、造成环境污染或损害,商业银行实质上为环境侵权提供了资金支持,商业银行与环境损害具有事实上的因果关系。但是,两者法律上的因果关系却并不易建立。由于分属不同的法律关系,银行的金融业务独立于借款人的侵权行为,因果关系链条更为间接和复杂,追踪因果关系脉络更为不易。因此,作为环境侵权资助人的商业银行隐身在绿色信贷法律规制体系之外,往往成为消失的被告。

第三,金融服务的特许权价值决定了商业银行应当承担更高水平的环境责任。商业银行的公共性还源自金融业的特殊性。根据巴塞尔委员会《有效银行监管核心原则》,商业银行的准入条件是涵盖银行所有权、治理结构、战略规划、内部控制、风险管理和财务状况等各项内容的综合性条件。许多国家的商业银行法都参照上述原则对设立商业银行规定了较高的准入标准。以最低初始资本金为例,德国、瑞典将商业银行准入资本金规定为 500 万欧元,我国香港地区为 1.5 亿港元。我国《商业银行法》规定设立全国性商业银行的最低注册资本为 10 亿元人民币,设立城市商业银行和农村商业银行的最低注册资本分别是 1 亿元和 5 000 万元,且商业银行的注册资本采用实缴制而非认缴制。在最低注册资本之外,商业银行法还规定了必须具备适格的董事和高级管理人员,健全的机构管理制度等要求,这进一步提高了我国商业银行的准入条件。较高的准入条件决定了进入金融市场的主体较为有限,这意味着金融市场并非充分竞争的自由市场,金融服务具有特许权价值,从这一重意义上讲,金融市场是有限竞争市场,开展金融服务的商业银行具有特殊的市场地位。商业银行凭借金融市场的特殊地位从社会获得利益的同时,也应当承担较高水平的社会责任。

在环境领域,商业银行的公共性更为突出。单纯追求利益最大化可能使得金融资金流向高污染、高耗能企业,环境污染的后果最终由整个社会来承担,商业银行的公共性进一步放大了环境侵权的负外部性。因此,有必要使商业银行从经济人向生态人转变,个体视角下商业银行不必考虑其金融行为可能对环境造成的间接影响,但社会视角下的商业银行在考虑商业利益的同时也要考虑社会整体利益,以保障社会的良性运行。

6.1.1.2 商业银行环境功能的特殊性

商业银行的环境功能体现为其履行环境义务的社会效果。相比于一般的社会组织,商业银行环境义务的来源和性质具有特殊性。

1. 商业银行环境义务源于金融企业社会责任

企业社会责任是企业对其利益相关者所承担的各种义务的集合。企业社会责任是多层次的,具有多位一体的特性。[150]第一层次的企业社会责任是基础性、原则性的,企业在追求自身经济利益时必须遵守不得损害其他利益相关者的利益这一基本准则。为确保这一基础性的企业社会责任能得到广泛的遵守,一定条件下,这一层次的企业社会责任通过法律化的路径被转化为法律义务。法律化是利用法律概念的开放性结构,通过对核心概念的解释,对法律概念的内涵和外延等进行界定的过程,并设计假定、行为模式和法律后果等规范要素将之纳入法律调整范围。商业银行环境社会责任的法律化就是将倡导型、促进型立法和行业指引对商业银行设定的非强制性的环境道德义务通过法律化形式纳入法律调整范围,在硬法中予以确认,赋予法律约束力,并依靠国家强制力保障实施的过程。

相较于一般社会组织,商业银行在承担有关环境的社会责任方面,既有一般企业的共性,更有其特殊性。这种特殊性集中体现在配置金融资源的过程中的战略角色,而非作为一般社会公民的环保实践。关于商业银行的企业社会责任,其法理依据来自《商业银行法》和《公司法》的企业社会责任原则。《商业银行法》第 8 条规定:"商业银行开展业务,应当遵守法律、行政法规的有关规定,不得损害国家利益、社会公共利益。"《公司法》第 5 条规定:"公司从事经营活动,必须遵守法律、行政法规,遵守社会公德、商业道德,诚实守信,接受政府和社会公众的监督,承担社会责任。"这两项条款共同确立了商业银行的企业社会责任,明确商业银行作为营利性金融机构,应该在日常经营过程中维护社会利益,承担社会责任。

必须说明的是,并非所有企业社会责任都会经硬法路径转化为法律义务。除了基础性企业社会责任,还有更高层次的企业社会责任,即商业银行在追求企业经济利益最大化的同时,为提高环境公益和社会整体福利水平,或者提升企业声誉等,而自愿作出的高于法律义务标准的某种付出或限制。这一环境义务并非源自法律的直接规定,而是基于软法的指引、倡议,合约的约定,或是依诚信而产生的对商业银行的合理期待。2009 年中国银行业协会制定《银行业金融机构企业社会责任指引》,其中设专章"环境责任"列出了银行所应承担的环境领域的企业社会责任,建立起了银行业应对环境风险、承担环境责任的行业指引。除此之外,商业银行的环境义务还源自国际金融软法,如银行业组织制定的行业准则赤道原则。赤道原则是以国际金融公司和世界银行的政策和指南为基础,由世界主要银行业金融机构制定、被银行业普遍认可和接受的业务指南。它以自愿履行为基础,用于在项目融资中识别、评估和管理环境社会风险。虽然这种软法原则不具有强制性的约束力,但仍然可以作为消极条款(negative covenants),通过赤道银行所作出的承诺实现其功能。尽管在金融业务中银行有充分的决策权,但依据其公开承诺,银行有基于诚信的义务,不从事与这些承诺所表述的价值或规范背道而驰或自相矛盾的行为,从而构成了依诚信而产生的环境义务。

2. 环境法一般环境义务的具体化

在现行环境法中,作为基本法的《环境保护法》没有针对商业银行进行专门的环境责任立法,而是通过设定一般主体的环境义务将商业银行涵盖在义务主体范围内。《环境保护法》第6条规定,一切单位和个人都有保护环境的义务。一般认为,这一条款为一般主体设定了基础性、概括性的环境义务,表明环境义务主体的广泛性和普遍性。《环境保护法》第64条规定"因污染环境和破坏生态造成损害的,应当根据《中华人民共和国侵权责任法》的有关规定承担侵权责任。"这一规定以引致条款的形式将环境法和侵权法嫁接起来。在《环境保护法》外,各类环境单行法对商业银行的义务和责任作出了更为直接的规定。如《节约能源法》第65条规定,国家引导金融机构增加对节能项目的信贷支持,为符合条件的节能技术研究开发、节能产品生产以及节能技术改造等项目提供优惠贷款。《循环经济促进法》第45条规定,对符合国家产业政策的节能、节水、节地、节材、资源综合利用等项目,金融机构应当给予优先贷款等信贷支持,并积极提供配套金融服务。对生产、进口、销售或者使用列入淘汰名录的技术、工艺、设备、材料或者产品的企业,金融机构不得提供任何形式的授信支持。这些环境单行法都以倡议性条款的形式提出银行应对环保节能项目提供信贷支持。

6.1.2 商业银行环境损害的复合型结构

作为金融机构,商业银行的环境侵权建立在其金融功能的基础上,即不是以直接、显性的行为方式直接对环境造成损害,而是以间接、隐蔽的方式,由商业银行的金融业务(如信贷)和直接侵权人的环境侵权行为叠加而成,具有复合型的结构。商业银行的信贷行为单独并不能构成环境侵权,而是引发了一定程度的抽象意义上的危险性。这一抽象的危险性必须依附于具体的环境侵权行为,才能使潜在的环境损害真正发生、成为现实。商业银行绿色信贷中的环境危害包含在两重关系中:第一,商业银行与直接侵权人的内部关系,这是商业银行被纳入环境侵权法律关系的前提;第二,环境侵权法律关系,这是后续讨论商业银行环境损害赔偿责任的基础。探求商业银行是否承担环境损害赔偿责任的关键,是看商业银行的资金支持行为是否足够使其

6 商业银行绿色信贷法律规制的责任构成

突破直接环境侵权人造成的侵权法律关系,使之成为环境责任的主体。

6.1.2.1 商业银行环境损害的内部法律关系

1. 股权关系中的商业银行与环境损害

在认定责任之前,我们首先需要厘清商业银行与直接侵权人之间的内部法律关系。概言之,商业银行与企业之间的法律关系包括股权关系和债权关系等。

从理论上讲,在股权关系下,如果商业银行直接投资并拥有一家企业的股权,该企业实施了污染环境或破坏生态的行为,根据公司独立人格和股东有限责任原则,作为股东的商业银行一般无须为该企业的环境侵权行为承担法律责任。但是,如果商业银行滥用股东权利,利用企业实施环境污染或环境损害行为,根据公司人格否认制度,此时股东和企业人格混同,作为股东的商业银行需要和企业承担连带的环境损害赔偿责任。

但是在我国,这一理论上的联系在实践和法律层面都受到了挑战。第一,我国《商业银行法》对商业银行直接股权投资的对象、范围等进行了限制,规定商业银行不得向非银行金融机构和企业直接投资。因此,在直接股权投资受限的情况下,商业银行只能另辟蹊径,使用自有资金通过子公司投资,或者使用银行理财资金通过私募基金、信托等形式开展投资。商业银行进行股权投资的规模、通道都受到了限制。根据资管新规,投资人需要具有相应风险承受能力,且资金期限匹配。如果商业银行用自有资金利用子公司开展股权投资,还要计提高额资本占用,其投资总额受资本数量制约。因此,当前我国商业银行参与股权投资并不充分。近年来,金融体制改革呼声不断加大。党的十九大报告从深化金融体制改革的角度明确指出,要增强金融服务实体经济能力,提高直接融资比重,促进多层次资本市场健康发展。党的二十大报告提出要"健全资本市场功能,提高直接融资比重",为优化融资结构、增强金融服务实体经济能力进一步指明了方向。但是,在实践层面上,我国间接融资长期居于主导地位、发展惯性强,资本市场发展还不够充分、机制有待完善,而且在法律层面上,商业银行以股东身份参与股权投资也存在法律障碍,因此,当前我国商业银行参与股权投资并不充分。

第二,公司人格否认的认定较为困难。公司独立人格和股东有限责任是公司法律制度的基石。为防止股东利用公司独立人格和股东有限责任损害公司、其他股东和公司债权人的利益,现代公司法设置了公司人格否认制度,揭开公司面纱。我国《公司法》也对公司股东不得滥用股东权利作出了原则性规定,并明确提出如股东利用其有限责任和公司法人地位造成公司债权人利益受损,应承担连带责任。这一规定被视为原则上确立了我国公司法的公司人格否认制度。但是,这一条文仅停留在原则上,公司法中并未进一步规定公司人格混同的认定标准。最高人民法院于 2013 年发布的指导案例——徐工集团工程机械股份有限公司诉成都川交工贸有限责任公司等买卖合同纠纷案,确立了关联公司人格混同的标准以及适用人格否认制度的条件和效果,提出股东与公司之间如果存在人员、业务、财务等方面交叉或混同,造成各自财产无法区分,丧失独立人格的,构成人格混同。这一指导案例明确将人员混同、财产混同、业务混同作为认定人格混同的标准。[151] 根据这一标准,涉及商业银行股权投资的环境侵权难以适用公司人格否则制度。如前所述,《商业银行法》对商业银行直接股权投资进行了限制,在实践中商业银行往往通过私募基金、信托产品等金融工具间接、迂回地开展投资,一般不会和投资企业之间产生人员、业务、财务的交叉或混同,难以适用人格否认制度,揭开企业面纱,要求商业银行和作为环境侵权行为人的企业一并承担责任。

2. 借款合同与商业银行的环境损害

商业银行环境损害主要建立在商业银行与直接侵权人之间的信贷关系的基础上,往往由商业银行与借款企业的信贷关系和借款企业的环境损害叠加而成。根据《商业银行法》第37条的规定,商业银行的所有贷款应当与借款企业签订借款合同。从绿色信贷的角度上看,完整的借款合同内容由三个部分组成:普通借款合同基本条款、绿色信贷义务相关条款以及与借贷相关的担保合同。根据《商业银行法》《贷款通则》的相关规定,商业银行与借款企业之间的普通借款合同基本条款包括借款种类、用途、金额、利率、借款期限、还款方式、双方的权利义务,以及违约责任等内容。这构成了借款合同的基础。在涉及环境因素的信贷实践中,根据《绿色信贷指引》的要求,商业银行还应当通过完善借款合同的条款督促借款企业加强环境和社会风险管理。对涉及重大环境和社会风险的借款企业,在合同中约定要求其提交环境和社会风险报告,订立借款企业加强环境和社会风险管理的声明和保证条款,设定借款企业接受商业银行监督等承诺条款,以及借款企业在管理环境和社会风险方面违约时商业银行的救济条款。这些构成了借款合同的绿色条款。根据《商业银行法》《贷款通则》的相关规定,我国商业银行贷款以担保贷款为主。一般而言,担保贷款包括保证贷款、抵押贷款和质押贷款。保证贷款指按担保法规定的保证方式以第三人承诺在借款人不能偿还贷款时,按约定承担一般保证责任或者连带责任而发放的贷款。质押贷款指按担保法规定的质押方式以借款人或第三人的动产或权利作为质物发放的贷款,在商业银行质押贷款的业务实践中,以票据、股权、基金份额等权利进行质押为常态。上述两类担保贷款方式,旨在通过保证人的信用和质押的权利来保障商业银行作为债权人的利益。在保证贷款人,虽然保证人的保证能力可能会因其自身所遇到的环境风险而受影响,但这一环境风险并不会直接蔓延至作为债权人的商业银行。在权利质押中,权利作为无形财产,不具有物理上的环境属性,权利凭证也不会直接造成环境污染或损坏,因此,商业银行作为质押权人一般不会因权利质押中的转移占有而转移获得环境风险。在排除保证和质押之后可以发现,在担保信贷中,商业银行进入环境损害的通道或被环境损害波及的中间介质一般是抵押贷款。抵押贷款指按担保法规定的不转移占有的抵押方式以借款人或第三人的财产作为抵押物发放的贷款。在抵押贷款中，借款企业一般将土地使用权、厂房、设施、材料等作为抵押物向商业银行申请贷款，如近几年兴起的采矿权抵押贷款中，有商业银行要求采矿权与固定资产、机器设备捆绑抵押，银行在取得这些资源时自己进行有关的生产经营，或者在收集、贮存、运输、利用、处置固体废物的过程中造成了污染。当借款企业因各种原因无力按时偿还借款，商业银行通过行使抵押权而保障其债权利益时，由于抵押物存在造成环境事件的潜在风险，商业银行在特定情况下对环境损害承担赔偿责任，申言之，抵押贷款使商业银行暴露在环境风险中。抵押贷款应当由抵押人与贷款人签订抵押合同，商业银行对抵押权的行使会对商业银行与借款企业间的关系和抵押物的法律状态产生影响，使其面临的环境风险更加复杂，因此商业银行抵押贷款合同中的绿色条款应区分抵押权行使前与抵押权行使后具体约定。

6.1.2.2 商业银行环境损害的外部法律关系

在对商业银行环境责任关系进行分析时，还需要研究商业银行在环境损害中的外部角色。如上所述，商业银行的借贷与借款企业所造成的环境损害相互结合，违规信贷和直接侵权行为叠加而成导致环境损害。商业银行的授信业务只是一定程度上引发了抽象意义上的危险性，其信贷行为单独并不能构成环境侵权，而是依附于具体的环境侵权行为最终才真正造成环境损害。在这种情况下，借款企业作为直接侵权行为人，其污染环境或破坏生态的行为构成了直接原因力，而商业银行在明知或应知的情况下怠于行使审查监督义务，仍然违规贷款，为环境侵权行为提供实质性帮助，则可能构成环境侵权中的帮助行为，信贷行为与环境损害结果之间存在间接原因力。在这种情况下，法律可突破债的相对性原理，使帮助侵权行为人与实际侵权行为人对损害赔偿承担连带责任。设立商业银行环境损害赔偿责任，是在导致环境污染和生态破坏的直接行为人之外,将环境责任承担主体扩展到为环境污染和生态破坏的项目提供贷款资金的人,将环境金融活动纳入环境损害责任体系中。

在环境法研究中,对于环境损害的认识存在不同观点,因此有必要首先分析环境损害与相关概念如环境污染、环境侵权的关系。第一种观点认为环境污染涵盖生态损害,原《侵权责任法》第65条规定的"环境"应当依据宪法的规定解释,即包含生活生态环境,环境污染责任涵盖了生态损害责任。[152]第二种观点认为环境侵权等同于环境污染,生态损害不属于环境侵权。这种观点认为环境侵权损害是指环境危害行为以环境(或生态)为媒介造成他人的人身、财产或精神损害,而生态损害则仅指环境危害行为直接作用于生态(或环境)本身所造成的独立于或伴随于传统的环境侵权损害而存在的生态(或环境)本身的损害(即重大退化)。[153]第三种观点则认为环境侵权包括环境污染与生态损害。这是环境法学界的普遍观点。认为"原因行为上污染行为和破坏行为的二分,正是环境侵害类型化的基础","从与行为依附的物质或能量性质看,污染行为所排放的物质或能量本身就是直接有害的","环境污染行为具有一个共同的特征——排放,即人们必须将利用环境所产生的废弃物或者副产品向环境排放才可能产生污染","而破坏行为中的物质或能量本身并不一定直接就是有害的"。[154]在环境法学理上,一般以环境污染和生态损害(或称破坏)的行为两分法作为环境侵权行为的分类基础,进而将环境侵权的原因行为划分为环境污染行为和生态损害行为两大类。

我国原《侵权责任法》采取狭义的环境侵权说,将环境侵权定义为环境污染。《环境保护法》则以引致条款的形式将环境责任范围进行了扩张。新修订的《民法典》第七编"侵权责任编"第七章将环境责任的范围扩张为环境污染和生态破坏。本书没有使用环境侵权责任这一概念,而是将商业银行的环境责任限定为环境损害赔偿责任,即将商业银行环境责任的研究的重点放在了环境损害这一法律后果上。环境损害涉及对环境利益多元价值的影响,不同于传统侵权形态,也不仅限于环境污染行为,本书使用环境损害的概念以示区别。环境损害行为包括环境污染行为与生态破坏行为,两者都是造成环境损害的原因行为,前者主要表现为排放污染物,后者的行为形态更为多样。就损害后果而言,环境损害主要表现为环境要素、生态要素的损害或者生态系统的退化,即行为对环境利益造成的负面影响,不同于人身或财产权受损。[155]环境污染责任是环境侵权的主要形态,在原《侵权责任法》第八章进行了明确的规则设定,而对于生态环境损害,在我国原来的侵权法中则并未涉及。《民法总则》确立了保护生态环境的绿色原则,在此基础上,《民法典》"侵权责任编"加入了环境损害的内容,将原《侵权责任法》第八章的"环境污染责任"调整为"环境污染和生态破坏责任"。这一立法调整一方面承认了环境损害的特殊性,另一方面适用与环境侵权责任相同的规则体系,其制度逻辑需要进一步研究。

6.1.3 商业银行作为环境损害赔偿义务人的特殊性

6.1.3.1 行为主体与责任主体的分离

商业银行在环境损害中承担不同的角色。一般而言,商业银行在其经营过程中面临不同类型的环境风险,承担不同角色,亦对应不同的风险管理机制。本书所讨论的主题,并非指银行作为一般社会主体在其日常运营活动中面临的环保风险,如未使用节能环保产品导致经济损失等。因为在此种情况下,商业银行承担的环保责任与其他社会主体并无二致,可以视之为公民层面的环保责任。商业银行的环境风险还包括声誉风险、授信风险等。前者如借款人的环境侵权行为波及和损害了商业银行的社会声誉。环境侵权行为的直接实施者虽然是借款人,但商业银行也由于其借贷行为扮演了间接资助环境侵权行为的角色,从而可能降低其社会评价,损害该银行甚至整个银行业的声誉;后者如借款人因环境侵权行为遭受处罚会带来降低其还款能力,导致信用或财务风险。上述风险并非法律风险,也不作为本书的讨论重点。本书所研究的,是商业银行有别于一般的营利性企业的环境损害赔偿责任,这一责任本质是商业银行公共性的体现,即金融产品的公共性和金融服务的特许权价值决定了商业银行具有一定的公共性。商业银行在提供金融产品和发挥金融服务的特许权价值中,由于借款人实施环境侵权行为从而导致商业银行作为贷款人引发环境损害赔偿责任。

商业银行环境损害赔偿责任最主要的特征就是其间接性,即责任主体与行为主体的分离。我国现行法律中并没有将环境侵权行为主体与责任主体分离的直接规定。根据法律规定环境责任主体大致可以归为两类:在一般的环境侵权责任中,由侵权行为的直接实施者承担法律责任,行为主体和责任主体系同一人。例如,原《侵权责任法》第八章的责任主体基本依照污染者负责的原则确立,因污染造成损害的,污染者应当承担侵权责任。《民法典》"侵权责任编"也吸纳了这一原则。在环境单行法中,也一般由环境侵权的直接行为人承担环境侵权责任。

但是,侵权法和环境法也规定了特定情况下行为主体和责任主体分离的情况。原《侵权责任法》第九章规定了高度危险责任,由于易燃、易爆、剧毒、放射性等高度危险物造成损害的,占有人或者使用人应当承担侵权责任。在油污损害责任中,一定条件下由船舶所有人对受雇人实施的污染行为承担环境损害责任,作为直接行为人的船舶受雇人并不承担赔偿之责。由此可见,特定情况下,行为主体和责任主体发生了偏离,责任具有间接性的特征,表现为占有者或所有人责任。

在商业银行环境损害赔偿责任中,这种间接性有了新的特征。在由借贷关系引起的环境损害中,商业银行的借贷与借款企业所造成的环境损害相互结合,违规信贷和直接侵权行为叠加而成导致环境损害。商业银行承担环境损害赔偿责任的法理基础在于其具有审查借款企业环境风险的绿色信贷义务。借款企业的环境损害行为及其赔偿责任是商业银行环境损害责任产生的前提和基础。借款企业作为直接侵权行为人,其污染环境或破坏生态的行为构成了直接原因力,而商业银行的违规贷款行为与环境损害结果之间存在间接原因力,因此商业银行对环境损害的发生负有间接责任。在商业银行因担保关系成为高度危险物的占有人、经营人或所有人时,当高度危险物造成环境损害时,商业银行因其身份(占有人、经营人或所有人)和对高度危险物的关系状态成为责任主体,此时行为实施主体和责任承担主体并非同一主体,而是状态责任或者身份责任。

6.1.3.2 我国绿色信贷法律规制主体规范及其反思

我国绿色信贷法律规制的关键是确立商业银行环境损害赔偿责任,这一责任的认定依赖于侵权法上的责任构成要件及义务人范围的一般性规定。在我国现有制度框架下,《环境保护法》的责任构成前提是实施了"污染环境、破坏生态,损害社会公共利益",这与侵权责任法中的原则基本保持一致。《生态环境损害制度改革方案》中没有责任构成要件的明确规则,只是在赔偿义务人的相关规定中指出"违反法律法规,造成生态环境损害的单位或个人,应当承担生态环境损害赔偿责任,做到应赔尽赔"。

在未来的商业银行环境损害赔偿责任立法中,应将现有分散的法律规定进行整合,根据致损原因进行类型化划分,并建立行为责任与身份责任并行的双重责任人的认定方式,将商业银行纳入责任范围内。在主体身份设置上,可以参考美国超级基金法和欧盟环境指令的相关概念,在立法中设立潜在责任人或相似概念,作为建立商业银行环境损害赔偿责任的主体身份。就设立功能而言,要求作为潜在责任人的商业银行承担环境损害赔偿责任,是对作为合同主体的商业银行在绿色信贷义务和作为经营主体的商业银行在环境安全保障义务上的要求。尤其是对安全保障义务中的损害的范围进行适度扩张,将该损害所指涉的后果从传统的人身财产损害,进一步扩张到生态环境的损害,从而使商业银行环境损害赔偿责任实现环境保护的价值功能。

在此基础上,基于商业银行环境损害赔偿责任的法律逻辑,尝试建构我国的潜在责任人的构成条件。从行为逻辑上看,以商业银行为典型的潜在责任人通过间接、隐蔽的方式,以各种形态的金融业务(如信贷)和直接侵权行为人嫁接在一起,再通过后者的环境侵权行为叠加而成。研究潜在责任人的关键就在于透过间接、隐蔽、复杂的行为表象,直接从损害后果的维度考察其对损害的原因力大小,从而分配责任。因此,设立潜在责任人制度的重点并非在于其侵权行为形态,而是在于责任归因。也就是说,不论外观上其行为如何间接、隐蔽、复杂,只要符合损害赔偿责任的归因逻辑,就应该对其科以责任。在学理上明确商业银行环境责任的基础上,未来立法可考虑将潜在责任人作为一般概念纳入我国环境损害赔偿责任承担主体范围内,进一步完善、丰富有关环境责任规制的立法。

6.2 商业银行环境损害赔偿责任的类型

6.2.1 类型化研究的理论和实践意义

一般而言,社会科学研究是一项从经验和实践中发现问题、分析问题、解决问题,最后再进行归纳总结并生成社会科学理论和逻辑的活动,即"问题—类型/模型—概念"的过程。社会科学研究遵循由具体到抽象、从个别到一般的逻辑。[156] 通过类型化研究,社会科学为同一类型的问题建立起了同一概念体系和分析范式。在社会科学研究框架中,类型化是关键的一环,通过确定研究对象的共同范围和边界,根据共性对研究对象进行整合和类别化归纳,最终提出具有一定解释力的理论假设或模型进行科学验证。在类型化研究过程中,其核心任务在于明确科学的归类标准。

在商业银行环境损害赔偿责任的问题上,类型化研究的意义在于:揭示各种不同类型的商业银行环境损害行为的特征,使商业银行了解其可能的法律风险,保护自身权利,确立不同类型商业银行环境损害的法律适用规则,使司法者明确每一种类型的责任构成、承担责任的形式、举证责任及处理中应注意的具体问题,避免同一类型案件由于司法裁判者对法律的理解不同而造成司法裁判混乱。

6.2.2 商业银行环境损害赔偿责任的分类

商业银行环境损害赔偿责任从传统侵权法中发展而来,是指商业银行因特定关系人实施污染或破坏环境的行为而造成环境损害,或商业银行基于特定法律关系对环境造成损害,依法应承担的损害赔偿责任。根据商业银行环境损害原因行为的不同,本书将商业银行环境损害赔偿责任分为基于信贷合同的环境损害赔偿责任,和与信贷有关的、特定情形下的环境损害赔偿责任。

6.2.2.1 基于信贷合同的商业银行环境损害赔偿责任

基于信贷合同的商业银行环境损害赔偿责任建立在商业银行与借款人的借贷关系基础上,是指商业银行违背绿色信贷义务发放贷款,借款企业使用贷款导致环境污染或生态破坏的责任。

传统侵权法以直接责任和自己责任为原则,即行为人对自己的环境污染或生态破坏负责,责任人与行为人为同一主体,都是环境损害的直接责任人。但是,商业银行在不直接实施环境污染或生态破坏的情况下,以提供贷款的方式资助借款人,后者实施环境污染或生态破坏行为,商业银行的行为如何定性?承担何种责任?传统民商法以契约自由和意思自治为原则,强调责任自负。在传统民商法视野下,商业银行因借贷合同关系产生的义务和责任限于合同范围内,不对合同相对人的其他法律关系负责,此即合同的相对性原理。以营利为目标的商业银行在订立借款合同时,基于规避风险的原因对借款人的借款用途和环境影响展开尽职调查,但并不能就此推导出商业银行对公共环境利益承担法定责任,也不能因此推断商业银行对借款人合同范围以外的行为负有责任。按照传统民法理论,商业银行作为贷款人并不参与借款企业的生产经营决策,无须为提供贷款的商业行为承担环境责任。本书第二章所述案例即为明证,福建绿家园环境友好中心在环境公益诉讼案件中追加银行为被告的诉求未能得到十堰市中级人民法院的支持,在案件改由武汉海事法院审理以后,福建绿家园虽然追加了贷款银行为被告,但要求银行承担环境损害赔偿责任的请求也被驳回。

解决这一问题的关键是明确商业银行的贷款与环境损害的原因力,这直接决定了商业银行绿色信贷环境责任是否能成立。本书认为,商业银行基于绿色信贷的环境责任能成立,原因有三:一是商业银行事实上资助了环境侵权,存在帮助侵权行为,间接造成了环境损害。帮助侵权理论是对传统民法中债的相对性原理的突破。商业银行贷款给借款人从事生产经营活动,在借款人的活动导致环境损害结果的情况下,商业银行实质上资助了环境侵害,为借款人的环境侵权提供了资金上的帮助。商业银行提供资金的行为与借款人的行为结合,共同引起了损害结果的发生。二是商业银行借贷过程中必须遵守绿色信贷义务。商业银行在开展信贷业务有对借款人的资信进行审查、监督和信息披露等义务。这一义务是由法律直接规定的强制性义务,在借贷合同中具体体现在信贷合同的自愿监管条款中。在借贷合同关系中,贷款银行有义务在缔约时审查贷款用途,后续履约过程中监管贷款资金的使用情况,借款人承诺自愿接受贷款人的监管。三是商业银行从金融信贷中获利,且对借款人的活动或项目具有一定的控制权。商业银行的行为是造成环境损害的重要原因。综上,商业因发放贷款引起、在借款企业造成污染环境和破坏生态时应承担责任。此种情况下,借款人是当然的责任主体,商业银行是基于共同侵权的责任人,因贷款行为、所处地位和违反法定绿色信贷注意义务,对商业银行科以环境损害赔偿责任具有正当性。

6.2.2.2 特定情形下的商业银行环境损害赔偿责任

除了直接基于信贷合同的商业银行环境损害赔偿责任,在特定情形下,商业银行还面临与信贷有关的其他环境损害赔偿责任。

第一,基于高度危险物的商业银行环境损害赔偿责任。

在抵押贷款中,商业银行作为贷款人与借款人签订贷款合同,根据《担保法》第34条的规定,在借款人或第三人所有或有权处分的财产上设立抵押权,作为对借款的担保。在借款合同约定的还款期限届满后,借款人未能按期清偿债务或出现贷款合同约定的实现抵押权的情形,商业银行通过折价或者拍卖、变卖该抵押物的方式行使抵押权,实现其担保权益。在此种情形下,如果抵押物为"侵权责任编"第八章所列的"高度危险物",商业银行在对抵押物进行管理或处置的过程中高度危险物造成环境损害的,就可能成立商业银行高度危险物环境损害责任。

在侵权法理论中,高度危险责任是和环境侵权责任并列的一类侵权责任,两者在责任性质、认定方式上均有不同,无论是我国《民法典》还是原《侵权责任法》都对两者分别进行了规定。高度危险责任包括高度危险作业责任和高度危险物责任,一般是指从事高度危险的作业,或者易燃、易爆、剧毒、放射性等高度危险物造成他人损害的责任。但当造成环境损害,即高度危险活动及高度危险物在造成人的损害之外导致环境损害时,高度危险责任就与环境损害赔偿责任发生了竞合。

从商业银行的金融业务实践来看,一般不会因从事高度危险作业承担高度危险责任。这类责任的主体主要是那些从事高空、高压、地下采掘等高度危险作业的主体,如铁路、航空、电路等经营主体或从业主体。商业银行因其金融业务的特殊性一般不符合高度危险作业责任的构成要件。但是,商业银行可能成为高度危险物事实上的管领和控制者或者所有者,因特定的身份或状态在高度危险物导致损害时承担责任。根据《民法典》侵权责任编和原《侵权责任法》的规定,高度危险物致他人损害时的责任主体是物的占有人、所有人和管理人,包括易燃、易爆、剧毒、放射性等高度危险物占有人、使用人、所有人、管理人,甚至非法占有人等对物进行管领、支配的主体。这些主体对高度危险物的责任不是基于侵权行为,而是基于其特定的身份或者事实上管领、支配的状态,因这种身份或状态负有安全保障和排除危险义务,接近于美国超级基金法的身份责任或德国土壤污染防治的状态责任。所有人或占有人承担维护其所有物处于合法与安全状态的义务,若物之状态产生危险,此时责任人即具有排除危险、回复安全的义务。在商业银行因担保关系或其他原因关系成为高度危险物的占有人、经营者或所有人,如《民法典》侵权责任编第八章列举的对高度危险物占有、控制时,如果这一行为也造成环境损害,就构成了环境侵权责任与高度危险责任的竞合。在此情况下,可以不囿于侵权责任体系的形式分类,而从损害的实质性后果来定义,通过对高度危险责任的扩大解释,将这一情况也应归入商业银行环境损害赔偿责任的调整范围。

第二,基于担保关系的商业银行环境责任。

根据我国现行法律制度,结合商业银行的金融业务实践,商业银行还可能在特定情形下因担保关系承担环境责任。一般情况下,商业银行作为金融机构不会直接实施环境侵权行为。但在抵押贷款中,商业银行可能在实现抵押权的过程中违反环境法律法规,从而成为环境责任人。根据《民法典》《环境保护法》和部分环境单行法的规定,在抵押贷款中,商业银行在借款人或第三人所有或有权处分的财产上设立抵押权,作为对借款的担保。如果借款企业没有按期清偿债务,或出现借款合同约定的实现抵押权的情形,那么,商业银行可通过折价或者拍卖、变卖该抵押物的方式行使抵押权,实现其担保权益。环境单行法对部分环境资源的使用和处分进行了限制,因此在处置抵押物或者维持抵押物的运营以实现抵押权的过程中,商业银行可能因违反环境法律规定而承担环境责任。

综上,根据我国现行法律制度,结合商业银行的金融业务实践,特定情形下的商业银行环境损害赔偿责任主要包括对高度危险物进行管理或处置造成环境损害的环境责任,和行使抵押权时因违反环境法所应承担的环境责任。这两种责任并不直接源于信贷合同的约定,而是建立在与信贷有关的担保规则上。

6.3 商业银行环境损害赔偿责任的认定

构成要件是研究商业银行环境损害赔偿责任的重点。基于商业银行环境损害的复合型结构,对商业银行的特定行为和损害的法律原因力展开研究,有助于厘清商业银行承担环境损害赔偿责任的形式逻辑。这一问题的分析将围绕商业银行环境损害赔偿责任的类型、性质、因果关系、违法性要件、归责原则和抗辩事由展开。

6.3.1 商业银行环境损害赔偿责任的法理基础

法律责任是违反法律义务而应承担的否定性评价,是违反了第一性法律义务而引起的第二性法律义务。研究环境责任的逻辑起点是环境义务。现代环境法以义务本位为价值取向,义务本位要求法律为维护或实现整体利益而对个体设定义务和责任。在环境法领域,义务往往表现为付出或限制,是对个体让渡其个人利益,或限制自身行为自由的期待。申言之,在义务本位下,个体的环境义务是普遍存在的。

6.3.1.1 商业银行环境义务的法理基础

1. 绿色信贷义务

商业银行的环境影响力主要是基于其金融机构的身份和金融功能而产生的。商业银行提供了企业借款融资的主要渠道。在涉及环境影响的信贷业务中,商业银行的义务主要在于按照法律及国家产业政策的要求审查、监管贷款企业的环境风险,以及按要求披露环境信息的义务。如前所述,《公司法》和《商业银行法》为商业银行承担环保社会责任作出了原则性、概括性的规定。环保社会责任在一定条件下通过法律化的路径部分转化为商业银行授信业务的绿色信贷义务,或者说,商业银行环境义务主要表现为其开展信贷业务中的绿色信贷义务。商业银行的绿色信贷义务并不完全是法律理性和逻辑建构的产物,就其形成过程而言,更是金融信贷业务经验的产物。可以说,我国绿色信贷义务是在"规范—实践—规范"的互动中确立的。也正因为如此,从规范体系来看,商业银行绿色信贷义务显得概念混乱、规则散乱、体系杂乱,不同规范的内容之间缺乏必要的兼容性、系统性和逻辑性。相关内容散见于金融法律法规和各类环境法律法规中,包括《商业银行法》《贷款通则》《绿色信贷指引》《节能减排授信工作指导意见》《贷款风险分类指导原则》《节约能源法》《循环经济促进法》及其他规范性文件,甚至还可以从国际金融软法中推导出相关规则。建立在上述规范体系中的商业银行绿色信贷义务与其说是一项义务,不如说是若干与绿色信贷有关的义务的组合。因此,有必要厘清绿色信贷义务的法律逻辑。只有澄清了这一义务的逻辑,才能真正建立违反绿色信贷义务的责任体系,对绿色信贷进行法律规制。

从法理层面分析,商业银行绿色信贷义务来源于注意义务。注意义务一般是指行为人基于法律的规定或合同的约定而必须遵守的行为准则,以及按照该准则而采取的合理防范措施。[157]前者指注意义务的确立,即按照交易安全秩序的需要确立某项注意义务;后者强调注意义务的违反,即避免风险和损害的可能性,对可预见的风险采取合理的预防措施加以避免。在绿色信贷实践中,这一注意义务被赋予了更丰富的内涵,包括绿色信贷的审查和监督义务,并进一步延伸到环境信息的披露等内容。

《商业银行法》第7条规定:"商业银行开展信贷业务,应当严格审查借款人的资信。"这一条款确立了商业银行发放贷款的一般审查义务。在第7条的原则性规定基础上,《商业银行法》和《贷款通则》相关条款进一步明确了商业银行履行信贷审查义务的原则、对象和范围,结合《绿色信贷指引》和环境法律法规的相关内容,可以推导出商业银行在绿色信贷业务中对环境要素和风险进行审查和监督的具体内容与程序,构成了商业银行防范绿色信贷风险、履行环境审查监督义务的法律基础。

《商业银行法》第四章"贷款和其他业务的基本规则"开宗明义,首先指出商业银行应该在国家产业政策指导下开展贷款业务,以国民经济和社会发展的需要为导向,符合社会环境目标。关于贷款审查的具体内容,《商业银行法》第35条规定,商业银行贷款,应当对借款人的借款用途、偿还能力、还款方式等情况进行严格审查。第37条进一步规定,商业银行贷款,应当与借款人订立书面合同。合同应当约定贷款种类、借款用途、金额、利率、还款期限、还款方式、违约责任和双方认为需要约定的其他事项。对担保贷款,《商业银行法》第36条规定,商业银行应当对保证人的偿还能力,抵押物、质物的权属和价值以及实现抵押权、质权的可行性进行严格审查。这些法律条文进一步明确了商业银行履行信贷审查义务的原则、对象和范围,为借款合同中的自愿监管条款提供了法律基础。根据这一规定,在借贷合同关系中,贷款银行必须在缔约时审查贷款用途,后续履约过程中监管贷款资金的使用情况,借款人承诺自愿接受贷款人的监管。虽然形式上商业银行的监管权力源于契约规则、合同约定的自愿监管条款,但本质上这是一种由法律直接规定的强制性的合同义务,商业银行的监管权力是注意义务的体现。

在商业银行向企业发放贷款时,首先需要在贷前调查阶段履行绿色贷款审查义务。通过授信尽职调查、合规审查、完善借款合同等方式,根据不同借款企业面临的环境和社会风险的性质和特点,将相关环境和社会风险纳入贷前调查的审查清单,对借款企业资质、偿还能力、信用状况、借款用途等进行审查,包括但不限于:借款企业投资项目是否依法进行环境影响评价、是否存在潜在的环境风险,危险化学品生产和储存企业是否取得相应资质，污染物排放是否超标，化工、钢铁、水泥、煤焦化及煤炭开采等特定产业项目是否满足产业标准和环境标准，借款企业过去是否因环境违法接受过行政处罚、现在是否正在接受环境主管部门的调查等。商业银行还应当通过完善借款合同的条款督促借款企业加强环境和社会风险管理。对涉及重大环境和社会风险的借款企业，在合同中约定要求其提交环境和社会风险报告，订立借款企业加强环境和社会风险管理的声明和保证条款，设定借款企业接受商业银行监督等承诺条款，以及借款企业在管理环境和社会风险方面违约时商业银行的救济条款。在担保贷款中，商业银行还应当对保证人的偿还能力，抵押物、质押物的权属和价值以及实现抵押权、质权的可行性进行严格审查。这些共同构成了贷前调查阶段绿色信贷义务的主要内容。必须说明的是，与一般的贷款审查不同，商业银行进行绿色信贷审查的难度更高。前者主要围绕借款人的市场主体资质如还款能力、信用状况、借款用途、担保关系等展开，可以借助相对成熟的经济金融信息平台如工商信息登记系统、人行征信系统等进行查询；后者则需要收集和分析大量的环境信息，包括借款人的环境资质、产业标准、环境标准、融资项目的环境影响、污染物排放数据等。环境信息具有高度的专业性，商业银行无法轻易收集和准确评估，只能由借款人自行提供，或者通过其他市场主体、第三方专业机构、环境主管部门获取。信贷关系中存在信息的不对称，由借款人提供环境信息无法消除绿色信贷中的信息壁垒；而通过其他市场主体、第三方专业机构和环境行政机构获取信息，又高度依赖于这些组织的信息平台建设水平和信息获取机制，并且对专业性、透明度和公信力有较高的要求，一定程度上超越了商业银行的能力范围，甚至成为了不可能的任务。因此，在分析商业银行绿色信贷义务时，不仅要考察法律法规中规定的贷前审查内容和范围，还必须要考虑商业银行获取信息的能力和实际审查水平，从而构建有限度的绿色信贷义务。

在商业银行向借款企业发放贷款后，商业银行的绿色信贷义务发展为监督借款企业环境风险,以及环境信息披露和报告义务。商业银行通过贷后管理,将绿色信贷执行情况纳入内控审计和合规检查,对有潜在重大环境和社会风险的借款企业进行监督。贷后监管意味着商业银行的绿色信贷义务是一种长期的、连续性的义务。商业银行不能一贷了之,而要进行全过程监管。在这一过程中,商业银行一般采取监督客户财务账户、要求借款人披露环境信息、向借款人派驻工作人员开展现场检查等方式,监督借款人在使用贷款过程中遵守环境法律法规的情况。一旦发现借款人在使用贷款过程中存在环境违法行为或有潜在环境风险,采取环境风险控制措施,暂停或停止发放贷款,督促借款人及时采取措施补救措施和进行整改,特定情况下提前终止借款合同,并及时向环境监管和金融监管部门报告。商业银行还应当充分披露绿色信贷发展情况,履行环境信息披露义务。2021年7月中国人民银行发布《金融机构环境信息披露指南》,对金融机构环境信息的披露形式、频次、定性和定量的数据标准等方面提出了要求,并针对银行类、资管类、信托类、保险类等不同类型金融机构提出了区别性的指导意见。深圳市还制定了绿色金融信息披露的地方政府规章,《深圳经济特区绿色金融条例》将上市金融机构,开展绿色金融业务、享受绿色金融发展优惠政策以及资产管理规模在一定金额以上的金融机构列为环境信息强制披露的主要对象。披露环境信息正在成为对商业银行的强制性要求。这一义务要求商业银行按照一定标准披露其内部治理、自身经营以及绿色信贷发展信息,不仅要向环境和金融监管部门报告,还应就涉及重大环境与社会风险影响的授信情况向市场和利益相关者进行披露,接受行政执法部门和社会公众的广泛监督。商业银行取消抵押品赎回权之后至处置之前,应依法保管或经营作为抵押物的财产或项目。商业银行以出售或者其他方式处置抵押物的,不得违反环境法律规范的相关规定。在境外项目融资中,商业银行的审查监督内容还包括项目所在国家或地区有关环保、土地、健康、安全等相关法律法规,以及赤道原则等被公开承诺遵守相关国际惯例或国际准则。

当商业银行发现借款企业发生重大环境和社会风险事件或有发生重大环境社会风险的隐患时,商业银行有义务采取相关的风险处置措施,向借款企业发出环境风险警示,防止环境事件的影响范围进一步扩大,并向银行业监管机构和环境主管机关报告。在抵押贷款中,如抵押物出现污染环境或破坏生态的情况时,商业银行还应履行一定的污染防治措施义务。

商业银行的绿色信贷义务建立在借款合同的基础上,需要借款人接受、配合甚至自愿让渡部分权利,因此需要注意绿色信贷义务的限度,围绕借款人使用贷款资金的环境效益展开。商业银行进行绿色信贷审查监督的目的,除了要确保信贷资金安全以外,还要保障实现贷款资金的环境效益,即预防和监督借款人在使用贷款的过程中对环境造成损害,防止借款人的环境风险影响其还款能力进而危及信贷资金安全,以及规避因借款人环境侵权传导至银行自身的法律风险。在这一过程中,商业银行应按照审慎原则履行形式审查义务。审慎是指尽管原则上借款人应对其提供的信息的真实性负责,但商业银行也应穷尽一切手段开展调查,从公开市场、关联企业、媒体等获取信息,向第三方专业机构和环境主管部门寻求支持,对贷款使用过程中发现的环境风险要求借款人作出合理解释并进行有针对性的调查,一旦发现环境违法的情形及时向有关部门报告等。形式审查是指商业银行尊重借款人的自主经营权,不干涉其正常经营活动,主要进行外部监管,要求借款人提供资料、报告信息等。借款人不配合外部监管以至于影响对环境风险进行审查评估时,应作出对其不利的推断。申言之,绿色信贷义务应以必要为限,防止陷入宽严皆误的两难境地。

2. 安全保障义务

在高度分工的工业社会中,环境损害是不法行为的后果,更是不幸事件的结果,是环境风险的体现。为应对损失后果严重、规模巨大、受害人不特定、因果关系认定复杂的环境损害,环境侵权法律制度的功能发生了变化,以不幸结果即环境损害的合理分配为目标,其传统的惩罚功能被弱化。环境损害赔偿责任制度的立法者通过法律制度设计进行风险预防和损害分配。将商业银行纳入环境风险承担主体范围,从环境侵权直接行为人的资金来源上控制环境损害的发生与扩大,符合环境风险的分配正义。

担保贷款是我国商业银行信贷业务的主要类型。《商业银行法》第36条规定,商业银行贷款,借款人应当提供担保。《贷款通则》第10条也明确规定,除委托贷款以外,贷款人发放贷款,借款人应当提供担保。商业银行作为贷款人,在对担保物进行非生产性占有时负有安全保障义务。安全保障义务是指在特定情况下,民事主体所承担的通过某种积极行为来保障具有一定关系的当事人的人身和财产安全的义务,其法理依据包括危险控制理论、获利理论和信赖关系理论。安全保障义务人在从事某种社会活动或控制特定危险物的过程中给社会增加了风险,自身获得了某种收益。凭借对危险源的认识和控制能力,安全保障义务人更能预见到危险的发生,也更有能力采取必要的措施进行预防;同时,在从事这些社会活动或控制特定危险物的过程中,作为物的管理人安全保障义务人还从物的积极使用或法律存在中获得了利益,那么从危险源中受益的人理所应当承担起预防环境风险、制止危险发生的义务。除此之外,根据信赖关系理论,在具有特定关系的当事人之间,一方基于这种特定关系对另一方产生了合理的信赖和期待,相信自己的人身和财产将受到保护,基于这种特殊的信赖关系就产生了安全保障的义务。由此可见,安全保障义务与义务人对危险源的预防和控制能力、获益情况,以及当事人间的信赖程度有关。一般而言,安全保障义务要求行为人采取积极的行为,规范的是不作为情形下行为人承担的特殊的侵权责任。

在我国侵权法律制度中,安全保障义务在原《侵权责任法》和《民法典》中都有所体现。《民法典》"侵权责任编"第1198条规定,宾馆、商场、银行、车站、机场、体育场馆、娱乐场所等经营场所、公共场所的经营者、管理者或者群众性活动的组织者,未尽到安全保障义务,造成他人损害的,应当承担侵权责任。因第三人的行为造成他人损害的,由第三人承担侵权责任;经营者、管理者或者组织者未尽到安全保障义务的,承担相应的补充责任。经营者、管理者或者组织者承担补充责任后,可以向第三人追偿。但是,直接援引上述规定来认定商业银行的环境义务时,需要回答两个问题:商业银行是否构成上述规定中的公共场所或经营场所的经营者、管理者,以及安全保障义务是否包括环境安全、是否保障环境利益。对第一个问题,一般情况下,商业银行授信业务以担保贷款为常态,与借款人的借贷合同关系往往伴随担保关系。当担保贷款到期后,如果借款人未能按时清偿债务,或者出现其他实现抵押权的情形,则作为抵押权人的商业银行依法取得场所、设施等抵押物的所有权,或者已抵押的自然资源使用权。在对抵押物或已抵押的自然资源使用权进行处置之前,商业银行对担保物进行占有进而成为所有人、经营者或管理者,从而在这些情形下承担安全保障义务。

对于后一个问题,如果仅从文本出发进行解释,我国侵权法上的安全保障义务规制的是造成他人人身和财产损害的行为,更强调人身和财产安全,一般不包括直接的环境利益和环境安全。但是,如果根据相关法律规范的立法价值和涉及的法律关系,适当运用扩张解释的方法,将安全保障义务中的损害的范围进行合理扩张,则可将该损害后果从传统的人身财产损害,进一步扩张到生态环境的损害。传统侵权法以二元论为认识论,强调人类中心主义,将环境视为客体,注重保护作为主体的人的利益,从而割裂了人与环境的客观联系。随着生态整体论的发展,对环境利益的保护、环境风险的预防和分配,不仅成为环境法的目标,也成为现代侵权法的宗旨。侵权法中的安全不应局限于人身财产安全,而应扩张到生态环境安全,安全保障义务也应实现环境保护的价值功能。商业银行因违反安全保障义务对生态环境造成损害,也可能成为特殊的环境侵权人,从而承担环境损害赔偿责任。

6.3.1.2 商业银行连带责任的法理基础

商业银行的信贷行为和环境损害之间的联系如何定性,是责任认定的关键。即需要判别在商业银行与借款人共同造成的环境损害中,商业银行与直接实施环境侵害的行为主体(即借款人)是否构成共同侵权,以及构成何种类型的共同侵权。在由借贷关系引起的环境损害责任中,商业银行的借贷行为与借款企业所造成的环境损害行为相互结合、叠加而导致环境损害。对于这一行为及其法律责任如何认识,本书试以侵权责任的规范体系进行论证。

第一,行为的共同性。根据侵权行为法理论,共同侵权意味着数人的行为相互联系,构成一个统一的致人损害的行为组合[158]。《民法典》侵权责任编对于环境共同侵权作出了规定。第1231条规定,两个以上侵权人污染环境、破坏生态的,承担责任的大小,根据污染物的种类、浓度、排放量,破坏生态的方式、范围、程度,以及行为对损害后果所起的作用等因素确定。但是,这一条款的内容只涉及共同侵权的责任分担,没有涉及如何认定环境共同侵权的问题。对于环境共同侵权中侵权行为的同一性,需要结合《民法典》侵权责任编第一章中关于共同侵权的一般规定进行分析。第1168条规定,二人以上共同实施侵权行为,造成他人损害的,应当承担连带责任。这一条文是否能适用于商业银行绿色信贷中的环境侵权行为,关键在于如何界定实施。如果将多数人共同侵权限定为每个主体都有实行行为,那么商业银行的信贷行为就不属于环境侵权行为,不能认定为共同侵权。但从文义解释来看,实施与实行具有不同的含义。从形态看,共同侵权人的实施行为可能是共同的作为,也可能是作为与不作为的组合。该条文强调的是各主体实施的侵权行为对损害均具有原因力,存在侵权行为主体之间的关联共同关系[159-160]。对于这种关联共同,学界就应按照主观还是客观标准进行认定产生了不同观点。一般认为,我国侵权责任法以主观共同作为认定共同侵权的标准,即共同侵权人主观上有意思联络,具有共同过错(共同致人损害的故意或过失),并以此出发区分了狭义的共同侵权行为和无意思联络的数人侵权。在武汉海事法院审理襄大农牧公司案的过程中,法院也采用了主观共同的观点,认为宜城农商银行是在襄大农牧公司案涉环保问题已经得到整改之后才与其签订《流动资金社团(银团)借款合同》的,不存在共同侵权的意思联络,因此不符合共同侵权的构成要件。是否存在主观或客观的关联共同是判断共同侵权是否成立的核心问题。在共同侵权中,主观关联共同意味着数个侵权行为主体均持共同侵权故意或过失;客观关联共同不问数个侵权行为主体是否具有共同侵权合意,而是着眼于行为的关联性,彼此分别行为但都指向共同侵害目标,各行为主体的外在行为叠加而成一个行为,对外造成损害。共同侵权行为并不要求每个行为人都实际实行了侵权行为。以因果关系观之,任何一个共同侵权人的行为都对结果的产生发挥了作用,因此由各个侵权人承担连带责任是合理的。

在商业银行环境损害赔偿责任中,借款企业作为直接行为人,其污染环境或破坏生态的行为构成了直接原因力,而商业银行的贷款行为与环境损害结果之间存在间接原因力。商业银行提供资金的行为与借款人直接实施的环境侵害行为相结合,对外构成一个完整的环境侵害行为,共同引起了环境损害的后果。在商业银行的贷款与环境损害的原因力的问题上,本书认为应考察商业银行的信贷行为对环境侵权行为和环境损害结果的贡献度,也就是说,要具体分析商业银行的信贷行为是否对直接侵权人的行为构成实质性帮助。并非所有的信贷行为都会构成环境侵权中的帮助行为,否则商业银行的环境责任就会被无限扩大,不仅扰乱了正常的金融秩序,也会最终危及环境责任本身的正当性。借鉴超级基金法关于参与管理的标准认定,在借款人实施了环境侵权行为的情形下,如果贷款人的资金支持足以使借款人受其控制,或者说,如果没有贷款人的资金支持,借款人造成环境损害的可能性会显著降低,那么商业银行的信贷行为就构成了对直接侵权人的实质性帮助。在这种情况下,应当刺穿公司面纱,使贷款人承担连带法律责任。

第二,过错的共同性。原《侵权责任法》第8条和《民法典》第1168条都规定,二人以上共同实施侵权行为,应当承担连带责任,这一条款规定了数人侵权中的共同过错。共同过错包括共同故意,这自无争议,但在是否包括共同过失的问题上,学界存在不同看法。[161-162]一般认为,德国法中共同侵权主要指共同的意思联络,强调共同的故意,采用主观标准。但是这一标准事实上缩小了责任人的范围,减少了连带责任的适用可能性。在环境损害具有行为隐蔽性的特殊情况下,坚持行为人之间必须具有显性的意思联络,将不利于责任的认定和环境损失的填补。因此,本书主张共同过错既包括共同故意,也包括共同过失,不仅强调过错的共同性,也强调过错的关联性。过错的判断不仅基于主观心理状态,更应从外部的行为表现来判断,强调行为人对损害结果是否具有共同的预见性。申言之,商业银行和借款人没有共同的意思联络,银行在贷款时也不会故意追求环境损害的后果,但是基于商业银行对贷款项目造成环境损害的可预见性,以及在这种预见后果的前提下依然发放贷款,商业银行就具有了客观上的过失。商业银行的这一过失与借款人实施环境侵害行为的过错具有较强的关联性,构成了共同过错。

第三,环境损害结果的同一性。连带责任的前提是共同侵权,共同侵权与分别侵权的区别就在于损害后果是否同一。在认定商业银行承担连带责任的问题上,关键是要考察商业银行提供贷款的行为能否被认定为帮助行为,这一行为与直接侵权人的行为对环境损害的结果是否具有同一性。在侵权法理论中,帮助行为属于间接侵权行为的一种,帮助侵权行为人以教唆、协助等间接的方式参与侵权法律关系。[163]《民法典》第1169条规定,教唆、帮助他人实施侵权行为的,应当与行为人承担连带责任。

在商业银行的信贷行为是否构成帮助侵权的问题的,目前的司法实践并未予以支持,但在学理层面可以进行探讨。在我国侵权责任法中,对于帮助行为的性质认定,没有明确规定其与实行行为构成共同侵权,而是直接从责任方式上规定其与实行行为人承担连带责任。有学者据此认为帮助情形下的侵权是一种独立的侵权类型,不属于共同侵权行为。本书认为,这一观点值得商榷。从外观上,帮助行为与实行行为构成一个共同的、不可分割的整体,应认定为共同侵权。一般而言,侵权责任中的帮助行为往往以积极的作为方式作出,方式为提供工具、条件或者指导方法,帮助直接侵权行为人实行侵权行为。目前我国司法实践中承认环境侵权中的帮助行为,一般认定为在明知的条件下为他人的环境侵权行为提供帮助,形式包括推销、运输、提供场所等。

在环境损害中,商业银行的帮助行为体现为资金上的帮助,即为借款人实行环境侵权行为提供资金上的条件。从行为的形态和性质上看,资金上的帮助行为与司法判例已经认可的推销、运输、提供场所等帮助行为同属辅助、支持类行为。从行为与环境损害的原因力上看,如果商业银行提供的资金支持已构成实质性的帮助,从概率上说显著提升了借款人造成环境损害的可能性,对环境损害有实质性贡献,那么商业银行提供的资金支持的行为就构成了帮助行为,与直接环境侵权行为具有同一性。实质性帮助的标准可结合贷款资金的数额、在环境污染项目中所占的资金比重、贷款银行参与管理的情况进行综合判定。商业银行是否成立帮助行为还应考察其与直接侵权人是否具有关联共同。商业银行的环境损害行为具有间接性,主要表现为违规发放贷款或未能依法依规进行贷后管理。商业银行的义务是审查贷款企业的环境风险,绿色信贷义务是责任成立的积极要素。这一义务既是金融法律法规的规定,也来自借贷合同的监管条款,也就是说,商业银行的绿色信贷注意义务既是法定义务,也是约定的合同义务。在实践中,借款合同一般都是格式合同,其中包含借款人资格、借款用途等格式条款。商业银行承担环境法律责任的前提是,商业银行违规发放贷款并且贷款企业的污染行为造成严重后果,违反了法定的绿色信贷注意义务。在这种情况下,商业银行怠于履行信贷审查义务,违法违规为借款人提供资金帮助,在理论上可以推定其主观上属于明知状态,与直接侵权人具有关联共同。由于商业银行未尽到合理的注意义务,主观上具有过错,客观上为借款人的污染或破坏行为提供了条件,其和借款人的行为叠加在一起,对造成的环境损害结果具有同一性。

综上,商业银行违反上述绿色信贷义务,违规发放贷款或进行贷后管理,主观上具有一定过错,客观上直接造成环境污染或生态环境损害,其行为对损害具有原因力,从客观关联共同来看,商业银行与直接侵权人构成共同侵权。在这一共同侵权中,商业银行的贷款行为可以被视为帮助行为,即实施了提供资金的资助行为。商业银行间接损害了环境利益,构成基于信贷合同的商业银行环境损害赔偿责任。商业银行环境损害赔偿责任是环境责任社会化的体现,不仅突破了污染者负责的环境法原则,也是对民法理论中合同相对性原理的突破。

还必须说明的是,在环境损害中,如果能够完全或按比例地确定因果关系,从原因力的角度分析,各行为主体就应按份承担责任。但是,当出现因果关系不明确的情况时,就应要求行为人来自证因果关系不成立,否则法律就推定因果关系成立,即适用因果关系举证责任倒置的原则。在这种情况下,推定的因果关系是拟制为完全成立,不是按比例或平均成立。

在各地的环境赔偿制度中,已有类似的规则先例。例如江苏等地制定环境损害赔偿地方性法规,对于明知他人行为有可能污染环境、破坏生态,仍向其提供经营资质等帮助行为的主体科以连带责任。商业银行的授信行为环境损害提供了条件,这一行为和提供经营资质等帮助行为外观上有一定的相似度。根据《环境保护法》第65条规定,环境影响评价机构、环境监测机构、从事环境监测设备和防治污染设施维护、运营的机构,若在环境服务中弄虚作假,与污染者或生态破坏人承担连带责任。在环境侵权以外的其他领域,也出现了类似的新型共同侵权。如《证券法》第173条规定,证券服务机构制作、出具的文件有虚假记载、误导性陈述或者重大遗漏,给他人造成损失的,应当与发行人、上市公司承担连带赔偿责任,但是能够证明自己没有过错的除外。这些连带责任形态可以作为认定商业银行连带责任的参考法例。

对于商业银行责任性质的判定也可以采用排除法,看是否能够排除分别侵权和共同危险。商业银行在从事环境项目融资中只提供金融信贷服务,不可能单独造成环境损害发生,不成立累积因果关系的分别侵权;在共同危险中,要求直接侵权行为人明确具体,能确定各自的排污种类、排放量,商业银行与直接侵权行为人也不构成共同危险行为。

由此观之,在基于信贷合同的环境损害赔偿责任中,商业银行违反法定绿色信贷注意义务,其借款行为与借款人的直接侵权行为组合在一起共同造成了环境损害。在这一复合型的损害结构中,提供贷款的商业银行对直接侵害环境的行为提供了帮助,对环境损害具有原因力。商业银行应与直接侵权行为人承担连带责任,在此基础上成立内部责任分担机制,向直接侵权行为人追偿。

6.3.2 商业银行环境损害赔偿责任的构成要件

6.3.2.1 基于信贷合同的商业银行环境损害赔偿责任的认定

1. 因果关系

第一,传统侵权责任因果关系理论及其局限性。

因果关系的证明是认定环境责任的重点和难点。一般而言,哲学上的因果关系表征的是一种事物引起另一事物的客观联系,前者被称为原因,后者被称为结果。哲学上的这种前因后果关系被推广至侵权法领域,逐渐形成了侵权法上的因果关系。诚如学者所言,因果关系者,乃加害行为与损害之间,有前因后果牵连是也。因果关系是违法行为作为原因,损害事实作为结果之间的关系,它指的是违法行为作为原因,损害事实作为结果,在它们之间存在的前者引起后者,后者被前者所引起的客观联系。[164]还有学者将其进一步定义为:"民法上的因果关系是指行为人的行为或者由其管理下的物件与损害后果之间的相互关系。"[165]可以说,上述定义一定程度上反映了哲学因果关系理论对侵权法因果关系的影响和塑造。

一直以来,因果关系理论是侵权法研究的重点之一,形成了众多理论与学说。要想建立侵权法视野下商业银行在环境损害中的因果关系,首先有必要回顾传统因果关系理论的发展脉络,以及分析上述理论在商业银行环境损害责任中的缺陷。追本溯源,早期侵权因果关系是一种一元论的因果关系。不区分侵权法上的因果关系和哲学上的因果关系,强调因果关系的认定应从客观事实层面进行,将客观上引起损害的原因都归为法律上的原因,认为某一行为或事实如客观上构成引起损害的条件,则与损害之间就具有了因果关系,且对引起损害具有同等程度的作用和功能,进而认定构成条件的所有行为或事实都是法律意义上的原因,具有侵权法上的原因效力。这一因果关系理论没有区分哲学因果关系和侵权因果关系的差异,对因果关系的范围和原因链进行了延伸和拓展。从客观事实层面定义因果关系,启发了后续侵权因果关系理论的发展,即对因果关系中涉及的法律、政策、原则等主观性价值因素的考察应建立在因果关系的客观性和事实性的基础之上。

在这一基础上,侵权因果关系理论的发展进一步区分了哲学因果关系和侵权因果关系,以作用和功能为标准把引发损害结果的条件重新进行了认定。如某一行为或事实对引起损害具有重大或实质的作用,是损害发生的直接原因、必然原因或决定性原因,则成立侵权法上的原因效力;反之则仅形成一般的哲学上的因果关系,不具有法律效力。基于认定的条件和原因,以及这种"重大或实质的作用"的具体表现,又进一步细分为必然原因理论、直接原因理论和决定原因理论。[166]这些理论明确了侵权因果关系的独立性,认为在侵权行为中认定因果关系应具体甄别引起损害结果发生的各类关系,从各类纷繁复杂的哲学关系中寻找真正具有侵权法意义的原因。当然,也有学者认为这一理论忽视了事物之间因果关系的复杂性,仅仅机械地套用直接、必然和决定性原因理论不足以覆盖侵权因果关系的全部。这一观点的代表学说是英美法侵权因果关系中的近因理论。近因理论对事实因果关系和近因关系即法律因果关系进行了区分。前者本质上是一种事实判断,强调事实上发生了什么,一般涵盖了引发损害结果以及对该结果有原因力的全部客观事实,根据客观事实关系分析引起损害的原因。考察事实因果关系的关键在于判断特定行为是否在客观上导致损害结果的发生,行为与结果之间是否建立了事实上的因果关系。法律因果关系并非仅作事实判断,而是属于基于法律规范的价值判断范畴,这一点与事实原因关系形成鲜明的对比。申言之,以结果观之,法律因果关系本身就体现为一种法律上的价值判断。以侵权法上的责任标准(近因)为基础,对法律关系主体的行为和结果之间的因果关系链条进行定性分析,判断是否存在侵权法上的因果关系并进而判断是否承担侵权责任,承担何种侵权责任。根据近因理论,在事实层面上的行为是否构成引发结果的必然条件不影响因果关系的成立。当侵害行为对损害结果的发生具有最密切、最直接的联系时,才会在侵害行为与损害结果之间建立侵权法上的因果关系。

大陆法系在侵权因果关系的理论体系中发展出了相当因果关系理论,这一理论是对一元论因果关系的修正。哲学层面上,事实因果关系客观存在,不因人的主观意志转移。在明确这一客观规律的基础上,相当因果关系理论进一步认为,囿于认知工具和能力的局限,人类对客观存在的因果关系还没有达到完全、充分、彻底的认识水平。所以认定法律因果关系存在一定的有限性,确立侵权法上的因果关系标准要符合人类的一般认知规律,不能无视这种认知水平和能力上的局限性。根据这一标准,侵权法上的因果关系在满足"侵害行为引发损害结果"这一基本条件的基础上,还建立了"损害结果具有一定必然性"这一标准,要求在一定条件下相同行为会规律性地引发相同结果,这一规律符合常识且为社会公众所周知。一般认为,相当因果关系突破了一元论的因果关系理论框架,将因果关系分为责任要件因果关系与责任范围因果关系,前者研究可归责的行为与权利受侵害之间的因果关系,后者考察权利受侵害与损害之间的因果关系。[167]即所谓两分法的因果关系理论框架。

在环境损害责任的认定上,传统侵权法上的因果关系理论存在不足,在实践中应对乏力。根据传统侵权理论,因果关系表现为侵权行为人的行为规律地、必然地引起特定损害结果的关系。相较于环境侵权,普通的民事侵权行为发生机制较为简单直接,无论是因果关系链条还是环境损害的其他因素(如损害的形式和程度等)都比较容易把握。但是,由于环境损害的持续性、间接性、扩张性、滞后性、潜伏性等特点,在环境侵权中难以直接按照传统侵权因果关系标准来认定因果关系,在涉及商业银行的环境问题上情况就更为复杂。一般而言,环境损害的发生是"人—环境—人/环境"的作用过程,即人类污染、破坏生态环境的行为引起环境的恶化,随后受污染环境成为媒介,损害再蔓延至人类自身,进而造成人身或财产损害;或者由污染环境、破坏生态的行为导致大气、地表水、地下水、土壤等环境要素和植物、动物、微生物等生物要素的不利改变,及上述要素构成的生态系统功能的退化。环境损害的作用过程持续周期较长,而且较为隐蔽,具有间接性。因为环境系统对侵害有一定的自我净化和承载空间,侵害发生后损害结果不会立刻出现,或者即使出现也很难被人类及时发现,只有侵害累积到超过环境自我净化和承载的阈值后才会真正被人类察觉。在这一过程中,环境损害的结果还可能不断变化、加深,形成恶性循环。初始的环境侵害引发次生灾害,小范围环境损害逐渐在空间和地域上扩张,以生态环境自身的循环系统为媒介辐射到更广的范围。可以说,在许多情况下,人的行为与自然运动共同作用,污染物和环境相互影响,最终导致了环境损害的后果。在现有的环境科技条件下,囿于认识能力和认识工具的局限,无论是对于环境损害发生过程和机制的认知,还是对于环境损害的预防和管控,人类都存在知识上的局限性。综合而言,经历漫长的时间周期,在大面积的辐射范围上,通过各类媒介物和环境系统自身的相互作用,环境损害才得以被人类察觉。在这一过程中,因果关系链条复杂,经常发生一果多因或者多果一因,甚至有果无因,无法在科学层面追踪到因果关系脉络;因果关系形成时间周期长,具有隐蔽性、潜伏性和间接性等特点。因为这种在空间、时间周期、传播媒介上的复杂性,在环境损害的法律问题中建立侵权因果关系非常困难。

在因果关系所涉及价值判断问题上,商业银行环境损害行为还具有不同于普通侵权法律关系的社会评价的特殊性。这种社会评价分为两个方面,对于环境损害的社会评价,以及对于商业银行的金融功能在环境损害中的作用评价。一般情况下,普通侵权行为直接面临社会的否定性评价,因其对社会道德、法律规范的显性违反,普通侵权行为的可科责性较为明显。但是,在环境损害的问题上,侵害环境的行为往往从外观上表现为人类生存发展所进行的各类生产生活行为,环境损害的后果也因之体现为这些人类活动的副产品,是与人类社会生产与生活伴生的风险,即环境损害的伴生价值在能够一定程度上阻却违法性。申言之,环境损害在价值评价方面具有一定的双重性。

对于作为金融机构的商业银行而言,评价其在环境损害中的作用就更为特殊。一般情况下,商业银行提供贷款的行为属于正常的金融业务,如果因正常的商业行为而直接引发赔偿责任,不仅对商业银行有失公允,而且还会使商业银行在授信问题上趋向保守,因可能产生的环境责任风险而拒绝为企业提供贷款,不利于企业融资和经济发展。金融功能的商业属性一定程度上阻却了道义和法律上的可苛责性。而另一方面,随着人类在开发利用自然的过程中环境破坏日益严重,对有害于环境权益的环境损害行为进行规制又具有天然的正当性。因此,确立商业银行环境损害责任的因果关系,应当在两种价值评价中寻找平衡点。

第二,商业银行环境损害赔偿责任的因果关系分析。

在研究商业银行基于信贷合同而间接造成环境损害的责任中,传统侵权因果关系理论存在局限性,无法直接套用于商业银行环境损害赔偿责任的认定。在环境侵权责任中,因果关系的认定不同于一般的侵权责任;商业银行间接参与的环境损害,判断因果关系更有其特殊性。基于这种双重特殊性,对于商业银行环境损害赔偿责任的因果关系,需要借助风险理论、可预见性标准等理论来建立因果关系。

根据风险理论,"只要行为人之行为对社会有危险性,该行为足以构成损害结果事实上之条件,就可判断两者之间具有因果关系。"[168]也就是说,在研究商业银行环境损害赔偿责任中的因果关系时,需要确认两个因素:社会危险性和条件论,判断商业银行为侵害生态环境的商业项目提供信贷的行为是否具有社会危险性,以及该行为是否是造成损害的必要条件。在确认是否存在社会危险性时,应结合可预见性标准,确认商业银行是否在客观上有能力预见该危险的发生,且在法律上有义务预见或避免发生环境风险。在判断商业银行的信贷行为是否是环境损害的必要条件时,主要考察信贷行为对环境损害的贡献度。也就是说,要具体分析商业银行的信贷行为是否对直接侵权人的行为构成实质性帮助。并非所有的信贷行为都会造成环境损害,并非所有的信贷行为都必然引发环境责任,否则商业银行的环境责任就会被无限扩大,最终影响法律规制的正当性。只有在商业银行提供的资金支持已构成实质性的帮助、对环境损害有实质性贡献的情况下,才能判定商业银行的信贷行为构成环境损害的必要条件,因为此时信贷行为从概率上说显著提升了借款人造成环境损害的可能性。实质性帮助的标准可结合贷款资金的数额、在环境污染项目中所占的资金比重、贷款银行参与管理的情况进行综合判定。另外,还可以通过反向检验的方法判断是否构成必要条件。如果银行不发放贷款,借款人就无法获得足够的资金去运营最终引发环境损害的项目,也就是说,没有银行的参与将显著降低环境损害的概率,那么此时可以认为信贷行为与环境损害后果之间具有法律上的因果关系。或者用替代法,用另一种可能的行为选择替代银行在信贷过程中的实际行为套入模型进行检验。如果银行履行审慎的注意义务,在贷前审查中发现了潜在的环境风险从而拒绝借贷,借款人就缺乏资金去运营该项目,在这种情况下,也可以认为商业银行的信贷行为是环境损害的必要条件。

商业银行对环境风险的预见性源于其绿色信贷注意义务。商业银行在提供贷款时违反绿色信贷注意义务,没有对借款人的资质、借款用途、项目的环境社会影响等事项进行合法合规审查,借款人在没有取得必要环境许可证时违法经营导致环境损害。在这一过程中,可认定商业银行对环境损害的发生具有可预见性。商业银行身负贷款审查职责,对借款人违法资质和行为具有一定的预见能力,也负有绿色信贷注意义务,对借款人的资质、借款用途、项目的环境社会影响等事项,应该能够通过履行审查义务获知借款人未取得许可证的信息。商业银行如未能进行合法合规审查则存在过错。从可预见性标准出发,商业银行在未能预见的情况下提供贷款,其行为与环境损害构成事实因果关系及法律因果关系。申言之,讨论商业银行的法律责任时,法律因果关系是指商业银行应该通过审查借款人资质预见到贷款使用中的环境风险,商业银行也因其预见能力具有保护环境利益的责任;事实因果关系是指客观上商业银行没有进行贷款审查,资助环境侵权行为从而导致了环境损害的发生。

对商业银行的绿色信贷科以环境损害赔偿责任,其根本目的是倒逼商业银行在开展信贷业务的过程中真正履行环境审查义务,实现监督"监督者"的多元环境治理。只有在具备预见能力的情况下,商业银行才能履行绿色信贷义务。因此,预见能力是构成环境损害赔偿责任的因果关系的重要一环。在商业银行预见能力的问题上,还必须注意两个问题:一是预见的时间。对于环境损害发生的因果关系应以提供贷款时的预见能力为基础;对于环境损害的扩大,可以根据商业银行对于贷款使用过程的监督注意义务,以及是否持续提供贷款,是否采取防止措施来判断其预见能力和预见义务。值得一提的是,在武汉海事法院审理襄大农牧公司案的过程中,尽管法院一审判决农行宜城支行和宜城农商银行不承担环境责任,但在说理时,除了强调缺乏法律依据以外,还提到了时间因素,即信贷行为与环境违法行为在时间上的错配。农行宜城支行与襄大农牧公司签订了《流动资金借款合同》以后,宜城环保局才对襄大农牧公司的环境违法行为作出行政处罚,也就是说,签约时襄大农牧公司尚未被环境主管部门发现有违法行为,因此农行宜城支行也难以在贷款审查中发现环境违法行为的存在,推定其对此欠缺预见能力。二是预见的能力标准。商业银行的预见能力应建立在其绿色贷款注意义务的基础上,以正当勤勉地履行贷款义审查监督务为限度。或者说,商业银行的预见能力应以金融机构在信贷中过去的信息和知识为标准,既不能以自然人或一般市场主体的能力为标准,也不能按环境专家或专业环保机构来要求。

在美国超级基金法的实践中,司法机构在判例中曾提出,潜在责任人环境责任的成立是不以潜在责任人行为与损害结果之间存在因果关系为条件的。1986年的马里兰银行案以司法判例的形式确立了商业银行的环境法律责任。在该案中,美国法院以污染企业的厂房为银行的抵押品为由直接判定马里兰银行应当承担清理污染土地的责任,并不考察潜在责任人行为与损害结果之间是否存在因果关系。只要相关主体属于超级基金法规定的四种类型的潜在责任人之一,该主体的责任就已经成立。这一因果关系标准因过于严苛在实践中屡遭商业银行等贷款人批判,在司法实践中也曾多次修改。本书认为,因果关系在确立商业银行环境损害赔偿责任中应该作为考虑因素。虽然立法上可直接确定为状态责任或身份责任,但是因果关系链条的缺失会使责任丧失其正当性。因此,至少在学理讨论上必须明确商业银行承担环境损害赔偿责任的因果关系,只是在诉讼制度中需要降低原告对此种因果关系进行举证的证明标准,或者直接由商业银行就因果关系的不成立承担举证责任。

综上,在侵权责任的法律框架中,责任的成立一般从加害行为、损害后果、行为与损害之间的因果关系、过错(过错责任原则下)几个方面进行认定,责任的范围则需要再考察法律上的因果关系等因素。对于商业银行环境损害赔偿责任,也可按照这一法律框架来认定责任,根据可预见性标准来确定过错责任下的可归责性以及判定因果关系是否成立等问题。

2. 违法性要件

第一,违法性要件在环境责任构成中的理论解读。

相较于传统的民事侵权责任,环境责任的违法性问题具有一定的特殊性。在传统侵权责任理论中,违法行为才能产生民事责任,合法行为无须承担否定性法律后果,违法性是对该行为否定性评价的基础,即行为违法是承担责任的前提,即使行为造成一定损害,但如果该行为没有违法性则不应承担侵权责任。[169]但是,关于是否应将违法性要件纳入环境侵权责任构成的问题上,环境法学者则普遍认为违法性要件忽视了环境侵权的特殊性,环境侵权不应以违法性为要件。[170]如果不考虑这种特殊性,环境侵权责任将无法实现填补环境损害的制度功能。不以行为违法性为要件,是由环境责任制度的功能决定的。因为环境损害通常是公共选择所无法避免的结果,即使责任主体的行为已经获得环境行政许可、符合国家环境标准,但在这种情况下造成环境损害的行为仍要承担环境损害赔偿责任。

学界关于违法性的概念界定也存在多种观点。有观点认为,环境侵权责任中的违法性指的是行为违反了环境一般法、单行法或环境法规。也有观点认为,对行为的违法性问题应作原则性的理解,违法性中的"法"并非某项具体的环境标准,而是民法和环境法中确立的绿色原则和环境保护规则,包括人身权、财产权和环境利益,因此只要在一定条件下造成了环境损害就应当承担环境责任,符合法律法规确立的标准并不能阻却违法。环境侵权行为人即使没有违反环境标准,但只要行为导致环境损害或侵害其他合法权益本身就意味着违法,可以认定为违法行为。这些观点实质是对违法性进行了扩大化解释。有学者还提出"违法视为过错"的观点,在坚持过错责任原则的前提下,将过错的判断标准与违法性的判断标准等同起来,即通过认定行为违法性而认定行为人具有过错。本书认为,在环境责任法律关系中,违法性与过错不同,违反法定义务并不等同于行为人主观上具有过错,只是推定行为人具有主观过错的理由。过错表征行为人主观方面的状态,包含两个方面的内容:一是主观上是否认知、预见到该行为可能导致损害,二是对可能导致的后果采取何种态度。违法性建立在法定义务的基础之上,着眼于行为人是否履行了法律施加的义务。客观上行为人是否履行法定义务与损害后果是否发生没有绝对的因果关系。

第二,商业银行环境损害赔偿责任的违法性要件分析。

如前所述,在环境侵权中,以违法性作为责任构成要件不仅不能实现环境责任的价值功能,不利于环境损害的填补;也有损将违法性要件纳入责任制度的正当性价值。环境侵权责任一般不以违法性要件作为责任构成要件。但是,商业银行环境损害赔偿责任的认定具有特殊性。由于银行对环境损害的发生只具有间接原因力,且一般情况下商业银行提供贷款的行为属于正常的金融业务,如果因正常的商业行为而直接引发赔偿责任,不仅对商业银行有失公允,而且还会使商业银行在授信问题上过于保守,因可能产生的环境责任风险而拒绝为企业提供贷款,不利于企业融资和经济发展。因此,需要将绿色信贷中的注意义务认定为责任成立的积极要素,使违法性要件成为商业银行承担责任的前提条件,防止责任的扩大化。

绿色信贷义务是商业银行承担环境损害赔偿责任的重要法理基础,也是违法性要件中"法"的具体内容。商业银行的环境义务可以追溯到《公司法》的"社会责任"条款:"公司从事经营活动,必须遵守法律、行政法规,遵守社会公德、商业道德,诚实守信,接受政府和社会公众的监督,承担社会责任。"但这一条款为宣示性条款,规范形式较为抽象,缺乏作为违法性要件必须的义务内容及相应的责任制度。从司法判例来看,该条款中的"遵守社会公德、商业道德,诚实守信"内容曾在司法实践中被援引作为裁判依据,但"承担社会责任"的内容还未被直接作为判决的依据。有学者指出,在金融实践中,环境社会责任也未从实质上影响过商业银行的决策和立场。从义务内容来看,商业银行在信贷中的注意义务体现在金融法、环境法、公司法等相关法律法规中的规定和行业标准中,主要内容为审查借款企业的环境风险。《商业银行法》第 7 条规定:"商业银行开展信贷业务,应当严格审查借款人的资信。"这一条款确立商业银行发放贷款的审查义务。在第 7 条的原则性规定基础上,《商业银行法》第 34、第 35、第 36 条和《贷款通则》相关条款进一步明确了商业银行履行信贷审查义务的原则、对象和范围。商业银行的信贷应该以国民经济和社会发展为导向,符合社会环境目标。《节能减排授信工作指导意见》《绿色信贷指引》《关于构建绿色金融体系的指导意见》等政策性文件以及行业协会对于绿色信贷义务也作出过指引性规定。结合《绿色信贷指引》和环境法的相关内容,可以明确商业银行在信贷业务中审查和监督的与环境要素有关的具体内容与程序。这些规定可视作确立了商业银行在绿色信贷业务中的注意义务,是防范环境信贷风险、履行环境审查监督义务的法律基础。不过,总体来看,将商业银行绿色信贷注意义务作为违法性要件的内容,从而追究其环境损害赔偿责任,仍存在法律依据缺失的问题。因此,要从根本上解决商业银行提供资金行为的环境损害赔偿责任认定及承担问题,需要通过立法将商业银行的注意义务进一步具体化,对其环境损害赔偿责任的性质、责任承担方式等予以明确。

3. 归责原则

归责原则是侵权责任认定的核心。过错责任是侵权责任的一般归责原则,强调以行为人的主观过错,作为其承担民事责任根据的归责原则。加害人只对其过错行为负责,即无过错则无责任。过错既包括故意,也包括过失。故意是指行为人在没有发生认识错误的情况下的有指向的主观意志。过失则是指行为人对某一应当并其可以预见的特定损害结果,因为疏忽或者其他原因,而没有预见的主观状态。行为人只对其过错行为造成的损害负责任,若行为人主观上无过错,即使其行为造成损害,也不负责。[171]过错责任原则是自由主义以及权利本位主义的体现,鼓励了个人自由,也有助于对指引行为救济受害人和预防损害。

在环境侵权领域过错责任原则不断发生调整,从主观过错向客观过错转变,以及对违法性进行扩大解释。传统过错责任原则强调人的主观心理状态及其道德上的可苛责性,并以此建立责任的正当性。环境法的功能重在强化赔偿责任,以填补损失和预防风险。为了克服主观过错责任原则的不足,出现了过错客观化理论,即以行为人的客观外部行为是否违反善良管理人的一般注意义务作为过错标准。美国的《侵权行为法重述》采纳客观过错原则,将过错定义为行为违反了法定安全保障标准。按照客观标准判断过错,过错只需按照一定行为标准即可衡量,有助于客观公正地把握判断标准。在司法方面,美国著名法官罗纳德·汉德(Learned H.)在美国诉卡罗尔拖轮公司(United States v. Carroll Towing Co.)一案中为如何确定过失提出了如下标准:若事故发生损失概率为 P,损失金额为 L,事故预防成本为 B,则只有在 B<PL(即预防成本小于损失金额乘以损失发生概率)时,加害人才构成过失。即只有在加害者预防未来事故的成本小于预期事故的可能性乘以预期事故损失时才承担过失侵权责任。这一公式后来被称为汉德公式,为如何在法律上认定过错树立了明确的标准。[172]传统侵权责任以行为违法性为要件,而环境侵权中,侵权行为未必存在道德上的可苛责性,因此不符合传统侵权法理论关于违法性的判断标准。所以,在环境侵权中抛弃了过错原则,代之以过错推定,以及今天公认的无过错标准。过错推定论要求行为人致人损害时,如果不能证明自己没有过错,就要推定其有过错并承担侵权责任,最终发展为环境侵权中的普遍的无过错原则。

无过错责任原则,也称为严格责任原则,顾名思义,侵权行为人只要实施了侵害行为,即使没有主观过错,按照严格责任的原则仍然需要对其侵害行为所导致的损害承担民事责任。无过错原则是一种特殊的侵权责任归责原则。在无过错责任原则下,侵权行为人并不以其主观过错的有无及大小为承担民事责任的前提。环境侵权法的无过错责任原则,是民法的无过错责任原则在环境侵权法中的特殊运用,它指的是在环境侵权关系中应当采用的一种在一定程度上只根据环境侵权行为的客观要素,来追究环境侵害人民事责任的侵权责任归责原则。根据这种责任原则,在一般情况下,只要存在环境侵权人的行为在事实上造成了被害人人身、财产或者其他权益的损失这一客观事实,便可不管环境侵权行为人对该客观事实发生的主观态度如何,而将相应的民事责任归结于他。相对于过错责任原则更侧重通过对行为主观性因素的考量,来实现民法保障个人自由的功能,防止行为人陷入动辄得咎的处境;无过错责任原则更倾向于对社会上存在的各种利益尤其社会整体利益进行综合考量,从而实现民法填补损害的功能。过错责任原则更多反映的是权利本位下的公平自由原则,而无过错责任原则注意到了在高度现代化社会大生产条件下不同社会群体之间的力量对比对公平正义实现的影响,更多地反映了社会本位下的公平自由原则。我国原《侵权责任法》和《民法典》都将环境侵权责任作为一种特殊的侵权责任,立法者对其适用了最严格的无过错责任的归责原则。

但是,简单粗暴对商业银行施以无过错责任无助于环境保护。除有违公平原则之外,还可能加重商业银行信贷负担,使商业银行减少与环境风险有关的贷款。应在责任的宽严之间找到一个合适的平衡点,根据行为的具体类型判断是否应该适用无过错责任。

环境损害赔偿责任所要保护的是生态环境本身,这使得无过错责任所遵循的对弱势群体私权利的倾向性保护丧失了适用的基础。尤其是在商业银行绿色信贷环境责任中,商业银行以提供资金的帮助形式成为环境损害赔偿的义务主体,其责任具有间接性,更不符合无过错责任的价值理念,应基于过错原则构建责任体系。在基于绿色信贷的商业银行环境损害赔偿责任中,对过错的判断有两个标准,一是"是否违反法律、行政法规、强制标准",这是主要标准;二是"是否明显超出正常经营需求",这是辅助标准。具体而言,在基于绿色信贷合同的商业银行环境损害赔偿责任中,由于金融机构本身的性质,其主要是提供金融服务并非专门的生产性经营,因而很少有直接造成环境损害的情形,而是在对借款人进行贷后管理的过程中,明知或应知借款人存在环境损害之虞仍然作出或放任其作出环境损害行为的决定时,与借款人构成共同侵权。过错归责原则的确定,是平衡环境公共利益保护与商业银行行动自由的最好方式,能够使相关主体之间的责任分配公允相称,可以从根本上解决商业银行责任范围过宽所产生的不公平及影响经济等负面作用。

基于信贷合同的商业银行责任的认定应以过错责任原则为主。商业银行的过错具有主观性,需要通过客观行为去评价,将义务履行行为、履行效果与义务标准、实际损害进行对照,并再结合抗辩事由加以判断。商业银行因未尽绿色信贷义务而承担环境损害赔偿责任,其责任来源于未履行义务而形成的过错。在过错的判定上,可以采取"负面清单+举证责任倒置"的推定方法。即首先在立法中采用负面清单形式,明确责任豁免范围。通过明确列举商业银行抗辩事由,推定抗辩事由之外的环境损害行为即具有过错的可能性,需要由商业银行进一步举证己方已履行绿色信贷义务及履行义务的程度。如果商业银行不能证明,则推定其存在过错并根据义务履行程度判断过错大小,承担相应的环境损害赔偿责任。具体而言,如果商业银行不能举证己方有履行法定的绿色信贷义务的行为,即商业银行没有按照法律法规的规定进行审查监督,没有尽到最基本的绿色信贷义务,那么此时只要不存在免责事由就可以推定商业银行存在过错。只有在商业银行举证己方已经完全、充分、适当地履行了绿色信贷义务的情况下,才能免于承担环境损害赔偿责任。是否符合"完全、充分、适当"的履行标准,应根据金融法、环保法中的相关规定和银行业绿色信贷业务的行业标准,结合商业银行的审查监督能力、信息获取能力、实施的补救行为以及补救效果等进行综合判定。如果商业银行虽有履行法定绿色信贷义务的行为,但是不符合"完全、充分、适当"的履行标准,可以由司法机关根据案件实际情况判断商业银行的过错大小,并行使自由裁量权判定商业银行承担一定比例的责任,或仅承担补充责任。

6.3.2.2 特定情形下的商业银行环境损害赔偿责任的认定

1. 基于高度危险物的商业银行环境损害赔偿责任的认定

商业银行高度危险物环境损害责任存在于担保贷款的情形。商业银行作为贷款人与借款企业签订贷款合同、设立担保物权,如果担保物属于易燃、易爆、剧毒、放射性等高度危险物,商业银行在对担保物进行管理或处置的过程中高度危险物造成环境损害的,就可能成立商业银行高度危险物环境损害赔偿责任。

商业银行高度危险物环境损害赔偿责任的法理基础是安全保障义务理论。在担保贷款中,当担保贷款到期后,如果借款人未能按时清偿债务,或者出现其他实现担保物权的情形,则商业银行依法取得场所、设施等担保物的所有权。在实现担保物权的过程中,商业银行成为担保物所有人、经营者或管理者,承担安全保障义务。一般而言,安全保障义务是指在特定情况下,民事主体所承担的通过某种积极行为来保障具有一定关系的当事人的人身和财产安全的义务,即传统上安全保障义务不包括直接的环境利益和环境安全。但是,针对损失规模巨大、因果关系认定复杂的环境损害,损害赔偿责任的制度功能重在分配环境损失和风险,体现在安全保障义务上,就是将义务所含涉的范围进行扩张,将"损害"的内容从传统的人身财产损害,进一步扩张到生态环境的损害。

交往安全义务最早是德国侵权责任法的概念,其法理依据包括危险控制理论、信赖关系理论和获利理论。根据危险控制理论,安全保障义务人因其从事某种社会活动或控制特定危险物而给社会增加了风险,基于其对危险源的认识和控制,具有不可替代的预见和控制能力,更可能预见到危险并采取必要措施防止危险发生。根据信赖关系理论,安全保障义务是发生在具有特定关系的当事人之间,一方当事人基于这种特定关系对他方当事人产生了特定信赖,相信自己的人身和财产将受到保护。根据获利理论,安全保障义务人在从事某种社会活动或控制特定危险物的过程中获得收益,即物的管理人从物的积极作用中获得了利益,而从危险源中受益的人应当承担环境风险,负有制止危险的义务。

在抵押贷款中,商业银行作为贷款人与借款企业签订贷款合同,根据《民法典》第394条和第410条的规定,在借款人或第三人所有或有权处分的财产上设立抵押权,作为对借款的担保。在借款合同约定的还款期限届满后,如果借款企业没有按期清偿债务,或出现借款合同约定的实现抵押权的情形,那么,商业银行可通过折价或者拍卖、变卖该抵押物的方式行使抵押权,实现其担保权益。在此种情形下,如果抵押物为《民法典》侵权责任编第八章所列的高度危险物,商业银行在对抵押物进行管理或处置的过程中高度危险物造成环境损害的,就可能成立商业银行高度危险物环境损害责任。

在侵权法理论中,高度危险责任是和环境侵权责任并列的一类侵权责任,两者在责任性质、认定方式上均有不同,无论我国原《侵权责任法》还是《民法典》都对两者分别进行了规定。高度危险责任包括高度危险作业责任和高度危险物责任,一般指从事高度危险的作业,或者易燃、易爆、剧毒、放射性等高度危险物造成他人损害的责任。但当造成环境损害,即高度危险活动及高度危险物在造成人的损害之外导致环境损害时,高度危险责任就与环境损害赔偿责任发生了竞合。

从商业银行的金融业务实践来看,一般不会因从事高度危险作业承担高度危险责任。这类责任的主体主要是那些从事高空、高压、地下采掘等高度危险作业的主体,如铁路、航空、电路等经营主体或从业主体。商业银行因其金融业务的特殊性一般不符合高度危险作业责任的构成要件。但是,商业银行可能成为高度危险物的事实上的管领和控制者或者所有者,在高度危险物导致环境损害时承担责任。根据原《侵权责任法》和《民法典》侵权责任编的规定,高度危险物致他人损害时的责任主体是物的占有人、所有人和管理人,包括易燃、易爆、剧毒、放射性等高度危险物占有人、使用人、所有人、管理人,甚至非法占有人等对物进行管领、支配的主体。这些主体对高度危险物的责任不是基于侵权行为,而是基于其特定的身份或者事实上对高度危险物存在管领、支配的状态,因这种身份或状态负有安全保障和排除危险义务,这接近于美国超级基金法的身份责任或德国土壤污染防治的状态责任。[173-174]所有人或占有人承担维护其所有物处于合法与安全状态之义务,若物之状态产生危险,此时状态责任人即具有排除危险、回复安全的义务。在商业银行因担保关系或其他原因关系成为高度危险物的占有人、经营者或所有人,如《民法典》侵权责任编第八章列举的对高度危险物占有、控制,如果这一行为也造成环境损害,就构成了环境损害赔偿责任与高度危险责任的竞合。在此情况下,可以不囿于侵权责任体系的形式分类,而从损害的实质性后果来定义,通过对高度危险责任的扩大解释,这一情况也应归入商业银行环境损害赔偿责任的调整范围。

  商业银行在对抵押物进行管理或处置的过程中因高度危险物造成环境损害的,此时构成法律拟制的因果关系。这种责任不是基于侵权行为,而是建立在其特定的身份或者事实上管领、支配的状态的基础上,法律拟制这种身份或状态与环境损害之间成立因果关系。商业银行高度危险物环境损害责任本质是危险责任,基于其特定的身份或者事实上管领、支配的状态,因这种身份或状态负有安全保障和排除危险义务,与美国超级基金法确立的身份责任类似。申言之,商业银行高度危险物环境损害责任本质上是以环境损害为结果要素的高度危险物责任,不考察主体的行为因素,自也不考察该行为的违法性。在高度危险责任为中,由于高度危险物本身所具有的不可控制性,事实上的管领人、控制人因贮存危险物质不符合规定而造成损害,此时适用的仍应是未尽到注意义务的过错责任。只有在相关主体尽到最大注意义务,而环境损害结果是物品本身固有的易燃易爆等高度危险特性所导致的情况下,才适用无过错责任。

2. 基于担保关系的商业银行环境责任的认定

在抵押贷款中,作为抵押权人的商业银行在行使抵押权的过程中可能违反环境法,甚至造成环境污染或生态环境损害。这一类责任本质上是一般主体环境责任的延伸,商业银行在实现抵押权的过程中由于该抵押物上存在的环境风险而导致的环境责任,具体分为以下三种情况。

第一,商业银行作为贷款人与借款人签订贷款合同,根据《民法典》的相关规定,在借款人或第三人所有或有权处分的财产上设立抵押权,作为对借款的担保。当借款合同约定的还款期限届满,在借款人没有按期偿还债务,或出现借款合同约定的实现抵押权的情形时,商业银行作为抵押权人,可以以折价或者拍卖、变卖该抵押物的方式行使抵押权,实现其担保权益。在这一过程中,商业银行在对抵押物进行管理或处置的过程中造成环境污染或生态环境损害的,商业银行应作为环境侵权的直接行为人单独承担责任。在这种情况下,商业银行与其他主体承担相同的环境损害赔偿责任。

第二,商业银行作为贷款人与借款人签订贷款合同,以借款人或第三人享有的自然资源使用权为抵押,作为对借款的担保。在贷款合同约定的还款期限届满后,借款人未能按期清偿债务或出现贷款合同约定的实现抵押权的情形,商业银行可作为抵押权人处置作为抵押标的的自然资源使用权,实现其担保权益。根据《矿产资源法》《森林法》《海域使用权管理规定》等自然资源管理的法律法规,我国自然资源使用权可以进行抵押贷款,包括森林资源、海洋资源和部分土地资源的使用权。作为贷款人的商业银行在行使抵押权时必须遵守关于自然资源使用权的法律规定,尤其是其中的关于使用、处置、转让的限制性规定。如果商业银行在行使抵押权时违反法律法规而导致环境损害，那么应该作为环境侵权的直接行为人承担特定情形下的环境损害赔偿责任。

1）采矿权抵押贷款及商业银行环境责任风险

采矿权是对矿产资源进行占有、使用和一定程度上的处分的权利。[175]作为一种准物权，"它既包含物权的一般性质，又有典型的行政权力特性"。[176]1996年修订的《矿产资源法》明确规定了采矿权可以进行有偿取得和有条件的流转。2000年颁布的《矿业权出让转让管理暂行办法》进一步扩大了采矿权的流转方式，对采矿权抵押作了相关规定，在此基础上自然资源部（原国土资源部）及部分省市国土资源厅相继发布了关于采矿权抵押登记备案的规定。根据这些法规，采矿权人可以以采矿权作为抵押标的向商业银行申请贷款。当采矿权人未能清偿贷款时，商业银行可以行使抵押权。由于采矿权涉及自然资源的利用开发等特殊性，商业银行不具备采矿资质和经验，因此商业银行自身无法成为适格的采矿权受让人，其实现抵押权的方式受限，局限于将采矿权在一定范围内进行拍卖或变卖。这一限制削弱了采矿权作为抵押标的的变现能力和流转速度，增加了抵押贷款的信贷风险。而采矿权抵押变现周期越长，因矿产资源自身物理属性和不当开采诱发环境风险的概率也就越大。

2）海域使用权抵押贷款及商业银行环境责任风险

在海域使用权领域，国家海洋局于2006年下发了《海域使用权管理规定》（国海发〔2006〕27号），明确海域使用权可进行抵押。该规定仅是对海域使用权抵押所作的原则性规定，随后在这一部门规章所设定的制度框架下，部分省市进行了规则细化，天津、山东、江苏、浙江、福建和广西等多个沿海省（区、市）针对海域使用权抵押出台了地方政策，如《山东省海域海岛使用权抵押贷款实施意见》《天津市海域使用权抵押登记办法》及《天津市海域使用权抵押贷款实施意见》等，这些地方性法规和地方政府规章虽然内容不一，但大都对海域使用权抵押贷款中抵押权的设立、登记、法律效力和实现等问题上作出了回应,为商业银行开展相关海域使用权抵押贷款业务提供了一定的制度基础。在海域使用权抵押贷款中,借款人可以用依法取得和经行政审批程序取得的海域使用权作为担保向商业银行申请贷款。如借款人到期不能清偿债务的,作为抵押权人的银行可以依法处置抵押的海域使用权,并就处置所得价款优先受偿。但是,由于涉及自然资源的开发与使用,抵押权人应遵守海域使用权转让、登记等方面的规定,在处置作为抵押物的海域使用权时一般不能改变海域使用权的原有用途。这使得商业银行在实现海域抵押权中面临一定的信贷和环境风险。

3)林权抵押贷款及商业银行环境责任风险

商业银行可以接受借款人以其本人或第三人合法拥有的林权作抵押担保发放贷款,开展林权抵押贷款业务。在贷款期限届满后,如果借款人不能按期偿还债务,或出现抵押合同约定的实现抵押权的其他情形时,那么在此种情况下,商业银行作为抵押权人可通过竞价交易、协议转让、林木采伐或诉讼等途径处置已抵押的林权。通过竞价交易或转让方式处置林权的,商业银行可通过竞价交易或转让所得价款中优先受偿,从而实现抵押权,在目前的环境法与侵权法中,这两种方式均不涉及到商业银行的环境风险。但是,如果商业银行通过林木采伐方式处置林权的,根据《林权抵押贷款的实施意见》的规定,作为抵押权人的银行要与抵押人(借款人)协商向林业主管部门提出林木采伐申请。这一抵押权实现方式需要严格遵照我国《森林法》对林木采伐的条件、范围等所进行的限制性规定,极易产生环境风险。如商业银行通过不当方式砍伐作为抵押物的林权范围内的林木,或在没有取得林木采伐许可证的情况下砍伐林木,或者砍伐林木超过许可证许可的范围。商业银行实现抵押权的过程中以不当或不法砍伐林木的行为造成环境破坏时,应承担环境损害赔偿责任。

一般情况下,商业银行作为金融机构不会直接实施环境侵权的行为。但在抵押贷款中,商业银行可能在实现抵押权的过程中违反环境法律法规,从而成为环境侵权人。商业银行与环境损害结果的发生是否具有因果关系,可通过高度盖然性标准推定。在认定环境侵权时我国侵权责任法采取必然因果关系理论。当主体的行为与损害结果之间本质上有内在的、必然的关系时,行为和结果之间即存在因果关系。也有学者根据相当因果关系理论,认为只要基于一般社会常识和观念,在同一条件下某一行为规律性地造成同一结果时,行为和结果之间即存在因果关系。还有学者建议采取英美法系侵权法的近因理论。美国超级基金法按照近因理论建立了潜在责任人制度,司法实践也支持商业银行作为贷款人在环境责任中的因果关系。上述理论都不能否认商业银行的环境责任。根据不同理论,责任范围会有一定差别,但是不影响责任的成立。按照我国侵权责任法中的必然因果关系理论,判定商业银行基于担保的侵权行为与环境损害是否存在内在的、必然的关系时,可根据盖然性标准来判断。根据商业银行在多大程度上参与了处置抵押物的行为,对抵押物是否具有支配性的能力,从而认定商业银行对环境损害的发生具有盖然性的因果关系,应当承担环境损害责任。这也是美国超级基金法的参与管理标准之一。

根据前述,以担保为基础的环境损害行为本质上是一般主体环境侵权责任的延伸,商业银行在实现抵押权的过程中由于该抵押物上存在环境风险或违反了环境法而导致的环境责任。商业银行作为贷款人与借款人签订贷款合同,在借款人或第三人所有或有权处分的财产上设立抵押权作为对借款的担保。在借款合同约定的还款期限届满后,借款人未能按期清偿债务或出现贷款合同约定的实现抵押权的情形,商业银行通过折价或者拍卖、变卖该抵押物的方式行使抵押权,实现其担保权益。在这一过程中,商业银行在对抵押物进行管理或处置的过程中造成环境污染或生态环境损害的,商业银行应作为环境侵权的直接行为人,承担无过错责任。

6.4 商业银行环境损害赔偿责任中的抗辩

6.4.1 环境侵权中的一般抗辩事由分析

作为一种特殊侵权责任,环境侵权责任一般是在行为人的行为符合环境侵权的构成要件而又不具备免责事由的情形下产生的民事法律后果。环境侵权责任需要满足积极和消极两个要件,既需要符合责任的构成要件,即积极要件;也需要符合消极要件,即不存在免责抗辩事由,没有阻却责任发生的事实和理由。必须说明的是,抗辩事由和违法性阻却事由是两个不同的概念,极易混淆。违法性阻却事由主要是针对侵权责任构成中的行为违法性问题,通过否定该行为的违法性阻却侵权责任的成立。抗辩事由的外延比违法性阻却事由大,它不仅针对违法性要件,还针对责任构成要件中的其他问题。在传统民法体系中,抗辩是指一方当事人提出的另一方当事人诉讼请求不成立或不完全成立的事实。[177] 在环境侵权案件中,也存在按照法律规定免除或者减轻环境侵权人责任的抗辩事由。本书所讨论的抗辩事由限于环境侵权责任的法定抗辩事由,不包括约定抗辩事由或对诉讼程序的抗辩。环境侵权抗辩事由具有法定性。第一,环境侵权行为人侵害了他人的财产、人身权益或环境权益,符合环境侵权责任的积极构成要件;第二,基于特定事实和理由,此时由行为人承担民事责任不符合法律的公平正义价值;第三,法律规定当出现特定事由时,行为人可以全部或部分免除其法律责任。

一般而言,法律责任的设立需要平衡不同主体之间的利益,考虑行为的正当性。抗辩事由是责任体系中的特殊制度安排,用以维持社会成员之间的利益平衡。在我国现行侵权责任法律框架下,有关环境侵权责任构成要件和诉讼程序的制度安排被视为有利于实现对受害人的救济,而环境侵权的行为人则往往被科以侵权之责,无过错原则的适用意味着受害人不承担证明侵权行为人过错的责任,举证责任倒置意味着由侵权行为人就因果关系的不存在承担举证责任,受害人无需对因果关系承担证明之责。环境侵权责任中的抗辩事由,旨在重新平衡行为人与受害人之间的利益关系,将行为人的责任限制在合理范围内,避免其动辄得咎或承担超出比例的责任。

作为一种利益平衡工具,抗辩事由还承载了法秩序对人的自由的尊重和对人性弱点的宽容这一至高的价值理念。在环境侵权中,如何平衡秩序与自由是构建责任制度的关键。环境侵权的行为一般具有双重评价的属性,在不同的视野下会得到不同的评价。以环境保护视角观之,环境侵权行为是导致环境损害的罪魁祸首。而以人类生存与发展的角度观察,环境侵权则表现为人类生产生活所带来的、无法避免的副产品,社会应该在一定程度上容忍该行为的存在。前者指向行为的约束,侧重于建立生态环境秩序;后者则强调保障人类活动的自由。为了平衡两者的价值冲突,责任制度中应该设立抗辩事由,通过责任的消极要件,尤其是过错原则和抗辩事由的适用排除特定事实条件下的环境侵权责任,使社会主体明确行为的边界和后果,实现法律制度的自由与秩序价值。在抗辩的内容上,通过设定不可抗力、受害人故意或重大过失等抗辩事由,使这一制度实现法益平衡的价值功能,防止环境损害责任异化为结果责任。

在大陆法系的民法中,一般侵权行为及其抗辩事由通常是在侵权法中通过一般条款加以规定的,而关于特殊侵权行为,则通常在一般条款之外对责任构成要件和抗辩事由等进行专门性规定。如《德国民法典》总则第六章规定了正当防卫、紧急避险和自助等一般侵权的抗辩事由。特殊侵权责任,如动物饲养人和看管人责任、建筑物维护义务人责任等,在第二编债法中对其抗辩事由进行专门性规定。在我国侵权责任制度中,特殊侵权的抗辩也通过一般性抗辩条款和特别抗辩条款这两者结合的形式加以规定,大体上遵循大陆法系的立法体例。

在涉及环境损害赔偿责任时,原《侵权责任法》和《民法典》通过设置准用性条款的立法形式,按"法律规定抗辩事由的"这一法律表达形式嫁接到了环境保护法和环境单行法,通过侵权法和环境法的组合建立环境损害赔偿责任的抗辩。具体而言,目前我国对环境损害赔偿责任抗辩事由包括不可抗力、第三者过错、受害人自己过错等内容,相关法律规定散见于环境保护法和相关环境单行法。例如,关于不可抗力作为免责事由的情形,环境保护法及大气污染、水污染防治法,海洋环境保护法等进行了规定;关于其他抗辩事由方面,水污染防治法还规定了受害人故意或重大过失,海洋环境保护法规定了第三人故意或过失,以及"负责灯塔或者其他助航设备的主管部门,在执行职责时的疏忽,或者其他过失行为"作为抗辩事由。细查原因,这些立法乱象是利益平衡的结果。"过松的抗辩事由不利于保护公众,而过于严苛的规定则会影响企业的发展。"[178] 从功能上讲,环境侵权领域的立法需要在不同主体之间、自由与秩序之间进行利益比较,因此抗辩事由表现为在经济利益与环境权益之间实现平衡。除此之外,在环境侵权抗辩制度嫁接到环境单行法的过程中,不可避免地在不同领域的环境单行法中分别作为规定,因此缺乏科学系统、符合法律逻辑的规范体系。

6.4.2 商业银行环境损害赔偿责任的抗辩事由

抗辩事由在商业银行环境损害赔偿责任的语境下具有一定的特殊性。涉及商业银行环境损害责任的抗辩事由包括不可抗力、第三者的过错、受害人过错等内容。

一般而言,不可抗力往往出现在侵权行为人本身没有过错的情形。但基于损害和行为、物的客观关联性,此时如果免除责任,将使损失得不到填补。对于商业银行环境损害责任而言,在不以过错为要件的危险责任中,不应将不可抗力作为抗辩理由,而对于基于信贷关系的环境损害,可以以此为免责事由,但因商业银行与借款人未采取合理补救措施而扩大的损失不得主张。此外,《侵权责任法》等规定了受害人过错作为加害人抗辩事由,这一抗辩主要来源于受害人未尽注意自身财产和利益安全的义务,实质上也是因果关系理论的延伸,受害人有过错的行为构成损害后果的部分原因,因此受害人应对损害后果承担部分损失而加害人因此减轻民事责任。但需注意的是,在商业银行环境损害赔偿责任中,责任后果直接作用于生态环境本身,生态环境不属于某一个体所有,而是与不特定多数人有关,因此环境损害赔偿责任中的受害人并非是指某个具体、特定的人,而是抽象、不特定的社会公众,生态环境遭到破坏的后果也是由社会公众来承担。这种抽象意义上的受害人不可能对具体、特定的环境损害负有过错,因此也就不存在其他环境侵权责任体系中的减损义务,或者说其减损义务仅在于向环境执法部门及时报告。即使公众未向环保部门报告,这种轻微程度的"过错"也不足以对环境责任形成抗辩。除此之外的抗辩理由还包括第三人过错,一般发生在无过错责任领域,因此在商业银行环境损害赔偿责任中,仅适用于危险责任的领域,在作为环境损害中的贷款人时,不得以污染是行为人造成作为抗辩,否则就难以达到填补损害的目的。但商业银行事后可以向真正的侵害人追偿。

  商业银行环境责任还必须考虑到担保利益的免责问题。我国担保法赋予了抵押权人可采取防止抵押物价值减损的措施的权利,此种情形下可能涉及担保利益免责的问题。具体而言,商业银行以折价方式行使抵押权后取得抵押物所有权,在抵押物存在污染或因抵押物导致环境损害的情况下,需要考察商业银行能否基于担保利益而获得免责。此时可借鉴美国超级基金法确立担保利益免责原则。商业银行取消抵押品赎回权之后至处置之前,应遵守环境法律规范的要求,以合法的方式保有或经营作为抵押物的财产或项目。商业银行以出售或者其他方式处置抵押物的,不得违反环境法律规范的相关规定。在考虑担保利益免责的问题时,需要区分商业银行的商业目的以及时间因素。如果商业银行获得、持有或转让抵押物是为了弥补因借款人违约而导致的信贷损失,且其获得、持有或转让抵押物的行为或状态仅在合理时间内存续,那么此种情况下就可以认定商业银行是为了保护和实现其担保利益,从而获得责任豁免。如果商业银行在获得、持有或转让抵押物的过程中还存在其他投资行为、从中获得了更大的投资利益,或其获得、持有或转让抵押物的行为或状态持续了明显不合理的时间,那么此时可以认定商业银行的行为已经超越了保护担保利益的意图,存在其他商业目的,不适用担保利益免责,商业银行在所取得的投资收益的范围内承担环境损害赔偿责任。

综上,对于商业银行环境损害赔偿责任,本书认为应当在类型化的基础上,采用分类归责的原则,对不同的类型采用不同的责任归责原则、适用不同的因果关系、抗辩理由和违法性标准。在明确环境侵权责任抗辩事由的同时,必须加速发展完善环境责任保险和环境损害补偿基金等社会化的责任分担方式,建立和完善风险转移、分散机制。

7 商业银行绿色信贷法律规制的体系构建

法律体系一般分为内在体系和外在体系。内在体系指实践法律的原则及价值,外在体系则强调通过一定的概念及观点,呈现法律逻辑形式上的关联,以提升规范的透明度,维护法律体系的安定。当前,我国金融体系正处于从金融资源配置、金融风险防范到推动公共治理、实现社会经济可持续发展的功能转型。在这一过程中,我国商业银行绿色信贷的法律规制体系也面临转型,建立环境损害赔偿责任制度,实现社会责任法律化的转变,最终以金融机构为责任主体推进绿色金融责任体系的完善。

7.1 商业银行绿色信贷的侵权法规制路径

损害赔偿是环境侵权责任体系中最重要的一种责任方式,也是最常见的民事责任方式。损害赔偿责任体系有两个重要因素,一是损害发生的原因,或者说责任成立的原因;二是损害赔偿的内容。从广义上看,损害赔偿泛指一切用以弥补损失的措施,包括金钱赔偿、经济补偿、对物的修复等。对我国立法上所规定的环境损害赔偿责任,应从狭义上理解,即仅限于金钱赔偿,不仅是对环境损害行为所致损失的填补,也体现了分配风险的责任功能。

7.1.1 绿色信贷与环境损害

7.1.1.1 环境损害的界定

损害的存在是责任成立的必要条件,无损害即无责任。一般而言,法律上的损害意味着某种利益的减少、灭失。传统侵权法研究和判断损害是否存在及其程度,主要是看主体的利益组成是否发生了变化。[179]从这一角度观察,损害是对个体的具体权利的剥夺、毁损或伤害,损害的范围并不包含生态环境损害。

生态环境损害是在侵权法理论和环境法理论研究日渐细化的过程中提出的问题。在传统的环境法逻辑体系中,生态环境损害以环境权为基础。早期学说认为,环境权包括国家、法人、公民使用和享受自然环境条件的权利,应当是与财产权、人身权并列的权利。环境权与财产权、人身权相同,均可作为侵权法所保护的权利。在这个意义上,生态环境利益是环境权的客体之一,生态环境损害可以通过环境权受侵害的思路获得救济。随着环境法研究的深入,环境法学开始重点反思环境权的性质。有学者提出,环境权是一种公益性权利。环境私益属于个人权利(所有权、身体权、健康权等),而环境公益则属于不特定多数人,环境本身遭受的损害属于生态环境损害。生态环境损害的概念开始从环境权的法理基础中剥离出来,不再单纯以环境权作为生态环境损害赔偿的基础,而是强调生态环境是一种社会公共利益,将生态环境损害作为区别于人身损害与财产损害的第三种损害。且在损害的程度上,由于生态环境具有自我修复能力,微小的不利不足以构成法律上的生态环境损害。

2017年,《生态环境损害赔偿制度改革方案》(以下简称《方案》)正式出台。这一改革方案对生态环境损害进行了定义,并采取列举加排除的方法对适用范围做了规定。根据这一方案,生态环境损害是指因污染环境、破坏生态造成大气、地表水、地下水、土壤等环境要素和植物、动物、微生物等生物要素的不利改变,及上述要素构成的生态系统功能的退化。《方案》规定了应该依法追究生态环境损害赔偿责任的情形以及适用排除,并提出生态环境损害是要素的不利改变与系统功能退化。它不同于传统侵权法上的财产与人身损害,明确将人身伤害与财产损失排除在外。生态环境损害是与环境侵权造成的人身损害和财产损害并列的、单纯生态环境遭受的不利益。但是,这一定义并不明晰,带来诸多疑问。首先是生态环境损害是否完全独立于人身、财产损害的问题,《民法典》侵权责任编规定了生态环境损害以后,这一问题变得更加突出。此外,还存在生态环境损害难以估算以及生态环境具有一定自我修复能力的问题。尽管目前的司法案例与学说均认可此种情况下污染者仍需承担责任,但仍欠缺有力的论证。

生态环境损害责任与环境侵权责任之间的关系也因环境损害和环境权的关系需要进一步讨论。如果不区分权利和利益,广泛地承认环境权,并且认为环境权同样为侵权法所保护,那么也不存在无私权作为基础的生态环境损害,因为对于环境权的侵害可以涵盖生态环境损害。相反,如果区分环境公益与私益,就会出现纯生态环境损害如何救济的问题。并且,我国目前的生态环境损害赔偿制度改革深受国家环保政策的影响。在改革引入了生态环境损害赔偿制度的前提下,我国学说和司法实践试图厘清生态环境损害与环境侵权之间的关系。第一种观点认为环境侵权等同于环境污染,即环境侵权责任——仅指违反国家保护环境、防止污染的规定,污染环境造成他人损害者依法应当承担的民事责任。我国原《侵权责任法》最早采取的就是狭义的环境侵权说,将环境侵权定义为环境污染。第二种观点认为环境损害赔偿责任应当包括污染环境和破坏环境民事责任两个方面。从原因行为看,环境侵权包括环境污染和生态破坏;从损害形态看,环境损害包括人身、财产损失和生态环境损害。2015年北京市朝阳区自然之友环境研究所、福建省绿家园环境友好中心诉谢知锦等四人破坏林地民事公益诉讼案中,法院区分了两种损害,即林木所有人因林木所有权受侵害而遭受的财产损害,与林木作为生态要素本身遭受的生态环境损害。在原《侵权责任法》之后,《环境保护法》则以引致条款的形式将环境损害赔偿责任范围进行了扩张。新修订的《民法典》第七编侵权责任编第七章采纳了广义环境侵权说,将环境侵权的概念扩张为环境污染和生态破坏。

7.1.1.2 商业银行在环境损害救济中的作用

本书的研究定位于环境损害赔偿责任,商业银行作为环境损害赔偿的义务人成为环境责任的规制对象。如前所述,商业银行的环境损害形态建立在其金融功能的基础上,不是以直接、显性的行为方式直接对环境造成损害,而是以间接、隐蔽的方式,由商业银行的金融业务(如信贷)和直接侵权人的环境损害行为叠加而成的。对应地,商业银行与直接侵权人在环境损害赔偿中的责任也具有关联性,属于特殊的连带责任。连带责任是指数个行为人之间的责任难以划分,而各个行为人的行为又是相互联系不可分割的,多个行为的结合才导致了损害的发生,在此情况下,各个加害人对损害的发生都有责任,受害人可以向多个责任人中的任何一个或者几个要求损害赔偿,每个责任人都有清偿全部赔偿的义务。任何一个责任人在赔偿全部损失后,其他责任人对于受害人的赔偿义务自然消除。当然,责任人承担了超过其应承担的赔偿后,对于超过的部分可以向其他责任人进行追偿。具体而言,连带责任主要包含两个层次:第一,对外责任。对外责任指受害人有权向共同侵权责任人的任何一人或者数人请求承担全部侵权的民事责任。所有共同责任人对受害人均负有全额赔偿义务,任何一个责任人不能以责任比例来进行抗辩。第二,对内责任。任何一个共同侵权责任人都有对外承担全部侵权的民事责任的义务,但已承担全部民事责任的人可以就超过其应负责任份额的部分,向其他共同侵权责任人进行追偿。也就是说,在对内层面上,共同侵权责任人内部可以具体划分每人的赔偿份额。

连带责任设计的主要目的是通过加重加害人的责任加大对于受害人的救济力度,保护其赔偿权利。连带责任扩展了责任主体的范围,增加了可赔付财产的总额。必须说明的是,由各侵权行为人承担连带责任也是使权益受害者免受证明责任困扰的权宜之计。面对众多环境损害结果责任难以区分甚至不可分之情形,如果要求受害者承担不同侵权人过错程度及责任份额之证明责任,对受害者而言难言公平。由数个侵权人共同承担连带责任可使受害者举证困难之困扰。在连带责任中,对于超过自己应承担份额的侵权人,有权就超出部分对其他侵权责任人进行追偿,已成为现代各国民事立法的通例。这一制度与其说是连带债务性质决定的当然后果,不如说是出于公平原理而特设的制度。

在生态环境损害中,责任的焦点问题不是研究侵权行为人以何种行为侵害环境法益,或其过错大小,或在道德上是否有可苛责性,而是研究损害和风险如何分配,注重责任主体是否具有弥补损害、分散风险的能力。环境法律责任的构建强调损害的预防和震慑价值大于其履行价值。因此,环境损害和风险更倾向于分配给那些更有能力控制环境风险、防止环境损害,或最具备赔偿能力去填补环境损失的主体。向商业银行分配环境损害和风险的主要理由也正在于此。商业银行在责任结构中的地位主要是环境损害赔偿义务人。从法律后果看,侵权责任法规定了八种承担侵权责任的方式,不仅有赔偿损害,还包括停止侵害、返还财产、赔礼道歉等。在商业银行环境损害的责任问题上,作为更有能力控制环境风险、防止环境损害,或最具备赔偿能力去填补环境损失的主体,商业银行被纳入责任范围,而非以其直接实施的侵权行为或过错的大小被科以责任,因此商业银行承担责任的方式也应以损害赔偿为主,其他的侵权责任方式不适用于商业银行。

7.1.1.3　商业银行承担环境责任的限度

在之前的章节中,本书讨论了商业银行承担环境责任的正当性问题和责任构成要件。商业银行所承担的环境责任是有限度的,不能无限扩大,应通过成本—收益法分析商业银行承担环境责任的边界。这样不仅厘清了商业银行的责任限度,还可以从成本最低这一理由出发,反证应由商业银行承担环境责任、以商业银行为责任主体构建绿色信贷法律规制体系的正当性。

根据传统商业借贷模式,商业银行只负责提供资金,借款人实施商业活动。借款人的这些商业活动可能导致环境污染,而其自身反而直接从污染活动中获取利润。污染者承担测试和清理费用符合社会成本内部化的一般原则,因为这些成本被认为是商业活动的成本。但是,我们不难发现,正是银行提供资金才使得污染活动得以开始或持续,银行自身也可能从该活动获得可观的利润。有人认为,要解决外部性问题合理的办法是要求行为人将外部成本纳入其内部生产决策,这一过程通常被称为内部化,可以通过法律规则来实现。从这个角度来看,对从活动中受益的实体施加责任的政策是内部化的一种形式。污染企业承担清理成本意味着强制该企业支付外部污染成本,从而使污染企业承担起使外部污染成本内部化的强制责任。但是,如果规定清污费用及其威慑力的收益超过了政策实施成本,那么就可以认为环境责任是有效的。成本和收益的计算应包括这些规则对当事各方未来行为模式的影响。

毫无疑问,要求银行对环境损害承担责任会波及银行业、借款人和第三方。根据成本效益分析,由污染者防控环境污染成本最低,由此观之,规定银行责任有许多显而易见的益处。首先,作为掌握金融资源和对金融市场有影响力的金融机构,商业银行往往财力雄厚,足以满足清理成本所需的资金要求。此外,在一些责任模式(如美国超级基金法确立的责任承担模式)下,银行强制责任不仅有助于清理现有的污染场地,也可以为未来可能的污染提供清理资金。其次,对银行施加环境损害赔偿责任可能形成一定的威慑效应。银行借款给潜在污染者的意愿降低,除非借款人可以控制其污染风险,这反过来又可能对环境污染的问题有所改善。然而,一个合理的质疑是,这一改善是否应该通过对银行直接科以环境责任来实现,或者说从经济的视角提出问题:要求造成污染的借款人及其银行都承担环境责任是否比仅向前者科加责任更有效率。

这就意味着,有必要对商业银行的责任成本进行考察。对银行而言,最明显的责任成本就是治理污染、清理危险废物、恢复生态环境等直接成本。此外,还有与银行责任的间接后果相对应的成本和风险。环境合规成本可能会影响借款人履行其还款义务的能力,间接提升了商业银行的信用风险;清理成本也可能降低银行担保资产的市场价值,从而导致商业暴露在担保风险之下。有一种观点是从保险的角度分析商业银行承担的环境责任,认为承担潜在责任的银行事实上扮演着保险公司的角色,即他们提供比市场利率略高的贷款,代价是承担清理责任成本,利率差即为保险费。在进行成本—收益法进行考察时,需要将上述成本和费用都纳入其中,考察其与担保权益、贷款利润是否成正比。总的来说,对商业银行科以环境责任将导致银行贷款业务利润降低。因此在构建绿色信贷法律规制体系时必须综合考虑,设定商业银行环境损害赔偿责任的限度。

在进行成本—收益计算时,也有必要对借款人的合规成本进行考察。环境损害赔偿责任同样为借款人带来成本。如上所述,借款人偿债能力受到影响,污染者的责任限制了其利润,提高了违约风险。在此基础上,环境责任还降低了担保权益的价值。由于贷款给污染企业和污染项目存在风险,银行往往以较高的利率为潜在的污染者提供资金,导致借款人融资成本高昂,而高利率将阻碍企业开展减少污染的技术创新。不过这个问题难以量化。要求商业银行承担环境损害赔偿责任也对借款人产生了影响,因为为了避免承担责任银行往往在贷款业务中更为审慎。这样造成的后果是,有些企业虽然仍然经营但效率较低,还有些企业陷入困境。

值得一提的是,商业银行承担环境责任的成本还会对第三方产生影响。商业银行可能将环境责任相关的成本转嫁给客户。银行通常采用的通行证机制将导致包括实际污染者的所有客户的利率上调。因此,与银行责任风险相关的额外利息成本也可能转移给无辜的第三方(贷方的客户)。

综上,基于以上成本—收益分析可以得出结论,为避免制度成本高于其带来的收益,应对商业银行承担环境责任的限度进行界定,将其限定在一定范围内。这一责任的逻辑前提在于,预防环境风险最便利且成本最低的方式是通过银行而非借款人的渠道。银行机构有各种各样的财务和法律手段来防止借款人参与危及环境的经营活动。商业银行的利益首先在于确保借款人偿还贷款,其次是保证作为贷款担保物的财产保持其价值。这一利益诉求激励银行在贷款之前进行项目评估,并在早期阶段对借款人的活动实施监督。因此,目前商业银行信贷制度中已有的较为成熟的考察借款人信誉和项目可行性的评估工具,可以借用到贷款项目的环境影响评估中来。尽管有学者提出扩大商业银行环境风险的范围,但必须承认,只有在商业银行能以合理成本防范环境损害的情况下才有义务承担环境责任。这样的安排既可减少环境损害,也可防止银行环境责任的泛化,使预防借款人活动产生的环境风险符合银行自身的利益。

关于绿色信贷法律规则如何影响银行行为的问题,美国超级基金法的立法历程和同一时期美国银行业的反应,为我们提供了一个良好的观察案例。由于超级基金法设立了贷款人责任,贷款人对贷款项目和资金的审查义务要求更为严格。根据代理理论,担保债权人对债务(贷款项目)事实上存在一定程度的管理控制权,那么这种权利就应当明确或隐含地延伸到债务人的侵权行为中,从而构成贷款人承担责任的基础。银行责任的边界在美国诉 Fleet Factors 公司一案中进行了讨论。第十一巡回上诉法院认定"豁免不适用于有能力影响借款人活动的银行"。正如法庭判决的那样,如果担保权人广泛参与场所、设施的管理,影响了危险废物处置的决策,那么该担保权人将承担责任。该

7 商业银行绿色信贷法律规制的体系构建

案创造的责任标准非常宽泛,因而招致法律界的批评,被认为该案判决已远远超出了既定的普通法银行责任原则的要求。"有担保债权人豁免"的广泛解释构成了模糊的疏忽责任规则,银行允许参与借款人事务的适当关注标准也不能事先确定。最终,对"安全豁免"的广泛解释引起了一系列不良后果,国会于1996年通过了《资产保护、贷款人责任和存款保险保护法》,增加了豁免条款中所使用术语的定义,并对商业银行责任范围进行了限制。

综上,超级基金法下银行责任的宽泛标准对银行的行为总体上具有较大的影响。企业从银行获得担保贷款,可能导致贷款人在一定条件下根据超级基金法承担责任。为了避免在影响力的条件下承担责任风险,商业银行倾向于直接减少对污染物业的小企业信贷。这一做法不仅阻碍了这些企业的发展,而且污染物的清理和环境的修复也将受到不利影响。因此,有理由认为设立宽泛的绿色信贷规制范围将对商业银行乃至整个社会增加成本。

7.1.2 商业银行环境责任的赔偿规则

7.1.2.1 商业银行环境损害赔偿的原则

确定商业银行环境损害赔偿责任的具体内容应秉承适度性和保护环境公益的原则。

第一,适度性原则。在确立商业银行环境损害赔偿的具体范围和标准时,需要明确损害赔偿的基本原则。商业银行环境损害赔偿责任的法律规制应遵循适度性原则,在两个问题上保持平衡。一方面,督促商业银行在环境保护方面发挥作用,通过环境责任制度激励商业银行在贷款前对可能的债务人进行环境风险调查,将是否遵守环境标准作为继续向其提供资金支持的前提条件,并督促银行对债务人的危险物处置和环境政策进行充分监管。另一方面,将商业银行的环境责任风险控制在合理范围内,防止过严的责任制度形成反向激励。避免商业银行为防范法律风险而缩小环境项目融资规模,致使那些本身就缺少资金支持的项目在贷款时面临更大的融资成本,进一步加大环境污染治理的难度,引起恶性循环。

第二,维护环境公共利益原则。商业银行环境责任制度应当以环境损害的合理分配为目标。因为从结果看,商业银行从环境损害中受益或者是主要的受益者之一,环境损失的分配范围应在受益的多元主体中进行合理扩张,损失应当在直接获益者和间接获益者中进行分配。商业银行环境损害赔偿责任制度本质上是损害填补制度,应当像分配福利一样,遵循分配正义。在实践中,将商业银行纳入环境法律责任主体范围,赔偿遵循公益性原则,以公共环境利益为限。如果对商业银行环境损害赔偿的范围随意扩张,这种责任成立的正当性基础也会遇到挑战。

7.1.2.2 商业银行环境责任的赔偿范围

在环境损害赔偿范围问题上,《生态环境损害赔偿方案》和《民法典》都对生态环境损害赔偿的领域、范围、形式作出了原则的规定。根据《生态环境损害赔偿方案》的规定,生态环境损害赔偿的范围限于环境损害,即污染环境、破坏生态造成大气、地表水、地下水、土壤、森林等环境要素和植物、动物、微生物等生物要素的不利改变,以及上述要素构成的生态系统功能退化。涉及人身伤害、个人和集体财产损失的环境侵权和涉及海洋生态的环境损害,不适用于生态环境损害赔偿,前者适用侵权责任法的一般环境侵权归责;后者适用海洋环境保护法等法律及相关规定。《生态环境损害赔偿方案》在赔偿领域上包含了几乎全口径发生生态环境损害赔偿的领域,重点在土壤污染的防治。赔偿范围包括清除污染费用、生态环境修复费用、生态环境修复期间服务功能的损失、生态环境功能永久性损害造成的损失以及生态环境损害赔偿调查、鉴定评估等合理费用。《民法典》侵权责任编第七章增设了生态破坏责任,并明确规定了赔偿的范围,包括生态环境修复期间服务功能丧失导致的损失,生态环境功能永久性损害造成的损失,生态环境损害调查、鉴定评估等费用,清除污染、修复生态环境费用,以及防止损害的发生和扩大所支出的合理费用。

对赔偿范围进行对比,《民法典》比《生态环境损害赔偿方案》在赔偿范围上进行了扩大,增加了防止损害的发生和扩大所支出的合理费用,确保环境损害得到充分的救济。虽然《民法典》并未像《生态环境损害赔偿方案》一样明确排除人身和财产损失,但是可以根据立法的逻辑结构进行推导。细究"侵权责任编"第七章"环境污染和生态破坏责任"的条文结构,事实上将污染环境、破坏生态造成的人身财产损失与造成生态环境损害并列,第1129条到第1233条规定前者的责任内容、方式与范围,第1234条、1235条规定生态环境损害的内容、范围与救济。这一并列式的立法结构表明,《民法典》事实上将人身和财产损失排除在环境损害的赔偿范围之外。对于涉及海洋生态的环境损害,《民法典》也未像《生态环境损害赔偿方案》一样明确排除,但是根据特别法优先于一般法的原则,在环境损害赔偿的问题上,《海洋环境保护法》应优先于《民法典》的适用。综上,环境损害赔偿的范围不包括涉及人身伤害、个人和集体财产损失的环境侵权和涉及海洋生态的环境损害。

7.1.2.3　商业银行环境责任的赔偿标准

传统侵权责任体系中,损害的概念和计算建立在"差额说"的基础上。这一理论源自德国,认为权益受侵害比较上的损失,以差额认定损害。

在损害的计算标准问题上,我国侵权法一般以损害发生时为计算损害的时点,通过市场价值标准计算损害。[180]此种方法对于计算财产损害并无疑问,但在计算生态环境损害时,首先需要厘清损害的概念,扩大损害的范围。《民法典》第1234条规定,生态环境损害中,恢复原状优先,就此将生态利益引入到了损害的范围之中,实现了对损害概念的扩张。第1235条则规定了恢复原状的费用与恢复不能时的金钱赔偿。尽管第1235条对具体项目的规定十分详细,但是其未区分金钱赔偿的范围与恢复原状的范围。第1235条第一项、第二项是金钱赔偿的项目,而第四项、第五项规定的则是恢复原状的费用。不区分金钱赔偿和恢复原状的费用,会引发生态环境损害的赔偿是否存在不能尤其是恢复原状与环境客观价值是否存在不成比例的问题。在具体计算方面,可参照《环境污染损害数额计算推荐方法》,修复责任的目的在于将受损的生态恢复到与受损之前相接近的状态。

从比较法的经验来看,在完全修复的成本过高、不符合比例的情况下,有必要任由全部或部分生态系统自我修复,而不是强迫责任人完全修复。此种观点在我国司法实践中已经有所体现。在多个案例中,法院均以虚拟治理成本法确定污染者的生态恢复责任。虚拟治理成本法适用于环境污染所致生态环境损害无法通过恢复工程完全恢复,或者恢复成本远大于收益即修复费用过高从而构成不成比例的情况。但是,也有法院认为,在资源等值分析法和虚拟治理成本法并存的情况下,优先适用前者。相比虚拟治理成本法,资源等值分析法是恢复原状的体现,资源等值分析法优先意味着即使费用过高也不排除恢复原状的适用。这一立场体现了明显的法政策倾向,即生态环境无价,应当无条件恢复。但是,不论是从法理构造还是从生态学意义上的环境保护来看,在特定情况下,并无必要以天价恢复生态,而是需要根据受侵害的生态利益的类型,来判断何种程度的修复费用过高从而是否构成比例。

7.1.2.4 商业银行环境责任的分担机制

连带责任的成立是责任分担的前提。连带责任主要包含两个层次:第一,对外责任上,所有共同责任人对受害人均负有全额赔偿义务,任何一个责任人不能以责任比例来进行抗辩;第二,对内层面上,可以具体划分每个责任主体的赔偿份额。对内责任指任何一个共同侵权责任人都有对外承担全部侵权的民事责任的义务,但已承担全部民事责任的人可以就超过其应负责任份额的部分,向其他共同侵权责任人进行追偿。

在研究分担机制之前,需要根据类型化的研究方法分别判定不同类型的商业银行环境损害赔偿责任上是否成立连带责任,在此基础上再讨论其分担机制。

第一,基于信贷合同的商业银行环境损害赔偿责任中的分担机制。

在环境损害赔偿的外部关系中,考察的是商业银行和直接侵权人作为一个整体,对生态环境损害进行填补。在商业银行绿色信贷环境损害责任问题上,商业银行的帮助行为与借款人实行的直接侵权行为构成一个共同的、不可分割的整体,是共同侵权。因此,环境损害赔偿责任应首先针对这两个法律关系组成的整体,要求其对外承担赔偿责任。在此基础上,再在商业银行和借款企业(直接侵权人)之间进行分担。在商业银行高度危险物环境损害责任和其他情形下商业银行的直接环境损害赔偿责任中,商业银行往往作为直接责任主体承担损害赔偿责任,特殊情况下如与其他主体共同成为责任主体,也面临先作为一个整体对外承担责任,再在内部进行责任分担的问题。

根据直接责任原则,作为污染或破坏行为的实施者,应对自己的行为负责,成为环境损害的直接责任人。但是问题在于,商业银行通过提供资金使借款人能够从事污染或破坏行为,间接造成了污染,商业银行对其单纯发放贷款的商业行为如何承担责任。借款人是造成损害的直接原因,也是承担责任的当然主体。但商业银行从提供信贷的商业行为中获利,且对借款人的活动或项目具有一定的控制权。商业银行提供资金的行为与借款人的行为结合,共同引起了损害结果的发生,商业银行的行为是造成环境损害的重要原因。因此,在对商业银行和直接侵权人作为一个整体追究环境损害赔偿责任后,需要再在商业银行和借款企业(直接侵权人)之间进行分担。

在内部责任的分担机制上,依照约定分担机制和法定分担机制来进行。

(1) 根据《绿色信贷指引》的要求,商业银行可以通过完善借款合同的条款督促借款企业加强环境和社会风险管理。对涉及重大环境和社会风险的借款企业,在合同中约定借款企业加强环境和社会风险管理的声明和保证条款,设定借款企业接受商业银行监督等承诺条款,以及借款企业在管理环境和社会风险方面违约时商业银行的救济条款。在借款合同中,根据意思自治和契约自由原则,应尊重由商业银行和借款企业约定分担环境责任的机制。当然,这一约定不得违反法律的强制性规定。为防止商业银行和借款企业约定责任全部由企业自行承担,通过约定免除商业银行的环境损害赔偿责任,立法也应该作出预判,对商业银行和借款企业关于责任分担机制的约定作出明确的禁止性规定。

(2) 对于双方未约定或约定不明的,应该通过分析其责任性质的基础上设定法定的责任分担机制。在基于信贷合同而产生商业银行环境损害赔偿责任中,商业银行提供资金的行为与借款人直接实施的环境侵权行为相结合,对外构成一个完整的环境侵权行为,共同引起了环境损害的后果。商业银行的贷款资助了环境损害,这种行为如何定性,是责任认定和责任分担的关键。商业银行故意或过失未能依法开展绿色信贷评估行为,客观上直接造成环境污染或生态环境损害,其行为对损害具有原因力,从客观关联共同来看商业银行与直接侵权人构成共同侵权。这一共同侵权构成有意思联络情况下的共同侵权。这种共同侵权是指,基于共同的故意或是过失,各个加害人对受害人承担起连带责任。在商业银行绿色信贷环境损害赔偿责任中,商业银行的贷款行为可以被视为帮助行为,即对实施了提供资金的资助行为,提供条件帮助直接侵权行为人实施造成环境损害的行为。根据绿色信贷义务,商业银行对借款人的资质、偿还能力、信用状况、借款用途、项目的环境风险等应该有注意义务和预见能力,应该对借款人的行为有预见,对贷款可能产生的损害后果有所预见。当商业银行未能履行绿色信贷义务发放贷款,借款人作为直接行为人使用贷款造成环境损害,就构成了客观上的意思联络,构成有意思联络情况下的共同侵权。在这种情况下,商业银行应与借款人承担连带责任。

目前,在环境责任分担比例的问题上,主要有三种观点:过错程度说、原因力说和平均分担说。[181]根据2001年《最高人民法院关于审理触电人身损害赔偿案件若干问题的解释》和2004年《最高人民法院关于审理人身损害赔偿案件适用法律若干问题的解释》的相关司法解释,在我国司法实践中关于共同侵权的连带责任分担问题主要适用原因力规则。除此之外,在商业银行环境连带责任分担机制的问题上,美国超级基金法也为我们提供了参考。可以参照1983年Chem-Dyne案形成的判例,按照损害分割与证明责任分配为标准决定责任分担的份额,即任一潜在责任人只有在全部损害都可以按比例分配,且对损害的分配比例承担证明责任的情况下才可以主张对其责任的限制,否则就应当承担连带责任;也可以参照1988年Monsanto案确立的标准,即潜在责任人如果能够证明损害是可分割的,或有合理依据判断其行为对损害的原因力比例,则可以主张在潜在责任人之间进行责任分担,而不必就所有的反应费用承担连带责任。本书认为,对于商业银行和借款企业(直接侵权行为人)的共同侵权,可以根据贷款期限、商业银行的过错大小、可预见性大小、损害发生的具体情况和商业银行的受益等具体情况来分配责任份额。

第二,特定情形下的商业银行环境损害赔偿责任的分担问题。

1) 基于高度危险物的商业银行损害赔偿责任的分担问题

在抵押贷款中,商业银行作为贷款人与借款企业签订贷款合同,在借款人或第三人所有或有权处分的财产上设立抵押权,作为对借款的担保。在借款合同约定的还款期限届满后,如果借款企业没有按期清偿债务,或出现借款合同约定的实现抵押权的情形,那么,商业银行可通过折价或者拍卖、变卖该抵押物的方式行使抵押权,实现其担保权益。在此种情形下,如果抵押物为"侵权责任编"第八章所列的"高度危险物",商业银行在对抵押物进行管理或处置的过程中高度危险物造成环境损害的,就可能成立商业银行基于高度危险物的环境责任。在侵权法理论中,高度危险责任指从事高度危险的作业,或者易燃、易爆、剧毒、放射性等高度危险物造成他人损害的责任。但当造成环境损害,即高度危险活动及高度危险物在造成人的损害之外导致环境损害时,高度危险责任就与环境损害赔偿责任发生了竞合。

从金融业务实践来看,商业银行一般不会因从事高度危险作业承担高度危险责任。这类责任的主体主要是那些从事高空、高压、地下采掘等高度危险作业的主体,如铁路、航空、电路等经营主体或从业主体。商业银行因其金融业务的特殊性一般不符合高度危险作业责任的构成要件。但是,商业银行可能成为高度危险物的现实的管领和控制者或者所有者在高度危险物导致损害时承担责任。责任主体包括高度危险物致他人损害时的责任主体是物的占有人、所有人和管理人,包括易燃、易爆、剧毒、放射性等高度危险物占有人、使用人、所有人、管理人,甚至非法占有人等对物进行管领、支配的主体。这些主体对高度危险物的责任不是基于侵权行为,而是基于其特定的身份或者事实上管领、支配的状态。

如果商业银行成为排他性的所有人、占有人、管理人时,则成立单独责任,由责任主体承担责任,没有责任分担的问题。在商业银行与其他主体共享高度危险物的管领、支配权时,则数个主体间成立共同危险行为。在这种情况下,主体共同对高度危险物的管领、支配具有共同的危险性质,构成客观关联。商业银行与其他主体作为高度危险物的所有人、占有人、管理人,客观上都具有因物的高度危险而造成环境损害的现实可能性。在这种共同危险行为中,各加害主体对于危险的控制能力要远远大于受害人,因此让共同加害人承担起连带责任符合危险控制理论,连带责任有助于共同危险加害人慎为危险行为,从而更好地控制危险。

在商业银行与其他主体共同对高度危险物进行管领或支配时,是否存在共同危险行为的免责抗辩,这个问题还有待商榷。目前,学界在共同危险行为免责抗辩的问题上,存在肯定说和否定说,前者认为如果共同危险行为人能证明其行为与损害结果之间没有因果关系即可免责。后者认为仅证明自己的行为与损害之间没有因果关系不能免责,必须进一步证明谁是真正的加害人,即证明损害结果与何人的行为具有因果关系,才能免除证明人的责任。[182] 可见,共同危险行为免责抗辩的关键在于因果关系。但是,高度危险物责任本质上是状态责任,认定依据是对进行高度危险物的管领、支配的状态,在这种状态责任中,法律拟制了管领、支配的状态作为一种消极的行为与损害之间的因果关系。因此,在商业银行与其他主体共享高度危险物的管领、支配权时,不能因商业银行证明其行为与高度危险物损害之间没有因果关系而免责,必须进一步证明损害结果是由何人的积极行为造成的,才能免除商业银行的高度危险物责任。在商业银行与其他主体共享高度危险物的管领、支配权构成共同危险行为时,属于无意思联络的数人侵权,能够证明真正的侵权人或能够确认责任比例大小的,各主体按照确定的比例承担相应责任;如果无法确定责任比例,高度危险物的管领、支配权由商业银行和其他主体平均地共享,则平均承担赔偿责任。

2) 基于担保的商业银行环境责任的分担机制

在抵押贷款中,作为抵押权人的商业银行在行使抵押权的过程中可能直接造成环境污染或生态环境损害。这一类责任本质上是一般主体环境损害赔偿责任的延伸,商业银行在实现抵押权的过程中由于该抵押物上存在的环境风险而导致的环境责任,属于法律拟制的环境侵权行为,其本质是自己责任,不涉及共同责任的分担问题。

在商业银行行使抵押权时,如果抵押物或者抵押的林权、采矿权或者海域使用权上存在多个抵押权,或者抵押物或者抵押的林权、采矿权或者海域使用权上同时存在抵押权和其他物权时,则需要具体判定。第一种情况:如果数人有意思联络,因为共同的故意或过失,在处置抵押物时数个行为结合在一起导致环境损害的程度进一步加大,在这种情况下,各主体均具有可科责性,此时为了保护环境公益,成立连带责任,加重侵权一方的责任作为惩罚。第二种情况:商业银行和其他责任人主观上没有意思联络,但其实现抵押权的行为与其他责任人的行为具有客观上的关联性,结合在一起而共同导致了环境损害的发生。在这种情况下,各个责任人行为的原因力不易划分,成立不真正连带责任。在不真正连带责任中,任一责任人都可能被诉就全部损失负赔偿责任。但是与连带责任不同的是,如果商业银行作为不真正连带责任人承担了全部赔偿责任,可以通过举证证明其实现抵押权的行为对于环境损害的发生并无事实上的原因力,或原因力较低,进而向事实上的侵权行为人进行追偿。这种追偿的根据是"终局责任"。

总之,连带责任的分担要根据商业银行环境损害赔偿责任的具体类型来判定,综合考虑贷款期限、过错程度、受益程度、损害发生的时间、可预见损害的范围等因素。在商业银行对外承担了共同侵权的责任后,对于超出其分担比例的部分,可以向借款人等共同侵权人追偿。

7.2 侵权法规制与环境监管、金融监管的关系

日趋严格的环境监管是驱动商业银行积极发展绿色金融的外部压力,也是推动商业银行环境责任实施范式转型、构建绿色信贷法律规制体系的重要力量。从法理角度而言,商业银行环境损害赔偿责任的制度功能之一,在于用私法责任完善公法上的环境监管和金融监管职能,实现环境多元治理。公私法并非对立,环境损害的治理,一方面需要实现私法体系本身的融贯,另一方面需要通过公法与私法的协动,理顺环境、金融等公法层面的监管与商业银行环境损害赔偿责任的关系,完善以商业银行责任为核心的环境治理。

在环境责任体系中,对商业银行进行公法规制包括金融监管和环境监管两个路径,前者体现的是金融监管机构与商业银行间的金融监管关系,而后者是环境保护部门对商业银行的环境管理关系。[183]

7.2.1 金融监管对商业银行环境责任的回应

7.2.1.1 监管依据

从现有的法律框架来看,金融监管中涉及商业银行环境责任的规则的主要有两类,一是专门的绿色信贷规定,二是涉及信贷规范的金融政策法规中有关环境保护的规定。

绿色信贷源于绿色金融。在《关于构建绿色金融体系的指导意见》中,绿色金融被定义为支持环境改善、应对气候变化和资源节约高效利用的经济活动,即对环保、节能、清洁能源、绿色交通、绿色建筑等领域的项目投融资、项目运营、风险管理等所提供的金融服务。不同学者对绿色信贷的定义不同,大体而言对绿色信贷的定义包括两方面内容:首先,绿色信贷的内容是通过商业银行对信贷领域的控制和审核义务,督促企业在生产经营中保护环境,节约利用资源,预防环境风险;其次,绿色信贷的目标是促使银行业金融机构密切关注并支持具有长效环境和经济利益的环保产业发展,促成金融与生态的良性循环。

《商业银行法》第 7 条规定:"商业银行开展信贷业务,应当严格审查借款人的资信。"这一条款确立商业银行发放贷款的审查义务。在第 7 条的原则性规定基础上,商业银行法第 34、第 35、第 36 条进一步明确了商业银行履行信贷审查义务的原则、对象和范围。第 34 条规定:"商业银行根据国民经济和社会发展的需要,在国家产业政策指导下开展贷款业务。"第 35 条规定:"商业银行贷款,应当对借款人的借款用途、偿还能力、还款方式等情况进行严格审查。商业银行贷款,应当实行审贷分离、分级审批的制度。"第 36 条还进一步对担保贷款作出了明确规定:"商业银行贷款,借款人应当提供担保。商业银行应当对保证人的偿还能力,抵押物、质物的权属和价值以及实现抵押权、质权的可行性进行严格审查。"可见,商业银行的信贷应该以国民经济和社会发展为导向,符合社会环境目标。信贷审查的内容包括环境法律风险,对可能的借款企业进行环境资质审核。因此,这些规定可视作商业银行在信贷业务中防范环境信贷风险、履行环境审查义务的间接性规定。《商业银行法》中的管理性规范本身具有行政管理的属性,可作为金融监管机构对商业银行开展监管的法律依据。

在金融监管规范中,与商业银行信贷业务中的环境责任联系最为紧密的是2012年中国银监会发布的《绿色信贷指引》。这一文件从组织管理、工作流程、内部控制等方面对商业银行防范环境风险、优化信贷结构提出了具体的指引和规范。文件对商业银行开展绿色信贷服务提出了具体的指导,属于业务指引范畴,但缺少对商业银行履行环境义务和承担责任的实质性监管内容。此外,中国人民银行、国家金融监管总局以及各级地方政府也出台了大量涉及信贷规范的金融政策法规,其中包含有关环境保护的规定。1996年中国人民银行制定《贷款通则》,这是规范商业银行信贷业务的重要规范,明确了贷款的效益性、安全性和流动性原则,提出商业银行不得对生产经营或投资项目未取得环境保护部门许可的借款人发放贷款,以及贷款发放后作为贷款人的商业银行的监督责任。2009年中国银行业协会制定《银行业金融机构企业社会责任指引》,其中设专章"环境责任"列出了银行所应承担的环境领域的企业社会责任,建立起了银行业应对环境风险、承担环境责任的行业规范。此外,银行监管机构还制定了《关于进一步做好支持节能减排和淘汰落后产能金融服务工作的意见》(2010年)、《关于改进和加强节能环保领域金融服务工作的指导意见》(2007年)、《关于落实环境保护政策法规防范信贷风险的意见》(2007年)、《节能减排授信工作指导意见》(2007年)等大量涉及信贷规范的金融政策法规。这些规范性法律文件都为金融监管提供了一定的法律依据。

7.2.1.2 监管方式

行政处罚是金融监管的基础性手段。当下,面对日益严峻的资源环境危机,强有力的金融和环境监管成为环境治理的重要手段,并承载着一定的社会期待。在金融和环境监管的工具箱中,基于命令—控制的行政处罚是其中最为基础的手段,因为其决定了执法的效果,发挥了法律的规制功能。

行政责任的功能主要体现为要求责任人为或不为一定行为来实现剥夺能力、减少再次实施违法行为可能性的预防功能。[184]为了达到行政责任的预防功能,行政责任的承担方式主要包括通报批评、罚款、拘留、责令停产停业、吊销营业执照,或许可证等。在现行法律框架下,商业银行违反信贷环保规定的行政责任得以成立的关键在于违法性要件,即存在与信贷环保相关的金融政策法规,明确授权监管机构对商业银行进行问责。当商业银行存在违反信贷环保法规行为时,金融监管机构能够实施相应的行政处罚。违法性要件是指银行业金融机构在信贷过程中违反有关信贷环保法规与政策以及金融监管法律。在我国,信贷环保法规主要指《贷款通则》《绿色信贷指引》等有关金融政策法规。金融监管中的行政处罚在法律后果上体现为一种否定性的结果,具有强制性。

在金融监管的法律依据问题上,制裁性条款来自《商业银行法》《银行业监督管理法》等规范层级较高的金融硬法。这些硬法规范直接赋予了金融监管机构依照规定实施监督权,以行政处罚的方式要求违反信贷环保规则的贷款人依法承担行政责任。违法性要件则源于绿色信贷金融政策等软法规范,这些软法规范本身没有强制性,无法直接单独成为责任追究的法律依据。但其明确了商业银行在授信过程中应当履行的具体义务,使金融监管具备明确的规范内容。此外,这些金融软法相较于硬法规范制定流程简单,可以及时根据金融监管和环境监管的需求而作出调整,因此在信贷环保监督管理上更具可操作性。但是,软法本身的非强制性特点使之无法直接单独成为责任追究的法律依据,因此需要寻找其与金融监管硬法的连结点,通过软硬结合进行的方式,以信贷环保的软法和金融监管硬法作为监管依据。

随着国家对绿色信贷制度的重视,《绿色信贷指引》等法律规范逐渐得到贯彻实施。2018年6月,国家金融监管总局天津监管局(原天津市银监局)对平安银行股份有限公司进行了行政处罚,针对平安银行贷前调查不到位、向环保未达标的企业提供融资、贷后管理失职、流动资金贷款被挪用等违法违规事实罚款人民币50万元。这是我国首次依据绿色信贷相关规定作出的处罚决定,标志着商业银行所承担的环境行政法律责任由制度走向了实践。该案的主要处罚依据为《节能减排授信工作指导意见》第5条,《绿色信贷指引》第17条,《流动资金贷款管理暂行办法》第9条、第13条、第30条以及《银行业监督管理法》第21条、第46条。分析该案件的处罚依据,《绿色信贷指引》《节能减排授信工作指导意见》等金融法规提供了行政处罚的内容基础,即平安银行未依法履行的绿色信贷义务的违法性要件,但并未规定违反信贷注意义务的制裁性条款。制裁性条款为《银行业监督管理法》第46条,其中规定银行业金融机构有下列情形之一,由国务院银行业监督管理机构责令改正,并处20万元以上50万元以下罚款;情节特别严重或者逾期不改正的,可以责令停业整顿或者吊销其经营许可证;构成犯罪的,依法追究刑事责任:①未经任职资格审查任命董事、高级管理人员的;②拒绝或者阻碍非现场监管或者现场检查的;③提供虚假的或者隐瞒重要事实的报表、报告等文件、资料的;④未按照规定进行信息披露的;⑤严重违反审慎经营规则的;⑥拒绝执行该法第37条规定的措施的。在该条中,对银行业金融机构严重违反审慎经营规则的责任形式规定了行政处罚甚至刑事责任。除此以外,中国人民银行还出台了各类行业指南,建立行业标准。2021年5月,中国人民银行出台《银行业金融机构绿色金融评价方案》,对包括绿色信贷在内的各项绿色金融业务进行定性和定量考核,设计了包含绿色信贷余额、份额、增量、增速、绿色信贷不良率等多项指标对银行业金融机构进行综合评价。2021年7月,中国人民银行发布《金融机构环境信息披露指南》,对金融机构环境信息的披露形式、频次、应披露的定性及定量信息等方面提出要求,并根据不同类型金融机构的特点,针对银行类、资管类、信托类、保险类金融机构提出了区别性的指导意见。尽管这些属于指导性的行业软法规范,央行据此作出的考核也并非严格意义上的金融监管,但这些规范是由中国人民银行制定的行业指南,具有导向作用,因此对商业银行的绿色信贷实践依然起到了激励约束的效果。在司法实践中,如果金融法律法规对于商业银行的信贷义务和环境责任有明确规定的,可以直接将法律法规的规定作为绿色信贷义务的内容。如果金融法没有作出直接规定,可以参考金融监管规章的规定确定商业银行的信贷义务和环境责任。在此基础上,还可以参照绿色金融政策、银行业的行业标准、国际金融软法中的实践指南等作为判断商业银行环境责任的标准和依据。

7.2.2　环境监管对商业银行环境责任的回应

在《环境保护法》第六章法律责任中,具体规定了警告、行政罚款、责令停产整顿、责令恢复原状、行政拘留等处罚方式,参考《行政处罚法》的规定,这些均属于行政处罚方式,从这一角度,可以看出环境监管带有的惩罚属性。但是,在现行环境监管的法律框架内,环境行政处罚的对象主要是直接实施了污染环境或破坏生态的主体,尚未覆盖商业银行。环境监管对商业银行环境损害赔偿责任的回应主要体现在,通过环境影响评价和环境信息公开等环境监管制度,为商业银行履行绿色信贷注意义务提供必要的信息和技术支持。

在环境多元治理中,商业银行环境损害赔偿责任的意义在于赋予商业银行以监管责任,通过金融功能实现对损害的预防,商业银行环境责任法律化遵循的是监督监督者的逻辑。环境责任的建立督促银行在信贷业务中履行绿色信贷注意义务,减少对污染企业和项目的信贷支持,发挥金融的杠杆作用,实现从源头上降低借款企业实施环境损害的能力,将对环境风险的管理从末端治理延伸为源头治理和全过程管控,最终实现对借款企业的环境监管功能。但是,商业银行本身并非环境监管部门,商业银行提供贷款的行为属于金融业务,客观上并不具备对借款企业进行环境审查的能力,超出正常范围的绿色信贷注意义务无疑将加重商业银行的贷款成本。这不仅对商业银行有失公允,还会产生反向效应,反而使商业银行在授信问题上过于保守,因高昂的贷款成本和可能产生的环境责任风险而拒绝为企业提供贷款,不利于企业融资和经济发展。

环境问题的复杂性决定环境治理是一项跨越不同领域的系统工程,而完全信息是正确决策的前提。环境责任涉及多重法律关系,其法律依据囊括环境立法、金融立法,并以行政法及民法理论为依托,因而不同部门法间协调对该制度的运行尤为重要。

《环境影响评价法》赋予环境监管机关环境影响评价的审批权和对环境影响评价进行事后监督的权力,还明确规定了企业应当公开环评信息的义务。《环境保护主管部门实施限制生产、停产整治办法》规定,环保主管部门在要求被责令限制生产、停产整治的排污者公开相关信息的同时,自身也要依据污染源监管信息公开的有关规定,主动公开对排污者的行政处罚和责令改正违法行为情况,让公众及时了解排污者的整治情况,接受社会监督。环境影响评估机构对贷款企业项目或规划的环境影响评价,在银行业金融机构履行绿色信贷义务、进行信贷环保审查中提供了必要的信息支持,环境影响评价结果是商业银行进行环保信贷审查的重要依据。环保总局、中国人民银行、国家金融监管总局(原银监会)联合出台《关于落实环保政策法规防范信贷风险的意见》,要求各级环保部门向金融部门提供有关环境影响评价审批结果、污染和被查处企业名单,以及可纳入企业和个人信用信息数据库的企业环境违法等信息。另一方面,从信息的反向利用角度而言,法律规定了公民、法人和其他组织,对依法属于公开范围的环境信息,依法向环保部门申请公开的,环保部门应当告知申请人获取环境信息的方式和途径。银行业金融机构作为适格的申请主体,也应当积极、充分地掌握政府部门提供的绿色信贷指南和有关企业的环境信息,优化和理顺企业环保信息的披露渠道,提高绿色信贷相关工作人员的银行业务素质和环境信息审查素质,有条件的可以专门成立绿色信贷业务部门,要求企业编制环境影响审查报告并提出相应的环境治理措施。

7.2.3 侵权法规制与环境监管、金融监管的协动

不论通过是侵权法的路径进行规制,还是通过环境和金融法的路径对商业银行进行监管,最终绿色信贷法律规制要实现的目标都是一致的,即更高效地预防环境风险和填补环境损害,实现社会经济可持续发展。因此,公私法的协动是应有之义。

通过侵权法途径解决商业银行环境损害赔偿问题,是将一部分公共秩序纳入私法调整的范围内。通过商业银行环境损害赔偿责任的制度构建,以侵权法路径实现环境规制,将公法中的价值判断引入到侵权法中,扩张侵权法中的赔偿义务人、损害概念和连带责任的范围,实现和现有法律体系的兼容。这是一个环境目标和法律秩序所追求的"价值判断如何转化进入私法"的问题。在必要的情况下,环境监管和金融监管的内容通过侵权法上的责任框架,以违法性要件的形式渗透入侵权法,通过转介条款,如法律行为违法无效、违反保护性法规的侵权等规则实现侵权法和环境监管、金融监管的兼容。在现行环境和金融法律法规中,审视环境义务内容,大部分环保方面的公法规范可以被视为民法中的保护性法律,为商业银行等私法主体设立了环境义务和社会责任,违反即构成侵权,形成了侵权责任的违法性要件基础。侵权法规制的优势还在于克服公法规制的局限性。由于财政经费不足等因素的限制,金融监管和环境监管往往是不充分的。且采取公法规制手段往往需要以法律有明文规定可以处罚为限,在应对灵活多变的环境现实问题时显得僵化和滞后。将金融监管的问题交由侵权法来处理,扩张侵权法中的赔偿义务人、损害概念和连带责任的范围,引入所谓的外围秩序[185],突破传统私权的构造,也在一定程度上扩张了救济手段。

但是侵权法的规制作用也有其界限。在环境损害中进行私法规制，相当于把执行问题转嫁给像商业银行这样的市场主体，将公共的环境法益改造为私法上的权利义务，可能带来的执行不足问题，难以充分实现对公益的保护。由行政机关来主导金融监管和环境监管的做法，其优势在于更为高效与及时，发挥行政的效率优势，及时、高效地实现生态环境损害的赔偿与恢复，且能够确保恢复环境所需费用。

商业银行环境损害赔偿责任涉及多重法律关系，其法律依据囊括环境立法、金融立法，并以行政法及民法理论为依托。侵权法规制和环境、金融监管的衔接、不同部门法间协调对该制度的运行尤为重要。商业银行承担环境损害赔偿责任的基础在于绿色信贷注意义务。履行这一义务，需要商业银行对借款人的借款用途进行严格审查，审查标准可能超出其能力范围，大幅度提高其运营成本，进而导致企业借款成本的增加，影响到金融行业的正常秩序。有学者认为要求银行承担责任的人只看到其对于环境事故概率的影响，而忽略了银行和借款者之间由于信息不对称造成的代理成本，以及凭空多出来的银行对于污染企业的环境审查和监督成本，对于一些专业性很强的行业来说这个成本是极其高昂的，由于这些成本，银行可能减少信用提供，这种减少会影响到其他行业的资金供给，从而降低了有效率的产出水平，这对于社会整体福利是一种损失。同时，银行也可能把环境责任成本通过更高的消费贷款利率和更高的服务收费的方式转移给消费者，降低消费者的福利水平。这种观点也有参考意义。因此，商业银行环境损害赔偿责任制度的建构需要考虑与金融法和环境法的相关制度进行必要的衔接。

首先，为了弥补银行审查能力的不足，应当结合环境影响评价制度和环境信息公示制度，建立环境保护行政部门与贷款银行之间的信息交换机制。银行在发放贷款时，应当要求企业提供相应的环境影响评估文件，并对企业公示的环境信息进行收集，同时向环境保护主管部门查询该企业的环境影响信息，向符合环境保护规范、没有重大环境损害风险的企业发放贷款。通过信息公示和交换机制减轻银行的负担,也提高信息的可信度。

其次,为了减少银行审查成本上升带来的不利影响,金融监管部门应当积极落实国家绿色信贷政策,既要对怠于履行审查义务的金融机构进行查处,也要积极鼓励金融机构履行环境保护义务,落实政策优惠,以免除其后顾之忧,环境保护部门也应当积极配合金融机构对企业的环境信息进行审查,降低金融机构的审查成本。

再次,为了加强法律规则的可预见性,保持法律体系的稳定和统一。法的规范作用包括指引作用和预测作用,前者强调通过规定法律权利、义务以及违反义务所应承担的法律责任,来指引人们的行为;后者强调法律应明确行为模式和法律后果,使人们能根据法律预先估计行为后果,从而对自己的行为作出合理的安排。法律规范要实现指引和预测的作用,必须加强可预见性。回顾我国针对商业银行环境责任出台的各类规范性法律文件,虽然看似名目繁多、内容庞杂,但是其中有大量是原则性规定,缺少关于权利义务、责任结构、规则效力与救济手段的内容,因此缺乏可预见性,难以实现法律规范的指引和预测功能。在绿色信贷法律规制的问题上,法律规则的可预见性尤为重要。绿色信贷义务是对商业银行科以环境责任的前提,商业银行环境损害赔偿责任的法理基础在于其对绿色信贷义务的违反。对于绿色信贷义务的内涵和范围,尽管本书从学理上进行了分析,但是在立法中并未作出明确界定。由于这一义务涉及环境监管和金融监管,横跨环境法和金融法的范畴,在立法过程中往往政出多门,相关规则在内容规范和体系上存在交叉甚至矛盾,导致商业银行在具体操作中缺乏明确、统一和稳定的标准。检视美国超级基金法的发展过程,不难发现,环境义务和法律责任的不明确不仅使商业银行暴露在巨大的环境风险之下,进而减少对污染治理领域的信贷融资,而且使商业银行环境责任制度本身也受到质疑。因此,我国绿色信贷法律规制中应建立明确的规则体系,通过责任的法律化为商业银行设立明确的环境义务和环境责任,使其能预见到由此带来的法律风险,最终构建起以商业银行为责任主体的绿色信贷法律规制体系。

综上,在商业银行环境损害赔偿责任的问题上,侵权法规制与金融、环境监管的协动与衔接有利于环境保护、生态恢复目标的实现。在明确高效填补的价值取向后,选择协动模式应当考虑本国现有法学外部体系中概念与逻辑的一致性,实现内部体系与外部体系的融贯。通过环保部门和金融监管部门的密切配合,环境法和金融法制度的支撑和衔接,建立商业银行环境损害赔偿责任制度完全具备可行性,对于社会公共利益能够产生正向效应。

后　　记

　　绿色信贷是商业银行承担环境责任的主要方式之一。为防范基于环境因素产生的信贷风险，商业银行在授信业务中对环保、节能、清洁能源、绿色交通、绿色建筑等领域的项目投融资提供优惠信贷服务，并对涉及污染环境、破坏生态的企业和项目进行贷款限制。在商业银行就环境责任形成共识、广泛开展绿色信贷实践的同时，法学界对商业银行环境责任的性质、绿色信贷的业务模式以及环境责任的法律效果却缺乏深入的研究，从而导致了在立法层面上缺乏对商业银行绿色信贷的有效法律规制。本书主要围绕商业银行绿色信贷法律规制展开研究。

　　商业银行环境责任从传统侵权法中发展而来，指商业银行因特定关系人实施污染或破坏环境的行为而造成环境损害，或商业银行基于特定法律关系对环境造成损害，应依法承担的损害赔偿责任。这一责任的逻辑起点在于建立商业银行与环境损害责任的正当性联系。传统的民商法律制度建立在意思自治、契约自由和自己责任的基础上，形成了环境公益保护诉求与民商事法律原则的张力，金融法益的私法属性与环境利益的社会属性需要平衡和协调。在严峻的环境危机面前，法律体系需要对金融机构的社会功能与责任进行重构。商业银行环境损害赔偿责任的提出既是应对环境危机的现实要求，也是商业银行环境功能与社会责任重构的法律表达。本书从价值正当性、法理基础和现实基础三个维度，论证了在风险社会环境问题日益频发且呈规模化的背景下，商业银行应该承担环境损害赔偿责任。

商业银行绿色信贷法律规制的价值正当性源自环境正义,即实现环境利益与成本的分配正义。以生态环境整体论为认识论基础,实现商业银行由理性经济人向生态人的功能转变,将环境成本内化到金融产品价格中,通过发挥金融功能将作为公共物品的环境风险在社会主体间合理分配,追求社会、环境和经济的平衡发展。商业银行环境损害赔偿责任的法理基础,包括环境责任法律化的原则、途径,以及内容层面的正当性。商业银行承担环境损害赔偿责任,是按照污染者付费与受益者负担的原则,通过私法的责任体系将银行纳入环境风险的责任范围,实现责任主体的扩张,在法理上符合环境法、侵权法和金融法的基本原则。这一责任是环境法义务本位的体现,商业银行承担环境损害赔偿责任的义务基础在于开展金融业务中的绿色信贷义务和安全保障义务。商业银行环境损害赔偿责任的正当性还源自其现实基础,即实现商业银行绿色金融实践的法治化,以及通过扩大责任主体范围解决企业履行不能的问题。

商业银行是环境损害赔偿责任中的特殊主体。商业银行作为金融机构的公共性、金融服务的特许权价值决定了商业银行在环境损害中承担特殊的义务,这种义务源于金融企业社会责任,表现为绿色信贷义务和安全保障义务。商业银行的特殊性还体现在其参与环境损害事件的复合型结构,即由商业银行的金融信贷业务和直接行为人的环境损害行为叠加而成,包含内外两重关系。在分析商业银行与直接侵权人的内部法律关系中,本书排除了商业银行通过股权投资成为直接侵权人的股东、并依据公司人格否认制度而承担直接侵权人责任的可能性,重点讨论了建立在借贷契约上的商业银行与直接侵权人的合同关系,尤其是其中的抵押贷款,明确商业银行以借款合同及抵押合同为介质与直接侵权人的环境损害建立了联系。基于这一复合型的行为模式,商业银行环境损害赔偿责任具有间接性,责任主体与行为主体不统一。

美国超级基金法是最有代表性和影响力的商业银行环境损害赔偿责任域外立法,为研究我国商业银行环境损害赔偿责任提供了比较法上的研究样本。本书考察基于超级基金法的商业银行环境责任的发展历程和制度的形成过程,讨论了美国超级基金法确立的商业银行环境损害赔偿责任的具体内容,包括潜在责任人制度,严格、连带、可溯及既往的责任形态,抗辩条款,以及环境损害赔偿的范围。在此基础上分析这一责任制度的功能和局限性,探讨在我国立法中借鉴美国超级基金法构建我国商业银行环境损害赔偿责任体系的可行性。

本书采用类型化研究方法,按照环境损害原因行为的不同,将商业银行绿色信贷法律规制分为直接基于信贷合同的商业银行环境损害赔偿责任和特定情形下的商业银行环境损害赔偿责任两大类,后者可以再具体细分为基于高度危险物的环境损害赔偿责任的和基于担保的环境责任。从侵权责任的法理基础出发分析商业银行环境义务的具体内容、环境损害赔偿责任的性质和连带责任的依据。在此基础上分别从因果关系、违法性、归责原则和抗辩事由的角度对不同类型商业银行环境损害赔偿责任进行了归因分析。绿色信贷义务是责任成立的重要前提,主要表现为商业银行违规发放贷款或未能依法依规进行贷后管理。商业银行的借款行为与借款人运用资金直接侵害环境的行为相结合,对外构成一个完整的环境损害行为,共同引起了环境损害的后果。商业银行的贷款行为可以被视为帮助行为,对环境损害结果存在间接原因力,根据我国侵权责任法,帮助行为在责任方式上与实行行为构成连带责任。基于信贷合同的商业银行环境损害责任以过错责任为原则,违反绿色信贷义务是责任成立的要件,商业银行通过提供资金的帮助行为与直接侵权人构成了共同侵权,按可预见性标准和环境损害形成因果关系。基于高度危险物的商业银行环境损害赔偿责任的产生基于对危险物的管领、支配的状态,一般以无过错责任原则,因果关系因法律拟制而成。特定情形下基于担保关系的商业银行环境责任主要是指商业银行在实现抵押权的过程中,违法处置抵押物或作为抵押物的部分自然资源使用权,造成环境损害而承担的责任,本质是一般主体的环境损害赔偿责任,适用无过错责任原则,以盖然性标准建立因果关系。

在分析责任成立的基础上,本书讨论了商业银行绿色信贷法律规制的体系构建,包括侵权法上的责任方式、赔偿规则,以及侵权法规制与环境、金融监管之间的协动。基于环境损害的特点和商业银行在环境责任体系中的地位,商业银行承担环境责任的方式主要为损害赔偿。商业银行环境损害赔偿责任应以适度性原则和公益性原则为基础,赔偿范围包括清除污染费用、生态环境修复费用、生态环境修复期间服务功能的损失、生态环境功能永久性损害造成的损失,生态环境损害赔偿调查、鉴定评估等合理费用,以及防止损害的发生和扩大所支出的合理费用。在责任分担机制部分,依然采用类型化方法按不同类型的商业银行环境损害赔偿责任分别研究其是否成立连带责任、如何分担责任,探索建立我国商业银行环境损害赔偿责任分担机制的范式与路径。

最后,本书从商业银行环境责任的侵权法视野出发,讨论侵权法规制与金融监管、环境监管之间的关系。环境损害的治理,一方面需要实现私法体系本身的融贯,另一方面需要实现公法与私法的协动。金融监管对商业银行环境损害的规制体现在金融法律法规对商业银行环境义务的设定,以及通过行政处罚的方式对商业银行科以行政责任。环境监管与商业银行环境责任的联系体现在通过环境影响评价和环境信息公开等环境监管制度,为商业银行履行绿色信贷注意义务提供必要的信息和技术支持。侵权法规制与环境监管、金融监管协动,理顺环境、金融等公法层面的监管与商业银行环境损害赔偿责任的关系。我国金融体系正处于从金融资源配置、金融风险防范到推动公共治理、实现社会经济可持续发展的功能转型。在这一过程中,我国商业银行绿色信贷的法律规制体系也面临转型,建立环境损害赔偿责任制度,实现社会责任法律化的转变,最终以金融机构为责任主体推进绿色金融责任体系的完善。

参 考 文 献

[1] 世界环境与发展委员会.我们共同的未来[M].王之佳,等译.长春:吉林人民出版社,1997.

[2] 邓常春,任卫峰,邓莹.全球气候变化、低碳经济与环境金融[M].北京:光明日报出版社,2013.

[3] 朱家贤.环境金融法学[M].北京:北京师范大学出版社,2013.

[4] 史密斯,庞萨帕.环境与公民权:整合正义、责任与公民参与[M].侯艳芳,等译.济南:山东大学出版社,2012.

[5] 张雪兰.环境金融的集体行动情境构建[M].武汉:武汉大学出版社,2014.

[6] 刘志云.商业银行社会责任的法律问题研究[M].厦门:厦门大学出版社,2011.

[7] 绿色金融工作小组.构建中国绿色金融体系[M].北京:中国金融出版社,2015.

[8] 方智勇.商业银行绿色信贷创新实践与相关政策建议[J].金融监管研究,2016(06):57-72.

[9] 郑少华.试论环境法上的社会连带责任[J].中国法学,2005(02):134-141.

[10] 刘超.论"绿色原则"在民法典侵权责任编的制度展开[J].法律科学(西北政法大学学报),2018,36(06):141-154.

[11] 唐双娥.环境法风险防范原则研究——法律与科学的对话[M].北京:高等教育出版社,2004.

[12] 郑玉波.民法债编总论[M].台北:三民书局,1993.

[13] 冈普,克拉里.商业银行业务对风险的管理[M].康以同,译.北京:中国金融出版社,2009.

[14] 张恒山.法理学要论(第3版)[M].北京:北京大学出版社,2009.

[15] 钱大军.法律义务研究论纲[M].北京:科学出版社,2008.

[16] 张文显.法理学[M].北京:法律出版社,2007.

[17] 吕忠梅.环境法学[M].北京:法律出版社,2008.

[18] 蒙禹诺.人权视野下的环境权及其实现[J].人权,2017(06):103-112.

[19] 赵虎.环境侵权民事责任研究[D].武汉:武汉大学,2012.

[20] 吕忠梅,等.侵害与救济:环境友好型社会中的法治基础[M].北京:法律出版社,2012.

[21] 陈泉生.环境法原理[M].北京:法律出版社,1997.

[22] 陈泉生.环境法学基本理论[M].北京:中国环境科学出版社,2004.

[23] 蔡守秋.环境资源法学教程[M].武汉:武汉大学出版社,2000.

[24] 吕忠梅.论公民环境权[J].法学研究,1995(06):60-67.

[25] 吴卫星.环境权入宪之实证研究[J].法学评论,2008(01):77-82.

[26] 李艳芳,王春磊.环境法视野中的环境义务研究述评[J].中国人民大学学报,2015,29(04):145-154.

[27] 徐以祥.环境权利理论、环境义务理论及其融合[J].甘肃政法学院学报,2015(02):24-33.

[28] 钱大军.环境法应当以权利为本位——以义务本位论对权利本位论的批评为讨论对象[J].法制与社会发展,2014,20(05):151-160.

[29] 胡静.环境法的正当性与制度选择[M].北京:知识产权出版社,2009.

[30] 王小钢.义务本位论、权利本位论和环境公共利益——以乌托邦

现实主义为视角[J].法商研究,2010,27(02):58-65.

[31] 曹炜.环境法律义务探析[J].法学,2016(02):92-103.

[32] 蔡守秋.从环境权到国家环境保护义务和环境公益诉讼[J].现代法学,2013,35(06):3-21.

[33] 陈海嵩.宪法环境权的功能体系——兼论环境法学研究的"解释论"转换[J].社会科学辑刊,2013(06):71-75.

[34] 唐绍均,蒋云飞.环境法"义务重心"的理论证成与立法回应[J].重庆大学学报(社会科学版),2016,22(02):139-145.

[35] 陈海嵩.中国环境法治中的政党、国家与社会[J].法学研究,2018,40(03):3-20.

[36] 邓海峰.生态法治的整体主义自新进路[J].清华法学,2014,8(04):169-176.

[37] 周永.环境法的正当性研究[D].福州:福州大学,2017.

[38] 徐祥民.从全球视野看环境法的本位[J].环境资源法论丛,2003(00):1-22;徐祥民.极限与分配——再论环境法的本位[J].中国人口·资源与环境,2003(04):26-29.

[39] 徐祥民,张红杰.生态文明时代的法理[J].南京大学法律评论,2010(01):25-40.

[40] 顾爱平.权利本位抑或义务本位——环境保护立法理念之重构[J].苏州大学学报(哲学社会科学版),2010,31(06):63-67.

[41] 刘卫先.从"环境权"的司法实践看环境法的义务本位——以"菲律宾儿童案"为例[J].浙江社会科学,2011(04):60-65+128+157.

[42] 张一粟.环境法的权利本位论[J].东南学术,2007(03):129-135.

[43] 王彬辉.论环境法的逻辑嬗变[D].武汉:武汉大学,2005.

[44] 郑少华.生态主义法哲学[M].北京:法律出版社,2002.

[45] 刘晗,李静.环境资源相关权初探[J].兰州大学学报(社会科学版),2012,40(03):131-137.

[46] 高桂林.公司的环境责任研究——以可持续发展原则为导向的法律制度构建[M].北京:中国法制出版社,2005.

[47] CARROLL A, BUCHHOLTZ A. Business and Society: Ethics and Stakeholder Management[M]. 4th ed. South-western Publishing Company, 2000.

[48] 肖宏.商业银行何以承担环境责任[J].环境保护,2007(07):23-27.

[49] 沈娅云.贷款人环境民事责任建构研究[J].绿色科技,2015(01):211-215.

[50] 李顺义.我国商业银行的环境法律责任研究[D].长沙:湖南师范大学,2011.

[51] 袁康,黄涛.贷款人环境责任的理论证成和制度构建[J].经济法研究,2017,19(02):109-124.

[52] 吕忠梅课题组,吕忠梅,竺效,巩固,刘长兴,刘超."绿色原则"在民法典中的贯彻论纲[J].中国法学,2018(01):5-27.

[53] 蔡守秋.论民法总则中绿色原则的价值与功能[C]//中国法学会环境资源法学研究会,河北大学.区域环境资源综合整治和合作治理法律问题研究——2017年全国环境资源法学研讨会(年会)论文集.2017:917-936.

[54] 王月.贷款人环境民事责任的认定[J].中国环境管理干部学院学报,2019,29(04):4-7.

[55] POULTER S R. Cleanup and Restoration: Who Should Pay[J]. J. L and Resources & Envtl. L, 1998.

[56] NAIDU R, WONG M H, NATHANAIL P. Bioavailability-the underlying basis for risk-based land management[J]. Environmental Science and Pollution Research, 2015, 22: 8775-8778.

[57] 陆文华.美国环保超级基金的成就与不足[J].全球科技经济瞭望,2000(01):64.

[58] 蒋莉.美国环保超级基金制度的实施及问题[J].安全、健康和环境,2004(10):23-24+32.

[59] 王曦,胡苑.美国的污染治理超级基金制度[J].环境保护,2007(10):64-67.

[60] 段春霞,孟春阳.关于美国治理污染土地超级基金制度的若干思考[J].农业考古,2009(06):338-340.

[61] 赵小波,林尤刚.美国《超级基金法》免责条款对我国立法的启示[J].海南大学学报(人文社会科学版),2007(04):393-398.

[62] 王欢欢.美国城市土壤污染治理法律免责制度比较研究[C]//中国法学会环境资源法学研究会,国家环境保护总局,全国人大环资委法案室,兰州大学.环境法治与建设和谐社会——2007年全国环境资源法学研讨会(年会)论文集(第三册).中国法学会环境资源法学研究会,2007:174-177.

[63] 姚慧娥.美国《超级基金法》中环境法律责任分析及对我国环境立法的启示[J].能源与环境,2008(03):2-4.

[64] 桑东莉.美国《超级基金法》责任条款的司法博弈[J].法学评论,2013,31(01):146-152.

[65] 翁孙哲.美国贷款人环境责任立法历程及其对我国的启示[J].理论月刊,2014(03):179-185.

[66] TORRANCE M. Equator principles banks: The New Global Regulators[J]. Canadian Mining Journal, 2013, 134(5):10-11.

[67] O'DWYER B, O'SULLIVAN N. The Structuration of Issue-Based Fields: Social Accountability, Social Movements and the Equator Principles [J]. Accounting, Organizations and Society, 2015, 43.

[68] CONTRERAS G, BOS J, KLEIMEIER S. Self-regulation in Sustainable Finance: The Adoption of the Equator Principles [J]. World Development, 2019, 122.

[69] WÖRSDÖRFER M. The Equator Principles and Human Rights Due Diligence — Towards a Positive and Leverage-based Concept of Corporate Social Responsibility[J]. Philosophy of Management,2015,14(3).

[70] SCHOLTENS B,DAM L. Banking on the Equator. Are Banks that Adopted the Equator Principles Different from Non-Adopters?[J]. World Development,2006,35(8).

[71] 刘志云.赤道原则的生成路径——国际金融软法产生的一种典型形式[J].当代法学,2013,27(01):137-144.

[72] 方桂荣.集体行动困境下的环境金融软法规制[J].现代法学,2015,37(04):112-125.

[73] 范少虹.绿色金融法律制度:可持续发展视阈下的应然选择与实然构建[J].武汉大学学报(哲学社会科学版),2013,66(02):75-79+128-129.

[74] 邓翔.绿色金融研究述评[J].中南财经政法大学学报,2012(06):67-71.

[75] 方智勇.商业银行绿色信贷创新实践与相关政策建议[J].金融监管研究,2016(06):57-72.

[76] 徐以祥,刘海波.生态文明与我国环境法律责任立法的完善[J].法学杂志,2014,35(07):30-37.

[77] 王言峰.商业银行环境连带责任的经济学分析[J].金融发展研究,2011(06):10-14.

[78] HOWARD B P,GERARD M K. Lender Liability under CERCLA:Sorting Out the Mixed Signals[J]. Journal of International Economic Law,1991, 64(5):1187-1229.

[79] 冯汝.贷款人生态环境损害赔偿责任的认定及立法完善——一种法解释学路径的分析[J].河北法学,2019,37(04):97-109.

[80] 周杰普.论公司参与人的环境损害赔偿责任[J].政治与法律,

2017(05):92-98.

[81] 夏少敏.论绿色信贷政策的法律化[J].法学杂志,2008(04):55-58.

[82] 李虹.论商业银行在环境侵权中的贷款人责任[J].中国环境法治,2013(01):33-52.

[83] 冯果,辛易龙.公用企业社会责任论纲——基于法学的维度[J].社会科学,2010(02):80-88+189.

[84] 王明辉,王喜平,周淮.论商业银行环境责任的法律规制[J].江汉大学学报(社会科学版),2011,28(01):98-102.

[85] NORTON J. Taking Stock of the "First Generation" of Financial Sector Legal Reform[Z]. World Bank Law & Development Working Paper Series,2007.

[86] MERTON R C, BODIE Z. The Design of Financial Systems: Towards a Synthesis of Function and Structure[J]. Social Science Electronic Publishing,2005,3(1).

[87] (奥)埃利希.法律社会学基本原理[M].北京:中国社会科学出版社,2009.

[88] 刘少军.金融法原理[M].北京:知识产权出版社,2006.

[89] (德)卡塔琳娜.皮斯托.法律与资本主义——全球公司危机揭示的法律制度与经济发展的关系[M].罗培新,译.北京:北京大学出版社,2010.

[90] CRANSTON R. Banks, Liability, and Risk (2nd ed.)[M]. London:Lloyd's of London Press,1995.

[91] 罗斯诺.后现代主义与社会科学[M].张国清,译.上海:上海译文出版,1998.

[92] 李拓.中外公众参与体制比较[M].北京:国家行政学院出版社,2010.

[93] BOYER M, PORRINI D. Law Versus Regulation: A Political

Economy Model of Instrument Choice in Environmental Policy[J]. Social Science Electronic Publishing,2001.

[94] 莫吉武,等.协商民主与有序参与[M].北京:中国社会科学出版社,2009.

[95] 乌尔里希.贝克.风险社会[M].何博闻,译.北京:译林出版社,2004.

[96] 张保伟.公众环境参与的结构性困境及化解路径——基于协商民主理论的视角[J].中国特色社会主义研究,2016(4):69-75.

[97] DOBSON A. Justice and the Environment[M]. Oxford University Press,1998.

[98] SAMUELSON P. The Pure Theory of Public Expenditure[J]. The Review of Economics and Statistics,1954,36(4):387-389.

[99] HARDIN G. The Tragedy of The Commons[J]. Science,1968,162(3859):1243-1248.

[100] BUTLER P, LARSEN-HALLOCK L, LEWIS R, et al. Metrics for integrating sustainability evaluations into remediation projects[J]. Remediation Journal,2011,21(3):81-87.

[101] 王利明,等.民法新论[M].北京:中国政法大学出版社,1988.

[102] O'CONNOR D, HOU D. Targeting cleanups towards a more sustainable future[J]. Environmental Science: Processes & Impacts,2018,20(2):266-269.

[103] 鲁政委.贷款人环境法律责任或将到来[N].证券日报,2018-08-18(A03).

[104] BRAUN A B,TRENTIN A W,VISENTIN C,et al. Sustainable Remediation Through the Risk Management Perspective and Stakeholder Involvement: A Systematic and Bibliometric View of the Literature[J]. Environmental Pollution,2019,255:113-221.

[105] 俞可平.全球化:全球治理[M].北京:社会科学文献出版社,2003.

[106] 马丁·休伊森,蒂莫西·辛克莱,张胜军.全球治理理论的兴起[J].马克思主义与现实,2002(01):43-50.

[107] 罗豪才.软法的理论与实践[M].北京:北京大学出版社,2010.

[108] 廖凡.论软法在全球金融治理中的地位和作用[J].厦门大学学报(哲学社会科学版),2016(02):21-30.

[109] PHILLIPS N, LAWRENCE T B, HARDY C. Discourse and Institutions[J]. The Academy of Management Review, 2004(29):635-652.

[110] FASEY A, BREAKWELL G M. Risk communication in the workplace[J]. Journal of Risk Research,2001,4(4):307-308.

[111] RAHM D. Superfund and the Policies of US Hazardous Waste Policy[J]. Environmental Politics,1998,7(4):75-91.

[112] SENIER L, HUDSON B, FORT S, et al. Brown superfund basic research program: A multi-stakeholder partnership addresses real-world problems in contaminated communities[J]. Environmental Science & Technology,2008,42(13):4655-4662.

[113] MARKS J H. The Environmental Liability of Lenders in England: Is the Tide Coming in[J]. Carolina Law Scholarship Repository,2001(1).

[114] 李昱.环境侵权民事责任比较研究[D].大连:大连海事大学,2015.

[115] 马斌.欧盟环境责任研究[D].北京:中国政法大学,2014.

[116] 司林波,赵璐.欧盟环境治理政策述评及对我国的启示[J].环境保护,2019,47(11):54-60.

[117] 沈娅云.论我国贷款人环境责任的法律化[D].北京:中国政法大学,2015.

[118] 周仲飞.银行法研究[M].上海:上海财经大学出版社,2010.

[119] 胡志民.经济法[M].上海:上海财经大学出版社,2006.

[120] 拉伦茨.德国民法通论[M].王晓晔,等译.北京:法律出版社,2002.

[121] 吕忠梅.环境法学概要[M].北京:法律出版社,2016.

[122] 张新宝.中国侵权行为法[M].北京:中国社会科学出版社,1995.

[123] 王利明.侵权行为法[M].北京:中国人民大学出版社,1993.

[124] 曹明德.环境侵权法[M].北京:法律出版社,2000.

[125] 侯佳儒.中国环境侵权责任法基本问题研究[M].北京:北京大学出版社,2014.

[126] 谢邦宇,李静堂.民事责任[M].北京:法律出版社,1991.

[127] 马俊驹、余延满.民法原论[M].北京:法律出版社,1998.

[128] 余军,朱新力.法律责任概念的形式构造[J].法学研究,2010,32(04):159-171.

[129] 倪斐.公共利益法律化:理论、路径与制度完善[J].法律科学(西北政法大学学报),2009,27(06):38-50.

[130] 杨立新.侵权行为法[M].上海:复旦大学出版社,2007.

[131] 杨立新.侵权法论(第三版)[M].北京:人民法院出版社,2005.

[132] 盖多·卡拉布雷西.事故的成本:法律与经济的分析[M].毕竟悦,等译.北京:北京大学出版社,2008.

[133] 赵红梅.私法与社会法——第三法域之社会法基本理论范式[M].北京:中国政法大学出版社,2009.

[134] 王利明,杨立新.侵权行为法[M].北京:法律出版社,1996.

[135] 陈卫佐.德国民法典[M].北京:法律出版社,2004.

[136] BRUMMER C. Why Soft Law Dominates International Finance—and not Trade[J]. Social Science Electronic Publishing, 2010,13(3):623-643.

[137] 王铁崖. 国际法[M]. 北京:法律出版社,1995.

[138] 奥斯特罗姆,等. 规则、博弈与公共池塘资源[M]. 西安:陕西人民出版社,2010.

[139] 库拉. 环境经济学思想史[M]. 上海:上海人民出版社,2007.

[140] 吕志奎. 通向包容性公共管理:西方合作治理研究述评[J]. 公共行政评论,2017,10(02):156-177+197.

[141] BLUM E D. Love Canal Revisited[M]. Kansas:University Press of Kansas,2008:22.

[142] PERKINS S, SNOWHITE L. The CERCLA five-year review process: Lessons learned at Rocky Mountain Arsenal[J]. Federal Facilities Environmental Journal, 2001, 12(3):99-107.

[143] 文森特·R. 约翰逊. 美国侵权法[M]. 赵秀文,等译. 北京:中国人民大学出版社,2004.

[144] 李亚虹. 美国侵权行为法[M]. 北京:法律出版社,1999.

[145] 李冬梅. 美国《综合环境反应、赔偿和责任法》上的环境民事责任研究[D]. 长春:吉林大学,2008.

[146] MARTINO L, DONA C, DICERBO J, et al. Green and sustainable remediation practices in Federal Agency cleanup programs[J]. Environmental Earth Sciences, 2016, 75(21):1407.

[147] 詹姆斯·萨尔兹曼. 美国环境法[M]. 徐卓然,胡慕云,译. 北京:北京大学出版社,2016.

[148] 贾峰等. 美国超级基金法研究[M]. 北京:中国环境出版社,2015.

[149] SHERK G. Reauthorization of CERCLA and the redevelopment of brown fields: Who will pay the orphan's share? [J]. Environmental Engineering and Policy, 2001, 2(4):171-179.

[150] 张衔,肖斌. 企业社会责任的依据与维度[J]. 四川大学学报(哲

学社会科学版),2010(02):85-90.

[151] 张子佳.论法人人格否认制度对关联公司人格混同的规制——以最高法指导案例15号为视角[J].武汉公安干部学院学报,2013,27(02):57-59.

[152] 杨立新.侵权法论(第2版)[M].北京:人民法院出版社,2004.

[153] 竺效.生态损害的社会化填补法理研究[M].北京:中国政法大学出版社,2007.

[154] 吕忠梅.论环境法上的环境侵权——兼论〈侵权责任法(草案)〉的完善[M]//高鸿钧,王明远.清华法治论衡(第13辑),北京:清华大学出版社,2010.

[155] 李红玲.侵权补充责任的理论基础探究[J].广西政法管理干部学院学报,2014,29(01):105-110.

[156] 曾祥生,方昀.环境侵权行为的特征及其类型化研究[J].武汉大学学报(哲学社会科学版),2013,66(01):22-26.

[157] 廖焕国.注意义务与大陆法系侵权法的嬗变——以注意义务功能为视点[J].法学,2006(06):28-33+93.

[158] 杨立新.侵权责任法[M].北京:北京大学出版社,2014.

[159] 王利明.侵权责任法研究(上卷)[M].北京:中国人民大学出版社,2010.

[160] 杨立新.侵权行为法研究[M].北京:人民法院出版社,2006.

[161] 胡雪梅.过错的死亡——中英侵权法宏观比较研究及思考[M].北京:中国政法大学出版社,2004.

[162] 杨立新.多数人侵权行为及责任理论的新发展[J].法学,2012(07):41-49.

[163] 张铁薇.共同侵权制度研究[M].北京:法律出版社,2007.

[164] 江平.民法学[M].北京:中国政法大学出版社,2000.

[165] 杨立新.新版精神损害赔偿[M].北京:国际文化出版公司,2002年.

[166] 李仁玉.比较侵权法[M].北京:北京大学出版社,1996.

[167] 王泽鉴.侵权行为法[M].北京:中国政法大学出版社,2001.

[168] 张梓太.环境纠纷处理前沿问题研究——中日韩学者谈[M].北京:清华大学出版社,2007.

[169] 张民安.法国侵权责任根据研究[M]//吴汉东.私法研究(第3卷).北京:中国政法大学出版社,2003.376.

[170] 蔡守秋.环境法教程[M].北京:法律出版社,1990.

[171] 王利明.侵权行为法归责原则研究(修订版)[M].北京:中国政法大学出版社,2003.

[172] 王泽鉴.侵权行为法(第一册)[M].北京:中国政法大学出版社,2001.

[173] 秦天宝,赵小波.论德国土壤污染立法中的"状态责任"及其对我国相关立法的借鉴意义[J].中德法学论坛,2010,8(00):266-274.

[174] 薛军."高度危险责任"的法律适用探析[J].政治与法律,2010(05):37-44.

[175] 崔建远,晓坤.矿业权基本问题探讨[J].法学研究,1998(04):81-90.

[176] 孙宪忠.中国物权法总论[M].北京:法律出版社,2003.

[177] 冯珏.论侵权法中的抗辩事由[J].法律科学(西北政法大学学报),2011,29(04):70-82.

[178] 王利明.我国《侵权责任法》采纳了违法性要件吗?[J].中外法学,2012,24(01):5-23.

[179] 王泽鉴.损害赔偿[M].北京:北京大学出版社,2017.

[180] 张新宝,李倩.纯粹经济损失赔偿规则:理论、实践及立法选择[J].法学论坛,2009,24(01):5-11.

[181] 杨立新.多数人侵权行为及责任理论的新发展[J].法学,2012(07):41-49.

[182] 孙维飞.单独侵权视角下的共同侵权制度探析[J].华东政法大学学报,2010(03):77-83.

[183] 汪劲.中国环境法原理[M].北京:北京大学出版社,2006.

[184] 陈敏.行政法总论[M].台北:台湾新学林出版有限公司,2013.

[185] 王世进,曾祥生.侵权责任法与环境法的对话:环境损害赔偿责任最新发展——兼评《中华人民共和国侵权责任法》第八章[J].武汉大学学报(哲学社会科学版),2010,63(03):402-407.